ANSGAR GRAW

DIE GRÜNEN AN DER MACHT

Eine kritische Bilanz

FBV

Meiner Frau Anja Georgia mit Dank für etliche inhaltliche Anregungen.
Und ihr und unserer Tochter für ihre Geduld mit dem Autor
in der Phase des Schreibens.

Bibliografische Information der Deutschen Nationalbibliothek:
Die Deutsche Nationalbibliothek verzeichnet diese Publikation in der Deutschen National-
bibliografie. Detaillierte bibliografische Daten sind im Internet über http://dnb.d-nb.de
abrufbar.

Für Fragen und Anregungen:
info@finanzbuchverlag.de

Originalausgabe, 1. Auflage 2020

© 2020 by FinanzBuch Verlag, ein Imprint der Münchner Verlagsgruppe GmbH
Nymphenburger Straße 86
D-80636 München
Tel.: 089 651285-0
Fax: 089 652096

Redaktion: Daniel Bussenius
Korrektorat: Silke Panten
Umschlaggestaltung: Marc-Torben Fischer
Umschlagabbildung: shutterstock.com/Sensvector; shutterstock.com/footageclips
Satz: Daniel Förster, Belgern
Druck: GGP Media GmbH, Pößneck
Printed in Germany

ISBN Print 978-3-95972-271-1
ISBN E-Book (PDF) 978-3-96092-497-5
ISBN E-Book (EPUB, Mobi) 978-3-96092-498-2

Weitere Informationen zum Verlag finden Sie unter:

www.finanzbuchverlag.de

Beachten Sie auch unsere weiteren Verlage unter www.m-vg.de.

INHALT

FÜNF THESEN ZUR MACHT DER GRÜNEN

Grün steht für Hoffnung. Und für Macht? Die Grünen sind in Deutschland an der Macht, unabhängig von Regierungskoalitionen und der Zahl von Abgeordneten. Wenn vor allem die Periode des Wiederaufbaus nach dem Zweiten Weltkrieg christdemokratisch geprägt war, 1968 eine sozialdemokratische Periode einleitete und kurz nach dem Jahrtausendwechsel die Zeit des Liberalismus gekommen zu sein schien, dann erleben wir heute eine grüne Hegemonie.

Dieses Buch zeigt auf, so lautet die erste These, dass in Deutschland ein grüner Konformismus herrscht. Ein Konformismus, der politische Entscheidungen vorantreibt, aber sich nicht auf die Politik beschränkt. Er hat Auswirkungen darauf, wie wir leben und denken. Oder zumindest vorgeben, zu leben und zu denken. Nach der politischen Korrektheit hat sich eine ökologische Korrektheit entwickelt, die keinen geringeren Anspruch erhebt, als die Welt zu retten.

Der Klimawandel ist real, und der Mensch trägt eine Mitverantwortung daran. Aber die gesellschaftliche Polarisierung über die richtige Balance zwischen Klimaschutz und Erhalt von Arbeitsplätzen und Wohlstand, dies ist die zweite These des Buches, wird weiter zunehmen, weil die CO_2-Emissionen in jedem Fall auf absehbare Zeit steigen werden – schon wegen des rasanten Wachstums der Weltbevölkerung, das nach UN-Prognosen erst zur nächsten Jahrhundertwende stagnieren wird. Mehr Menschen bedeuten mehr Energiebedarf, mehr Konsum, mehr Produktion. Das begünstigt den Populismus auf beiden Seiten. »Die Wirtschaft wird ruiniert«, sagen die einen, »der Planet stirbt«, warnen die anderen.

Dritte These: Eine globale anhaltende Steigerung von CO_2-Emissionen wird in Teilen der grünen Bewegung, zu der die Kids von Fridays for Future und die Untergangspropheten von Extinction Rebellion gehören, als Versagen der Marktwirtschaft und der parlamentarischen Demokratie verstanden. Enttäuschte Klimaaktivisten erleben, dass auch die Grünen zähe Kompromisse schließen müssen. Möglicherweise entsteht eine Party for Future, eine radikalgrüne Partei deutlich links von den heutigen Grünen. Und während es bislang nur einzelne verirrte Befürworter ökodiktatorischer Maßnahmen gibt, droht diese Stimmung vor einem solchen Hintergrund zu wachsen.

Die vierte These: Panik ist nicht angezeigt. Innovationen und Marktmechanismen sind die Lösung. Und: Eine Rehabilitierung neuer Generationen der Kernkraft, die bei näherer Betrachtung ohnehin keine Hochrisikotechnologie ist, mag dazugehören. Zukunftsvertrauen ist gefragt. Leider begegnet uns das Grüne derzeit allzu häufig als fantasiebefreites Ressentiment wider die Moderne.

These Nummer fünf: Wenn die Grünen, als Idee, an der Macht sind, und die Grünen, als Partei, nach der Macht greifen, ist es wichtig, auf die Geschichte der Grünen zurückzublicken. Auf die wichtigen und positiven Beiträge, die sie seit 1980 für die Sensibilisierung unseres ökologischen Gewissens geleistet haben. Aber auch auf ihre ideologischen Irrungen und politischen Versäumnisse. Sie standen häufig auf der falschen Seite der Geschichte. Darum ist das Fundament dünn, auf dem sie jetzt als Kompass in unsere Zukunft weisen wollen.

DIE FARBE GRÜN

Grün, es sei wiederholt, ist Hoffnung. Grün ist sympathisch. Grün ist die Farbe der Flora. Grün steht seit Jahrhunderten für Natur, Wachstum und Fruchtbarkeit. Für das, was in Ordnung ist: »Wie geht's?« – »Danke, alles im grünen Bereich.«

Grün hat weltweit eine hohe Symbolkraft. In den USA steht Grün wegen der Farbe der Dollarnoten, der Greenbacks, für Geld und für die Wall Street. Die amerikanische Freiheitsstatue schimmert grün, obwohl sie bei ihrer Enthüllung 1886 noch bräunlich glänzte – dann reagierte die Kupferummantelung auf Luft und Regen. Fast alle Wüstenstaaten haben ein grünes Element in ihrer Fahne, das Oase und Wasser und Leben versinnbildlicht – und den Islam. Die zu ihren Ahnen und einem Gott namens Mukuru betenden Himba im Norden Namibias kennen mehr Begriffe für »Grün«, als es in der deutschen oder englischen Sprache gibt, aber nicht einen einzigen für »Blau«.

Grün ist Malerei. Albrecht Dürer, der als erster überlebensgroßer Künstler Pflanzen, Gräser und Rasenstücke am Wegesrand in ihrem scheinbar trivialen Grün festhielt, wurde zum »Columbus der Naturstudie«. Johann Wolfgang von Goethe definierte in seiner Farbenlehre Grün als Symbiose aus Hell und Dunkel: »Zunächst am Licht entsteht uns eine Farbe, die wir Gelb nennen, eine andere zunächst an der Finsternis, die wir mit dem Wort Blau bezeichnen. Diese beiden, wenn wir sie in ihrem reinsten Zustand dergestalt vermischen, bringen eine dritte hervor, welche wir Grün heißen.«[1]

Grün ist Literatur. In Gottfried Kellers monumentalem, teils autobiografischem Bildungsroman *Der grüne Heinrich* taucht die Farbe wiederkehrend auf. Da ist vom »grünsten Grün« des Grases die Rede und von einer »grünen Seele«, es »schimmert das verborgene Grün durch den dunklen Hausflur so kokett auf die Gasse«, und der Protagonist, ein an sich ebenso zweifelnder Maler, wie es der Schweizer Keller vor seiner Zeit als Literat war, erhält den Spitznamen, der zum Buchtitel wurde, weil ihm seine Mutter aus dem grünen Frack des früh verstorbenen Vaters einen Anzug schneiderte. Das Buch Kellers, des »größten deutschen Realisten« (so der ungarische Philosoph und Literaturkritiker Georg Lukács[2]), endet mit den Schlussworten des alt gewordenen Erzählers, alles habe sich gefügt, um »noch einmal die alten grünen Pfade der Erinnerung zu wandeln«.[3]

Die österreichische Autorin Maria Grengg beschrieb 1930 in ihrem Erfolgsroman *Die Flucht zum grünen Herrgott* eine Frau, die von ihrem brutalen und verständnislosen Ehemann enttäuscht wird und ihren Frieden in und mit der Tiroler Natur findet – und in der letzten Passage des Buches kommen »all die guten Geister« und »umringten sie wie die Engel am Fass der grünen Jägerin die himmlische Maria umschwebten«.[4] Grengg, die gefeierte Heimatdichterin, wurde eine glühende Nationalsozialistin und Verehrerin Adolf Hitlers. Grün, das sei nicht vergessen, ist ambivalent. Es steht auch für Neid, für Gift. Wem übel ist, der wird grün im Gesicht. Wen man nicht mag, dem ist man nicht grün. Und es steht für mangelnde Erfahrung: für das »Greenhorn« in der englischen Sprache, den unbedarften Neuling im Wilden Westen, für den überforderten Anfänger. Das entspricht dem deutschen Tadel: »Du bist ja noch grün hinter den Ohren.«

Aber diese Interpretation ist schon wieder von Sympathie getragen für die Jungen, die sich noch entwickeln werden: Die Partei der Grünen sei 1980 »aus einem ›Crosby, Stills, Nash & Young‹-artigen Gefühl des ›We can change the world‹ gegründet worden«, schreibt der *taz*-Autor Peter Unfried unter Anspielung auf den Text des Titels »Chicago« der Folkrock-Band.[5]

Die Deutschen waren grün, bevor es die Grünen gab. Das Grüne, das Naturliebende und gelegentlich -verklärende liegt den Deutschen spätestens seit der Romantik im Blut. Um die Wende vom 18. zum 19. Jahrhundert schufen deutsche Maler wie Caspar David Friedrich und Literaten wie Novalis, die Brüder Friedrich und August Wilhelm Schlegel oder Clemens Brentano eine gefühlsdominierte Gegenästhetik zu der insbesondere von ihrem Landsmann Immanuel Kant vorangetriebenen Vernunft der Aufklärung. »Waldeinsamkeit, / Du grünes Revier, / Wie liegt so weit / Die Welt von hier!«, schwärmte Joseph von Eichendorff. Das Erleben des deutschen Waldes, aber auch exotischer Landschaften, die vermeintliche Wahrhaftigkeit des unverbildeten Volkes auf dem Land und die Suche nach der metaphysischen Wahrheit hinter der empirisch erfassbaren Welt gehören zum Kanon der deutschen Kultur.

Die deutsche Schwärmerei distanzierte sich von der in Zeiten einer enger werdenden Welt als rücksichtslos gelesenen Botschaft aus Genesis 1,28: »Füllet die Erde und machet sie euch untertan.« Sie war auch ein Gegenentwurf zu Friedrich Nietzsches auf das 20. Jahrhundert bezogene Allmachtfantasien: »Die Menschheit wird sich im neuen Jahrhundert vielleicht schon viel mehr Kraft durch die Beherrschung der Natur erworben haben als sie verbrauchen kann ... Statt Kunstwerke zu schaffen, wird man die Natur im großen Maße verschönern in ein paar Jahrhunderten Arbeit, um die Alpen aus ihren Ansätzen und Motiven der Schönheit zur Vollkommenheit zu erheben.«[6]

Die Alpen verschönern! Die Schöpfung vervollkommnen! Solche Vorstellungen eines stadtmüden, in anderen Fragen ausgesprochen scharfsinnigen Denkers lassen nicht mehr lachen angesichts von Plänen, im Tiroler Ötztal eine Bergspitze östlich des Linken Fernerkogels um 36 Meter zu kürzen, um mittels einer Seilbahn zwei Skigebiete zu verbinden.[7] Sie machen das Erstarken des ökologischen Gedankens nachvollziehbar – und zugleich bleiben die touristischen Wünsche vieler Skifahrer und ökonomische Interessen der Anwohner legitim.

Grün ist kein deutsches Monopol. Es gibt in anderen Ländern ebenfalls erfolgreiche Umweltparteien, darunter die »Groen« in Flandern und »Ecolo« in Wallonien, die beide im gesamtbelgischen Senat vertreten sind und im Parlament eine Fraktion bilden. In Luxemburg sitzen sie in der Regierung. In Frankreich avancierte »Europe Écologie – Les Verts« bei der Europawahl 2019 zur drittstärksten Partei. In Österreich bilden die Grünen nach den Skandalen um den vormaligen FPÖ-Chef Heinz-Christian Strache seit Januar 2020 mit der dezidiert konservativen FPÖ von Sebastian Kurz eine schwarz-grüne Koalition. Der Wirtschaftswissenschaftler Alexander van Bellen, ein Grüner mit sehr bürgerlichem Auftreten, nicht unähnlich dem Schwaben Winfried Kretschmann, wurde als formal unabhängiger Kandidat im Januar 2017 zum neunten österreichischen Bundespräsidenten der Zweiten Republik gewählt.

In Island wurde die Links-Grüne Bewegung im Oktober 2017 zweitstärkste Partei, so dass die Vorsitzende Katrín Jakobsdóttir ein Bündnis schmieden und Ministerpräsidentin werden konnte. In Finnland gelangten die Grünen im Sommer 2019 als Juniorpartner in die Regierung. In der Schweiz lag nach den Parlamentswahlen im Oktober 2019 zwar die konservative Schweizerische Volkspartei SVP weiterhin klar vorne, aber sie verlor Prozentpunkte. Gleich zwei Ökoparteien verdoppelten hingegen ihre Ergebnisse nahezu: Die klassischen linken Grünen, vergleichbar der deutschen Partei, kamen auf 13 Prozent, und die Grünliberalen, eine Art ökologische FDP, auf 7,8 Prozent. In den USA mit ihrem faktischen Zweiparteiensystem fristen die intern oft zerstrittenen Grünen ein Schattendasein. Ihr damaliger Spitzenkandidat Ralph Nader holte bei der Präsidentschaftswahl 2000 immerhin 2,7 Prozent. In Australien und Neuseeland sind grüne Parteien hingegen ernstzunehmende Kräfte; die United Tasmania Group (später Tasmanian Greens), gegründet am 23. März 1972 von dem Biologieprofessor Richard Jones, war die erste grüne Partei weltweit. Bei den Parlamentswahlen im Mai 2019 kamen die australischen Greens als drittstärkste Partei auf gut 10 Prozent.

In der pazifischen Inselrepublik Vanuatu schaffte es der grüne Hinterbänkler Moana Carcasses Kalosil 2013 zuerst in die Regierung und schließlich gar in das Amt des Premiers. Der Schönheitsfehler an der Geschichte: Kalosil wurde 2015 wegen des Versuchs der Bestechung einzelner Abgeordneter abgesetzt und zu mehreren Jahren Gefängnis verurteilt.[8]

Die grüne Hegemonie

Grün ist die Modefarbe vor allem der deutschen Politik – und das begann nicht erst mit Annalena Baerbock und Robert Habeck, die Anfang 2018 zu Grünen-Vorsitzenden gewählt und Ende 2019 eindrucksvoll bestätigt wurden. Große Koalitionen und selbst schwarz-gelbe Regierungen in Berlin fassen oder fassten Beschlüsse mit grünem Inhalt, während die Grünen in der Opposition sind oder waren: Quoten für Aufsichtsräte, Kohlekompromiss, den endgültigen Atomausstieg. Menschen kaufen bio, imkern auf dem Balkon, schämen sich für ihre Teneriffa-Flüge, radeln zur Arbeit und verehren Greta – kaum einer macht das alles, aber fast jeder zumindest etwas. Vieles davon ist positiv. Doch in der Summe wird es gefährlich, wenn auf der Straße eine Stimmung entsteht, nach der grüne Anliegen, vor allem das der Klimarettung, mehr Legitimität besäßen als andere Interessen, etwa das der Sicherung von Arbeitsplätzen, individueller Mobilität, Wohlstand und Freiheit. Wenn es nicht auf demokratischem Weg, durch Wahlen und in Parlamenten, gelingt, den grünen Anliegen zum Durchbruch zu verhelfen, erscheint es vielen nahezu zwingend, Demokratie und Parlamente zur Disposition zu stellen.

Verstärkt wird dieser Trend durch die von Greta Thunberg inspirierte Fridays-for-Future-Bewegung. Idealistische junge Leute, vornehmlich Schüler und Studenten, weniger Auszubildende, demonstrieren gegen den Klimawandel, hüpfen für den Kohleausstieg und schwänzen freitags die Schule, um die Welt zu retten. Das hat etwas Anrührendes, etwas Tröstliches nach Jahrzehnten, in denen die Jugend als apolitisch galt. Aber da drängen zugleich Selbstgerechtigkeit, Intoleranz und Dogmatismus ins Bild. Wer sich entschieden hat, dass sein Weg der einzig richtige sei und, mehr noch, dass nur dieser Weg die Menschheit retten kann, sieht sich legitimiert, die gesetzliche Schulpflicht in Frage zu stellen oder Hauptverkehrsadern, Flughäfen, Kreuzfahrtschiffe oder Automessen zu blockieren. Und gegen den Kapitalismus, vulgo: unser Wirtschaftssystem zu agitieren. Wenn auch das nicht weiterhilft? Wer jeden Zweifel ausgeschlossen hat an der eigenen Wahrheit, akzeptiert kein Stoppschild.

Dabei ist trotz der medialen Dauerpräsenz grüner Kernanliegen der Eindruck falsch, für die gesamte Bevölkerung habe das Thema CO_2-Emissionen Priorität. Die Immigration ist nach wie vor die größere Sorge der Europäer. 34 Prozent nannten in dem im Juni 2019 veröffentlichten »Eurobarometer« der Europäischen Kommission dieses Thema das

»wichtigste«, dem sich die EU gegenübersehe. Der Klimawandel folgte mit 22 Prozent auf Platz 2, die wirtschaftliche Situation auf Rang 3 (18 Prozent). Unter den deutschen Befragten war die Reihenfolge nicht anders, auch wenn der Abstand mit 37 Prozent für das Immigrationsthema und 31 Prozent für den Klimawandel geringer ausfiel.[9] Und während die Grünen im Juni 2019 im ARD-Deutschlandtrend mit 26 Prozent erstmals auf Platz 1 lagen und die Union um einen Punkt überflügelten, lehnten zugleich nahezu zwei Drittel der Deutschen die von den Grünen geforderte CO_2-Steuer ab.[10]

Sieben von zehn Deutschen sagten laut diesem ARD-Deutschlandtrend, sie hätten ihre persönliche Einstellung zu Klima- und Umweltfragen aufgrund Greta Thunbergs Aktivitäten nicht (41 Prozent) oder kaum (31 Prozent) verändert. Nur wenige Deutsche gaben an, stark (17 Prozent) oder sehr stark (7 Prozent) von der jungen Schwedin und der »Fridays for Future«-Bewegung beeinflusst worden zu sein.

Laut Forschungsgruppe Wahlen wird bei der Frage nach »wichtigen Themen« mit klarem Vorsprung (und deutlich fallender Tendenz) der Komplex »Ausländer / Integration / Flüchtlinge« von rund 25 Prozent der Deutschen genannt. Erst auf die Anschlussfrage nach »weiteren wichtigen Themen« dominiert hingegen mit bis zu 60 Prozent »Umwelt / Klima / Energiewende«.[11] Als der Versicherer R+V »die größten Ängste der Deutschen 2019« abfragte, rangierten »Überforderung des Staats durch Flüchtlinge« (56 Prozent) und »Spannungen durch Zuzug von Ausländern« (55 Prozent) ganz vorne. »Klimawandel« (41 Prozent) nahm lediglich Platz 12 ein.[12]

Die »grüne Hegemonie«, die *Zeit*-Chefredakteur Giovanni di Lorenzo konstatierte (wir kommen darauf zurück), ist angesichts einer solchen gesellschaftlichen Entwicklung und Polarisierung nicht begrenzt auf die Wahlergebnisse der grünen Partei. Grün ist an der Macht, weil andere Parteien grüne Themen zu kopieren versuchen und grüne Inhalte umsetzen, während die grüne Partei noch auf den Oppositionsbänken sitzt. Die CDU ist über die Jahre deutlich nach links gerückt, in der Wirtschafts- wie in der Migrationspolitik. Und die Sozialdemokraten seien gar »linker als die Linkspartei geworden und ökologischer als die Grünen«, sagte der einstige SPD-Vorsitzende Sigmar Gabriel im August 2019. Derweil bemüht sich Markus Söder um eine grüne Grundierung für die Christsozialen, von der Betonung des Schutzes der Schöpfung über einen vorgezogenen Kohleausstieg (was für den Freistaat ohne Kohlevorkommen eher unproblematisch ist) bis zur Frauenquote für Vorstandsämter in der CSU.

Selbst die AfD, deren Altvordere jeden nennenswerten menschengemachten Beitrag zum Klimawandel bestreiten, sah sich nach dem Ergebnis der Europawahl, bei der sie unter ihren Erwartungen blieb, vom Berliner Landesverband ihrer Jugendorganisation gedrängt, »von der schwer nachvollziehbaren Aussage Abstand zu nehmen, der Mensch würde das Klima nicht beeinflussen«.[13]

Darum sind die Grünen an der Macht als konsensuales Prinzip, ganz losgelöst von der Stärke der Partei. Dieses Prinzip hat den Kampf gegen die unübersehbaren Folgen der vom Menschen beschleunigten Erderwärmung, gegen schmelzende Gletscher und Polkappen, zur vordringlichen Aufgabe der Politik erhoben. Das Pariser Klimaabkommen vom Dezember 2015 proklamiert das Ziel, die Erderwärmung im Vergleich zum vorindustriellen Zeitalter auf »deutlich unter« 2 Grad Celsius und nach Möglichkeit auf »nur« 1,5 Grad Celsius zu begrenzen. Doch es wird von Monat zu Monat schwieriger, Fachleute zu finden, die es für erreichbar halten. Gerade idealistische junge Menschen zweifeln aber an der Aufrichtigkeit der Erwachsenen, wenn der Kampf gegen CO_2-Emissionen einerseits von Bundeskanzlerin Angela Merkel zur »Menschheitsherausforderung« erklärt wird und die Regierungskoalition andererseits im September 2019 Maßnahmen beschließt, die zunächst niemandem weh zu tun scheinen. Von einem »Klimaschutzpaketchen« sprach Grünen-Chefin Annalena Baerbock im Herbst 2019. »Der homöopathische Einstieg in die CO_2-Bepreisung von 10 Euro die Tonne CO_2 wird keinerlei Lenkungswirkung entfalten«, kritisierten Umweltverbände wie Nabu, Greenpeace, BUND und WWF in einer gemeinsamen Stellungnahme.[14] Oder tun die Maßnahmen doch weh? »Die Bundesregierung ist gerade dabei, die Wettbewerbsfähigkeit der deutschen Industrie zu ruinieren«, warnte BDI-Präsident Dieter Kempf. Ungerührt verschärfte der Bundesrat auf Druck der Grünen im Dezember die Maßnahmen.[15]

Die Wahrheit liege nicht in der Mitte, sondern nur in der Tiefe, hat der österreichische Dramatiker Arthur Schnitzler gesagt. Wer das »Klimaschutzprogramm 2030« der Bundesregierung als mutlos und ineffizient geißelt, muss nicht nur berücksichtigen, dass es auf eine bereits schwächelnde Konjunktur trifft in einem Industrieland, dessen Strompreise schon zuvor (neben denen Dänemarks und Belgiens) an der Spitze Europas lagen.[16] Er sollte auch die Bilder der gewalttätigen Proteste der Gelbwesten oder »gilets jaunes« in Frankreich im Blick haben, die sich an einer ökologisch begründeten Mineralölsteuer entzündeten. Darum bemüht sich das Programm der Regierungskoalition um eine sachgerechte Balance. Auf der einen Seite schafft es den Einstieg in eine CO_2-Bepreisung nicht mehr nur des Energiesektors, sondern nun auch für Gebäude und Verkehr. Auf der anderen Seite nimmt es Rücksicht auf soziale und wirtschaftliche Erfordernisse. Es enthält Anreize für Konsumenten und eine (zeitlich befristete) Kompensation etwa bei der Pendlerpauschale. Doch die Lenkungswirkung bleibt zunächst sehr gering. Subjektiv wird das Klimaschutzpaket vor dem Hintergrund der oft dröhnenden Öko-Rhetorik des Kanzleramts als unambitioniert empfunden. »Menschheitsherausforderungen«, so stellt man sich vor, dulden keinen Aufschub, sondern erfordern umgehend Blut, Schweiß und Tränen.

Das jedoch wäre ein Irrweg in einem Land, das 2,1 Prozent zum weltweiten CO_2-Ausstoß beiträgt – nicht etwa, weil es nicht lohnte, bei einer solchen überschaubaren Marge anzusetzen, sondern, ganz im Gegenteil, weil Deutschland mit diesen 2 Prozent und etwa 800 Millionen jährlich emittierten Tonnen Kohlendioxid zu den Top-Ten-Emittenten gehört. Darum muss es ein Vorbild sein. Aber eine Zerstörung der deutschen Wirtschaft durch noch höhere Energiepreise im Namen des Klimaschutzes samt Firmenpleiten, Massenarbeitslosigkeit und sozialen Verwerfungen würde international eben nicht nachgeahmt, sondern als abschreckendes Beispiel dienen. Dann hätte Deutschland beim Klimaschutz mutig Tempo gemacht, und andere schauen eingeschüchtert zu, wie eine mächtige Wirtschaftsnation die Automobilbranche als ihren Motorblock ins Stottern bringt und letztlich abwürgt. Dem Beispiel würde niemand folgen.

Eine grüne Volkspartei und eine linksgrüne Fridays-for-Future-Partei?

Strategisch kommen den Grünen die moderaten Schritte der großen Koalition zupass, weil dadurch ihr Monopol auf radikalere Forderungen gewahrt bleibt. Das gilt, solange sie in der Opposition sind. Aber der nächsten Bundesregierung werden sie angehören – es ist wegen der Unberührbarkeit der AfD (insbesondere nach dem Abgang des ehemaligen CDUlers Alexander Gauland als Bundesvorsitzender im November 2019) politisch schlicht keine Koalition denkbar, die ohne die Grünen eine Mehrheit bekäme. Was aber, wenn die Partei an die Regierung kommt, vielleicht gar den Kanzler stellt und angesichts der Sachzwänge auf eine radikale Klimapolitik unter den Augen enttäuschter Jugendlicher verzichten muss? Wenn sich die Grünen entgegen ihrer »Wir können keine Minute mehr warten«-Rhetorik mit zähen Kompromissen begnügen müssen?

Dann kann links von den heutigen Grünen eine neue linksgrüne Fridays-for-Future-Partei entstehen, die zunächst als außerparlamentarische, später vielleicht als parlamentarische Opposition viel kompromissloser argumentieren und ganz offen das marktwirtschaftliche System ablehnen dürfte. Der linke Digitalexperte und Autor Johnny Haeusler nennt Schlagworte, bei denen Jugendliche wesentlich radikalere Forderungen stellen können als die um einigermaßen realpolitische Positionen bemühten Grünen. Dazu gehören aus seiner Sicht Europa, Nachhaltigkeit, Bildungspolitik, Jugendwahlrecht, Asylrecht, Verkehrspolitik, Stadtplanung, Tierrechte und Chancengleichheit. »Eine aus diesen Überlegungen und mit diesen Themen entstehende neue Partei, gegründet von den engagiertesten Köpfen von ›Fridays for Future‹, der erweiterten YouTube-Community und solidarischen, natürlich auch älteren Expertinnen und Experten aus der Wissenschaft, dem digital orientierten Bildungs- und Sozialwesen und vielen weiteren, auch bereits politisch aktiven Akteuren und Teilnehmenden von #wirsindmehr und #unteilbar, könnte nicht zuletzt durch den Einsatz von gekonnter Online-Kommunikation erfolgreich sein«, schreibt der Autor ohne Angst vor Bandwurmsätzen.

Offenkundig hat Haeusler, Mitbegründer der Gesellschaftskonferenz re:-publica, auch die Überreste der einstigen Piratenpartei dabei im Visier. Laut Haeusler zeigten sich FFF-Aktivisten bislang, »angesprochen auf eine solche Perspektive, eher wenig motiviert«. Doch »auf Dauer« lasse sich »Politik mit echter Nachhaltigkeit nur parlamentarisch machen.«[17]

Über 50 Prozent der Schüler bei Fridays for Future haben nach einer Befragung des Protestforschers Moritz Sommer keine Parteipräferenz. Diejenigen, die sich mit einer Partei identifizieren, sympathisieren zu 63 Prozent mit den Grünen.[18] Laut Sommer sind die Klimaaktivisten gut beraten, sich »als Bewegung weiterzuentwickeln«. Ob es dann »in näherer Zukunft eine Parteientwicklung gibt, werden wir sehen«.[19]

Auch ohne die Entstehung einer linksgrünen Partei erlebt Deutschland eine weitere Linksverschiebung. Bündnis 90 / Die Grünen hat für die Wähler die Rolle eingenommen, die den Sozialdemokraten noch in der Bundestagswahl 2017 zugebilligt wurde. Seit ihrem Godesberger Programm hat sich die SPD als zuverlässiger innen-, außen- und sicherheitspolitischer Stabilisator der Bundesrepublik erwiesen und mehrfach als wichtiger Modernisierer. Das Votum der Genossen Ende November 2019 für die linke Doppelspitze Norbert Walter-Borjans und Saskia Esken (Botschaft auf Twitter: »Wer Sozialismus negativ verwendet, hat halt einfach keine Ahnung.«[20]) war eine Absage an diese Modernisierung. Wo immer die Union mit der SPD künftig koaliert, wird sie noch größere Zugeständnisse machen müssen an deren neolinken Kurs. Und obwohl die SPD versuchen wird, die Grünen als »liberale« Partei zu denunzieren, fehlt für Grün-Rot-Rot nur noch das Votum des Wählers. Sollte es hingegen zu Schwarz-Grün kommen wie in Wien, liefe diese Konstellation eher auf Grün-Grün hinaus – weil der CDU in Deutschland das konservative Selbstverständnis fehlt, das die österreichische ÖVP des Sebastian Kurz zu einem ebenbürtigen Korrektiv für die Grünen macht.

WIE SICH RUDI DUTSCHKE AN HERBERT GRUHL VORBEIMOGELTE

Rudi Dutschke kam im Dunkel der Nacht über die Grünen. Damit der frühere Studentenführer in die Geschäftsstelle der soeben eigens für die Europawahl gegründeten »sonstigen politischen Vereinigung« gelangen konnte, hatte Petra Kelly an jenem Abend im Herbst 1979 heimlich ein Fenster in dem kleinen Bungalow in der Bonner Friedrich-Ebert-Allee 120 offenstehen lassen. Sie hatte Angst, Herbert Gruhl, der vormalige CDU-Bundestagsabgeordnete und starke Mann in der Gründungsphase der neuen Partei, könne beim Anblick des linken Revoluzzers und Bürgerschrecks das von ihm angemietete gemeinsame Parteibüro »platzen lassen«, erzählte Kelly später.[21] Das zeige, »welche Autoritätsperson Gruhl sein wollte, wie intolerant er war«.

Die Anekdote deutet die Gegensätze zwischen den Initiatoren der neuen politischen Kraft an. Würden die Grünen als »Bewahrer der Schöpfung« antreten oder als Feinde des Kapitalismus? »In der Anfangsphase war völlig offen, ob die Grünen eher ein emanzipatorisches, linkes Projekt würden oder ein sehr konservatives, fast ein Blut-und-Boden-Projekt«,[22] sagt Ludger Volmer, einer der Parteilinken, der gleichwohl früh auf Regierungsbeteiligungen setzte und in der rot-grünen Bundesregierung Staatsminister im Auswärtigen Amt wurde – der Aufpasser der Linken für Joschka Fischer, wurde damals geunkt.

Es war ein verwirrendes Geflecht unterschiedlicher Strömungen: Da gab es die konservativen Ökologen um Gruhl, den Autor des 1976 erschienenen Bestsellers *Ein Planet wird geplündert*, und den Biobauern Baldur Springmann. Petra Kelly, geboren bei München, aufgewachsen in den USA, sozialisiert in Brüssel und bis kurz zuvor Mitglied der SPD, war das authentische Gesicht der Grünen als Bewegung, als »Anti-parteien-Partei«. Sie wurde 1992 von ihrem Lebensgefährten, dem Grünen-Abgeordneten Gerd Bastian, im Schlaf erschossen, bevor sich der Ex-General selbst richtete. Ein linker Gegenspieler Gruhls war der RAF-Verteidiger Otto Schily, lange Zeit der einzige Krawattenträger in der Partei; er wechselte 1990 zur SPD und wurde Bundesinnenminister. Für eine sehr kurze Zeit schien Rudi Dutschke eine Anknüpfung an die Veteranen der Studentenbewegung zu verkörpern; schon zu Weihnachten 1979 sollte der gesamtdeutsch denkende Sozialist allerdings an den Spätfolgen des Attentats auf ihn im Jahr 1968 sterben. Die Nationalneutralisten in der »Aktionsgemeinschaft Unabhängiger Deutscher« (AUD) um den CSU-Mitbegründer August Haußleiter suchten einen »dritten Weg« zwischen Kapitalismus und Sozialismus und zwischen West und Ost. Der international bekannte Künstler Joseph Beuys war ein Vertreter der Anthroposophen, die sich auf Rudolf Steiner beriefen; Lukas Beckmann, später lange Jahre Bundesgeschäftsführer der Grünen, stammte aus diesem Kreis. Zu den undogmatischen Linken gehörten die pazifistischen »Ökopaxe«, aber auch linke »Spontis«, von denen viele gewaltfrei und andere eher handfest agierten.

Zum Beispiel Joschka Fischer, Ex-Straßenkämpfer ohne abgeschlossene Schulausbildung, der 1982 der jungen Partei beitrat. Er initiierte den Arbeitskreis Realpolitik; seine Realos (heute Reformer) wollten an der Seite der SPD Regierungsverantwortung übernehmen. Und es gelang: Fischer wurde schon 1985 erster grüner Landesumweltminister in Hessen und 1998 Vizekanzler und Bundesaußenminister in Bonn. Auf dem anderen Flügel bekämpften die Fundamentalisten oder Fundis, darunter Radikalökologen oder Ökosozialisten wie Jutta Ditfurth, jede Regierungsbeteiligung. Von ihnen spaltete sich 1988 das Linke Forum (Lifo) ab, das Systemkritik und Antikapitalismus mit Ministerposten verbinden wollte.

Viele Ökosozialisten und Lifo-Grüne wechselten später zur PDS/Linkspartei. Zum grünen Personalreservoir wurden zahlreiche Bürgerinitiativen in Kommunen und auf Ebene der Bundesländer. Grünen-Mitbegründerin Eva Quistorp, später Bundesvorsitzende (1986 bis 1988) und Europaabgeordnete (1989 bis 1994), kam aus diesem Milieu und zugleich aus dem der gewaltfreien Spontis.

Schließlich gab es noch die Ökolibertären, die frühzeitig zur Zusammenarbeit sogar mit der CDU bereit waren, aber einflusslos blieben. Einer ihrer Vertreter, Wolf-Dieter Hasenclever, wurde 2002 Mitarbeiter der FDP-Bundestagsfraktion, ein anderer, Winfried Kretschmann, brachte es zum ersten grünen Ministerpräsidenten. Rudolf Bahro, der SED-kritische Marxist aus der DDR mit spiritualistischen Anwandlungen, verkündete: »Rot und Grün und Grün und Rot geht gut zusammen« – er war ein Außenseiter und verließ die Partei 1985. Ab 1980 sollten die Maoisten aus den K-Gruppen vorübergehend den Laden übernehmen; für Konservative wie Gruhl und Springmann war da kein Platz mehr.

Verdreckte Flüsse, neue Eiszeit und Seveso

Die APO, entstanden aus der 68er-Rebellion, zu deren Wortführer Dutschke geworden war, bildete eine der wichtigen Wurzeln der Grünen. Aus dem ursprünglich sozialdemokratischen, dann aber extrem nach links gewendeten und von der SPD 1961 mit einem Unvereinbarkeitsbeschluss belegten Sozialistischen Deutschen Studentenbund (SDS) stieß beispielsweise der spätere RAF-Anwalt Christian Ströbele zu den Grünen. Vor allem der Vietnamkrieg hatte sie auf die Straße gebracht. In den Siebzigerjahren mobilisierten zusätzlich Nachrichten über sauren Regen und Waldsterben, über die verdreckten Flüsse und Smog in den Städten, über Atomkraftwerke, in deren Nähe angeblich gehäufte Fälle von Leukämie und anderen Krebserkrankungen auftraten. Der SDS blieb gleichwohl von derartigen Themen weitgehend unberührt. »Die Studentenbewegung hat die Antiatom- und die Ökologiefrage voll verpennt«, urteilt die Theologin und Grünen-Mitgründerin Quistorp.[23]

Im Juli 1976 erschütterte ein Unfall in dem Lombardei-Städtchen Meda, unweit von Mailand, Italien und ganz Europa: Aus einer Chemiefabrik wurden mehrere Kilo des Umweltgiftes Dioxin freigesetzt. Pflanzen starben, Tiere verendeten, vor allem Kinder erkrankten an massiven

Hautveränderungen. Besonders schwer traf die Dioxinwolke die nahe Gemeinde Seveso, die diesem möglicherweise schwersten Chemieunglück in Europa den Namen gab.

Die Angst vor Kernkraft und nun auch vor Dioxin prägte die weitere Umweltpolitik. In der bundesrepublikanischen Wohlstandsgesellschaft entwickelte sich ein Bewusstsein für die Begrenztheit der Ressourcen und die Notwendigkeit, Energie und Rohstoffe zu sparen. Regionale grüne Gruppen mobilisierten in Westdeutschland gegen wenig regulierte Mülldeponien, einen sorglosen Umgang mit Chemikalien in der Landwirtschaft und die Einleitung von Giften und Abfällen in Gewässer.

Von Beginn an wohnte linken ökologischen Basisgruppen ein systemfeindlicher Gedanke inne. Sie lehnten unter der Chiffre der »konkreten Utopie« die bundesrepublikanische Gesellschaftsordnung ab. Das galt für Initiativen wie »Tunix«, in deren Einladung zu einem großen Kongress 1978 in Westberlin es hieß: »Wir werden bereden, wie wir das Modell Deutschland zerstören und durch Tunix ersetzen.« Ebenfalls 1978 entstand die links-alternative Tageszeitung *taz*, zu deren Initiatoren mit Hans-Christian Ströbele und Otto Schily zwei Protagonisten gehörten, »die zur gleichen Zeit die Gründung der West-Berliner Alternativen Liste vorantrieben«.[24] Ein »Netzwerk Selbsthilfe« bündelte linke Betriebe, Kultureinrichtungen, politische Initiativen und grün-alternative Wahlbewegungen. Alle diese Initiativen »gehorchten demselben Trend zur Vernetzung und Institutionalisierung, der die Neuen Sozialen Bewegungen und das grün-alternative Milieu im letzten Drittel der 1970-er Jahre kennzeichnete«, schreibt Silke Mende in ihrer Studie über die »Gründungsgrünen«.[25]

Von der parlamentarischen Demokratie hielt die »basisdemokratische« alternative Szene wenig. Deshalb hatten Linke wie Joschka Fischer zunächst gezögert, den Grünen beizutreten.

Die Bedeutung der Bürgerinitiativen

Sie sei »natürlich links, aber undogmatisch« gewesen, erzählte Mitgründerin Eva Quistorp dem Autor im Frühjahr 2019. Ihr politisches Engagement begann sie in einer Berliner Bürgerinitiative gegen ein geplantes Straßenprojekt. Später war die westfälische Pfarrerstochter Vorstandsmitglied des Bundesverbandes Bürgerinitiativen Umweltschutz (BBU). »Wir lebten in Wohngemeinschaften, noch mit Obstkisten statt Möbeln, es gab erst zwei Italiener und einen Griechen als Szenelokale.«

Derartige »neue sozialen Bewegungen« engagierten sich gegen Straßenprojekte, Kernkraft oder Flughafenerweiterungen und sind durchaus vergleichbar mit jenen Umweltbewegten, die heute mit dem Hinweis auf Natur- und Tierschutz Windkraftanlagen zu verhindern versuchen. Der fundamentale Unterschied: Die heutigen Bürgerinitiativen werden von den Grünen nicht sonderlich geschätzt. Da kommt der Verdacht auf, dass der emanzipatorische Gestus der Grünen und der Ruf nach Bürgerbeteiligung und Basisentscheidungen stets eher instrumentell denn ideell war: Sprechen sich Initiativen etwa gegen Endlagerstätten aus, müssen sie gehört werden. Als 2017 aber 56,1 Prozent der Berliner in einem Volksentscheid für den Weiterbtrieb des Flughafens Berlin-Tegel stimmten, erklärte der rot-rot-grüne Senat umgehend, man werde das Votum nicht umsetzen.

Drei Teenager in der DDR

In Ostberlin gab es schon seit 1971 einen Umweltminister, und der Artikel 15, Absatz 2 der DDR-Verfassung behauptete: »Im Interesse des Wohlergehens der Bürger sorgen Staat und Gesellschaft für den Schutz der Natur.« Gleichwohl war die ökologische Situation »im anderen Deutschland« ungleich dramatischer als in der Bundesrepublik. Insbesondere nach dem Anstieg des Ölpreises auf dem Weltmarkt 1973 setzte das SED-Regime vollständig auf Braunkohle, das »Gold der DDR«. 1985 kamen 30 Prozent der Weltproduktion von dort. Die Folgen waren verödete Wälder und erodierte Böden. Dörfer mussten dem Tagebau weichen, weit mehr als in der Bundesrepublik.[26] Menschen litten unter Smog, Gestank und Atemproblemen. Einige Chemiestandorte wie Bitterfeld und Espenhain hätten nach den von der UNO empfohlenen Grenzwerten als nicht bewohnbar eingestuft werden müssen[27]. Deshalb erhielten Umweltdaten in der DDR die höchste Geheimhaltungsstufe. In dem halbautobiografischen Roman *Flugasche* der Schriftstellerin Monika Maron schreibt die DDR-Journalistin Josefa Nadler gegen den Willen ihres Chefredakteurs einen ungeschminkten Artikel über das marode Bitterfeld, »die schmutzigste Stadt Europas«.[28] Dadurch gerät sie in Konflikt mit Staat und Partei; Marons Roman, die erste literarische Auseinandersetzung mit den deprimierenden Folgen eines Braunkohleabbaus ohne Rücksicht auf Mensch und Natur, durfte in der DDR nicht erscheinen und wurde 1981 in Westdeutschland publiziert.

1979 starteten drei couragierte 17-jährige Schüler aus Schwerin, Jörn Mothes, Nikolaus Voss und Olaf Naasner, im Rahmen der evangelischen Jugendarbeit eine Baumpflanzaktion. Die Teenager setzten mit 50 weiteren Jugendlichen rund 5000 Bäume entlang einer Straßenbahnlinie in Schwerin. Sie luden zu Umweltwochenenden mit Vorträgen ein. In den Achtzigerjahren entstanden im oppositionellen Milieu der DDR zunehmend ökologisch ausgerichtete Gruppierungen. Die SED wertete die Aktivitäten als Angriff und Bedrohung. Aktivisten wurden von der Stasi verfolgt, manche dadurch erst politisiert. Der Bund der Evangelischen Kirchen in der DDR griff 1984 bei seiner Synode in Greifswald das Thema der ökologischen Verantwortung auf.[29] In Potsdam initiierte der spätere SPD-Politiker Matthias Platzeck eine Interessengemeinschaft Stadtökologie. Trotz staatlicher Repressionen entstand eine unabhängige Umweltbewegung. Sie wurde zu einer Säule der Demokratiebewegung im historischen Herbst 1989.

Im November 1989 gründete sich eine »Grüne Partei« in der DDR, daneben eine »Grüne Liga«. Die Grüne Partei ging zur ersten freien Volkskammerwahl im März 1990 ein Wahlbündnis mit dem Unabhängigen Frauenverband ein, erzielte 2 Prozent und bildete zusammen mit dem Bündnis 90, das 2,9 Prozent geholt hatte, eine Fraktionsgemeinschaft. Zur ersten gesamtdeutschen Bundestagswahl im Dezember 1990 traten sie als Listenvereinigung mit dem bürgerrechtlich inspirierten Bündnis 90 an. Mit 6,1 Prozent der Zweitstimmen im Osten gelang »Bündnis 90/Grüne-BürgerInnenbewegung« der Sprung ins Parlament, während die

West-Grünen in der alten Bundesrepublik mit 4,8 Prozent unerwartet scheiterten. Der Bundestagsgruppe (zur Bildung einer Fraktion reichten die insgesamt acht Mandate nicht aus) gehörten die Grünen Klaus-Dieter Feige und Vera Lengsfeld an. 1993 fusionierten die Parteien in Ost und West zu Bündnis 90/Die Grünen. Lengsfeld kritisierte in der Folge den »PDS-Schmusekurs« der Partei und wechselte 1996 zur CDU.[30] Feige verließ die Grünen 2011 »wegen zunehmender Entfernung« von seinen Werten.[31]

Die SPV bei der Europawahl 1979

Die West-Grünen waren bei ihrer Gründung gegen Nationalstaaterei – und gegen zu viel Brüsseler Integration auch. »Wir beteiligen uns an der Europawahl, um einer weiteren Zentralisierung der Entscheidungsgremien entgegenzuwirken und die Entscheidungen wieder in den Bereich des Bürgers zu rücken. Wir wollen deshalb ein Europa der Regionen, das aus überschaubaren Selbstverwaltungsräumen zusammengesetzt ist«, hieß es im Programm, mit dem die »sonstige politische Vereinigung Die Grünen« zur Europawahl 1979 antrat.[32] (Das war übrigens, dank der Konservativen um Gruhl, noch freundlich formuliert. 1984 sollten die Grünen im Europawahlprogramm bereits gegen die »Zentralisierung von Entscheidungen in wasserkopfartigen europäischen Bürokratien« polemisieren.)

Die endgültige Beteiligung an der ersten Europawahl im Juni 1979 wurde bei einem Treffen des Koordinierungsausschusses am 3. und 4. Februar beschlossen. Kelly, Gruhl, Beuys, Quistorp und Roland Vogt gehörten am 17. und 18. März in Frankfurt-Sindlingen zu den Gründern der »sonstigen politischen Vereinigung Die Grünen«. Unter den ersten sechs Kandidaten für die Europawahl gab es, im deutlichen Kontrast zur heutigen grünen Bevorzugung von Frauen bei Vorstands- und Kandidatenwahlen, nur eine einzige Frau, nämlich Kelly als Spitzenkandidatin.[33] Der Koordinierungsausschuss bestand aus je drei Vertretern der Aktionsgemeinschaft Unabhängiger Deutscher August Haußleiters, der Grünen

Aktion Zukunft (GAZ) von Herbert Gruhl und der Grünen Liste Umwelt-schutz (GLU) um Rainer Trampert und den vormaligen Sozialdemokra-ten Holger Strohm, die unter anderem in Hamburg und Niedersachsen zu Landtagswahlen angetreten war. Der Maoist Trampert kam aus dem Kommunistischen Bund (KB), insgesamt aber gab es unter den 500 Teil-nehmern in Frankfurt lediglich 15 Vertreter von extrem linken Listen.

Petra Kelly, Roland Vogt und sie seien unabgestimmt auf den Namen »Die Grünen« gekommen und hätten gemeinsam die Sonnenblume als Symbol der künftigen Partei auserkoren, sagt Quistorp. Damit ging es in den ersten nationalen Wahlkampf. »Wir hatten damals überhaupt kei-nen Etat, wir waren unbekannt, wir Kandidaten haben alle unsere Aus-gaben aus eigener Tasche zahlen müssen.« Sie wisse nicht mehr, »auf wessen Sofas ich da bei den Reisen durchs Land übernachtet habe, damit die Hotelkosten nicht zu hoch wurden. Es gab kein Beraterteam, kein Pressebüro.«

Etliche Prominente unterstützten die Grünen. Neben Beuys waren dies Schriftsteller wie Carl Amery und Heinrich Böll. Aus der CSSR war der Dissident Milan Horáček einer der Kandidaten. »Das war ein Moment des gemeinsamen Aufbruchs«, erzählte Horáček dem Autor im Frühjahr 2019. »Trotz der inhaltlichen Differenzen zwischen den verschiedenen Strömungen waren wir alle sehr optimistisch.«

Die Distanz zur parlamentarischen Demokratie und zur westlichen Verteidigungsallianz war in diesem frühen Stadium der Grünen nicht zu übersehen. Im Zentrum der Präambel standen die Begriffe »ökologisch, sozial, basisdemokratisch und gewaltfrei«. Europa sei bedroht durch eine »militärische Katastrophe und durch einen ständigen Abbau der Demo-kratie und der Grundrechte«. In Richtung Umverteilung und Wachs-tumskritik ging die Formulierung, die Wertvorstellungen der Europäer seien von einer »Überschätzung des Lebensstandards und der quantitati-ven materiellen Eingleisigkeit« zu befreien. Es seien »umfassende Wand-lungen in der Einstellung des Menschen zu seinem Leben und seiner Umwelt« nötig.

Neben dieser urlinken Idee, den Menschen verbessern zu können (in Abgrenzung dazu sagt Robert Habeck heute, man wolle »nicht den Menschen verbessern, sondern eine bessere Politik machen«), finden sich im Europaprogramm von 1979 weitere Positionen, die mutmaßlich große Teile der gegenwärtigen Grünen-Basis begeistern würden. So wird die »Einführung einheitlicher Höchstgeschwindigkeitsverordnungen auf Autobahnen und Landstraßen« gefordert. Das Schienennetz solle ausgebaut, der Flugverkehr vermindert, jedes Flughafengroßprojekt gestoppt werden. Es findet sich auch die »Anregung eines autofreien europäischen Sonntags«.[34]

In etlichen Passagen wurden Umweltschutz, ökologische Landwirtschaft, energiesparende Maßnahmen oder ein Ausstieg aus der Kernkraft gefordert. Interessanterweise taucht die Warnung vor einem zu hohen Kohlendioxidgehalt in der Luft als Ursache für die Klimaerwärmung an keiner Stelle auf. Dabei warnte die Deutsche Physikalische Gesellschaft bereits 1971 »vor einer drohenden Klimakatastrophe«. Ursache dafür sei ein Anstieg des CO_2-Gehalts in der Atmosphäre durch »Verbrennung von Kohle, Erdöl und Erdgas« sowie »vor allem durch Rodung tropischer Regenwälder und durch Bodenerosion als Folge intensiver landwirtschaftlicher Nutzung von Kulturböden«,[35] so die Wissenschaftler in ihrem Appell. Er wurde ignoriert – nicht nur von der breiten Öffentlichkeit und dem »politischen Establishment«, sondern sogar von den Aktivisten der wenige Jahre später entstehenden Partei, die doch gerade auf diesem Gebiet eine besondere Expertise reklamierten.

Die SPV scheiterte zur großen Enttäuschung insbesondere von Kelly an der damals auch fürs Europaparlament gültigen Fünf-Prozent-Hürde. Aber sie kam in Deutschland mit 893 683 Stimmen auf 3,2 Prozent. Dieser erste Auftritt oberhalb der Ebene von Kommunen und Bundesländern war nicht nur ein großer Achtungserfolg. Die »sonstige politische Vereinigung Die Grünen« kassierte 4,5 Millionen D-Mark Wahlkampfkostenerstattung – »das politische und finanzielle Startkapital für weitere Pläne«, wie Ludger Volmer bilanzierte.[36] Der Geldsegen eröffnete Möglichkeiten. Im Januar 1980 konstituierten sich die Grünen in Karlsruhe als Partei. Staatsknete für Staatsgegner, wie damals im alternativen Milieu geätzt wurde – die Grünen sind wohl die erste Partei in Deutschland, die durch den Steuerzahler groß wurde.

Auf der Ebene der Länder war der Zuspruch stärker: Der Bremer Grünen Liste gelang im Herbst 1979 mit 5,1 Prozent der erste Sprung in ein Landesparlament.[37] Kurz darauf kamen die Grünen in Baden-Württemberg mit 5,3 Prozent in den Landtag.

Die neue Bundespartei trat im Oktober 1980 erstmals zur Bundestagswahl an. Es reichte nur für 1,5 Prozent, das bedeutete »einen schweren Rückschlag«, so Hubert Kleinert. Heftige Flügelkämpfe seien einerseits der Grund gewesen – und andererseits seien die Grünen zwischen dem Unionskandidaten Franz Josef Strauß (CSU; 44,5 Prozent) und SPD-Kanzler Helmut Schmidt (42,9 Prozent) in einer »zum Teil hysterisierten« Anti-Strauß-Stimmung »regelrecht an die Wand gedrückt« worden.[38] Und doch sollte diese Wahl die letzte sein, in der das seit den Fünfzigerjahren so stabil wirkende westdeutsche Dreiparteiensystem von Union, SPD und FDP unter sich blieb. Die Grünen waren die erste Partei in Deutschland ohne Verankerung in der Ideengeschichte des 19. Jahrhunderts. Sie waren gewissermaßen eine Partei 2.0 lange vor dem digitalen Zeitalter, und Anhänger konnten sie nicht durch Berufung auf klassische Vordenker rekrutieren, sondern nur durch die Überzeugungskraft ihrer Führungsfiguren.

DIE HALBHERZIGE UMWELTPOLITIK VON UNION UND SPD

»Der technische Fortschritt muss Rücksicht auf die Umwelt nehmen«, dröhnte der Politiker. »Die Schäden an unseren Wäldern sind alarmierend, die zunehmende Verschmutzung von Nord- und Ostsee ist erschreckend. Die Bürger erwarten zu Recht wirksame Gegenmaßnahmen.«

Der das sagte, war Bundeskanzler Helmut Kohl in seiner ersten Regierungserklärung am 4. Mai 1983. Erstmals saßen grüne Abgeordnete im Bonner Bundestag, und obwohl sie zur Auftaktsitzung dieser zehnten Wahlperiode im März mit den obligatorischen Sonnenblumen, Zweigen einer »umweltkranken« Tanne und gekleidet in grobmaschige Wollpullover in das Hohe Haus eingezogen waren, begleitete eine ihrer Abgeordneten das ökologische Bekenntnis des neuen Bundeskanzlers mit einem »Bravo«-Zwischenruf. »Ich habe eine geringe Chance, auch von diesen Damen einen Beifall zu erreichen«, unterbrach sich Kohl daraufhin selbst.[39]

Die etablierte Politik hatte das Potenzial der neuen Partei und der grünen Bewegung unterschätzt. Für die SPD, damals noch die Partei der traditionellen Industriearbeiterschaft, wäre es ohnehin schwierig gewesen, sich dem wachstums- und damit arbeitsplatzfeindlichen Kurs der Grünen zu nähern. Und Kohl hatte sich keine Mühe gegeben, den prinzipienfesten und zugleich eitlen Herbert Gruhl an die CDU zu binden. Jetzt wandte sich der Kanzler zunehmend umweltpolitischen Aspekten zu, machte aber in der Regierungserklärung zugleich deutlich, dass er auf andere Mittel als die antikapitalistischen Grünen setzen würde. »Die von der modernen Technik verursachten Schäden können nur durch den Einsatz modernster Mittel der Technik wieder abgebaut und beseitigt werden«, kündigte Kohl an.

Seine CDU/CSU-FDP-Regierung blieb nicht untätig: Kohlekraftwerke und Müllverbrennungsanlagen mussten nach der Großfeuerungsanlagenverordnung aus dem gleichen Jahr ihren Rauch entschwefeln. Autos wurden obligatorisch mit Katalysatoren nachgerüstet und tanken seit 1988 ausschließlich bleifreies Benzin. Und die Emissionen nahmen rasant ab: Im Gebiet der alten Bundesrepublik sank der Ausstoß von Schwefeldioxid laut Umweltbundesamt bis 1993 um beeindruckende 89 Prozent, die Werte für Stickoxide und Staub gingen um 72 bzw. 80 Prozent zurück.[40]

Übrigens hatte es in der Bundesrepublik durchaus schon vor den Grünen ökologisch motiviertes Ordnungsrecht gegeben. Das begann spätestens 1961 mit dem »Gesetz über Detergentien in Wasch- und Reinigungsmitteln« und 1964 mit der »TA Luft« (Technische Anleitung zur Reinhaltung der Luft). Es ging weiter in den Siebzigerjahren mit dem Benzinbleigesetz, dem Fluglärmgesetz, dem Abfallbeseitigungsgesetz und dem Bundesnaturschutzgesetz.

Die verbreitete Behauptung, die etablierten Parteien in der Bundesrepublik hätten den Umweltschutz ignoriert, ist falsch. Aber sie taten zu wenig und agierten erst nach dem Aufkommen der neuen Bewegung ambitioniert. Kohl hätte den vormaligen Frankfurter Oberbürgermeister und späteren hessischen Ministerpräsidenten Walter Wallmann (CDU) im Juni 1986 mutmaßlich nicht zum ersten Bundesumweltminister ernannt, wenn nicht zwei Monate zuvor die Katastrophe von Tschernobyl passiert wäre – drei Jahre nach dem Einzug der Grünen in den Bundestag, die unablässig vor der Kernkraft gewarnt hatten. Wallmanns Nachfolger, der Saarländer Klaus Töpfer (CDU), Bundesumweltminister von 1987 bis 1994, schwamm 1988 durch den Rhein, zwei Jahre nach dem großen Chemieunglück beim Unternehmen Sandoz, als 20 Tonnen Gift in den Fluss gespült worden waren.

In Hessen gab es bereits seit dem 17. Dezember 1970 ein Landesministerium, eingeführt unter SPD-Ministerpräsident Albert Osswald und zunächst mit dem ebenso vergessenen Parteifreund Werner Best besetzt. Neben dem Begriff »Landwirtschaft« führte das Ressort in unterschiedlichen Reihungen Zuständigkeiten für »Umwelt«, »Naturschutz« oder »Forsten« im Titel. Neun Tage zuvor, am 8. Dezember 1970, war im Freistaat Bayern ein Staatsministerium für Landesentwicklung und Umweltfragen gegründet worden, mit dessen Leitung Ministerpräsident Alfons Goppel seinen späteren Nachfolger Max Streibl (beide CSU) betraute. Die Bajuwaren haben damit das älteste Umweltministerium nicht nur Deutschlands, sondern Europas.

Aber Joseph Martin (Joschka) Fischer, der sich 1985 vom hessischen Ministerpräsident Holger Börner (SPD) in weißen Turnschuhen zu Jeans und Sakko zum ersten grünen Landesminister vereidigen ließ, blieb es vorbehalten, die Prioritäten neu zu definieren. Für »Umwelt und Energie« war das Ressort nunmehr zuständig. Inzwischen wurde es unter anderem um »Klimaschutz« erweitert.

Seitdem gelten Umweltministerien als grün. Dazu beigetragen hat das Desinteresse von SPD und Union. In Wiesbaden wollte Börner das Umweltressort 1984 gar abschaffen, »ermutigt durch das stillschweigende Einverständnis der Grünen im hessischen Landtag«, wie der *Spiegel* notierte: Hauptgrund sei gewesen, dass der Amtsinhaber Karl Schneider (SPD) »die Lust verloren hatte und kein anderer Genosse so recht interessiert gewesen sei, seine Nachfolge anzutreten«.[41]

Es ist bezeichnend, dass der engagierte Bundesumweltminister Klaus Töpfer, später Bundesbauminister und von 1998 bis 2006 Exekutivdirektor des Umweltprogramms der Vereinten Nationen (UNEP) in Nairobi, bis heute als das ökologische Gewissen der CDU wahrgenommen wird. Nach ihm gab es in der Partei viel grünes Bekennertum, aber keine stringente Umweltpolitik mehr. Angela Merkel profilierte sich zwar 1997 in diesem ihrem zweiten Bonner Ressort (zuvor war sie Familien- und Jugendministerin) als Mitgestalterin des Zusatzprotokolls zum Rahmenübereinkommen der UN zu Klimaänderungen im japanischen Kyoto, doch die Zeit als Bundeskanzlerin überstrahlt ihre Bedeutung als Umweltministerin bei Weitem. Dass in Berliner Zeiten auch die Christdemokraten Norbert Röttgen und Peter Altmaier das Bundesumweltministerium leiteten, ist heute wahrscheinlich schon eine 32 000-Euro-Frage bei Günther Jauch wert.

Merkels Intermezzo als »Umweltkanzlerin«, zu der sie nach der Rücknahme der Rücknahme des Atomausstiegsbeschlusses vorübergehend gekürt wurde, ließ jede Stringenz vermissen. Es ging ihr nach Fukushima um einen populistischen (und wirkungslosen) Schachzug gegen den Aufstieg der Grünen in Baden-Württemberg. Zudem lässt Merkels »beschleunigter Atomausstieg« die CO_2-Emissionen Deutschlands zusätzlich steigen. Dabei hätte die Union mit ihrem christlichen Bekenntnis zur »Bewahrung der Schöpfung« einen logischen Anknüpfungspunkt gehabt, um ökologische und ökonomische Erfordernisse einer Bürgergesellschaft auszusöhnen. Das ist nicht versucht worden.

TOTALITARISMUS, LIBERALISMUS, ÖKOMORALISMUS

»Mit dem scharfen Schwert guter Gesinnung«, so beschrieb Hermann Lübbe 1987 in einem bis heute lesenswerten Essay, durchschlagen »Moralisten« den »verhedderten Knoten moderner zivilisatorischer Lebensrealität, und die Intensität in der Demonstration solcher Gesinnung wächst komplementär zu den Schwierigkeiten, die es macht, auf die Frage nach den Fälligkeiten zur Minderung unleugbarer Zivilisationslasten eine pragmatisch genugtuende Antwort zu geben«.[42]

Der große deutsche Philosoph hatte ein passendes Beispiel zur Hand: »Es ist konventionelle, auf unsere gegenwärtigen Lebensumstände pragmatisch bezogene Alltagsmoral, wenn jugendliche Arbeitslose eine Recycling-Gruppe bilden, die Altmetall sammelt oder eine Anleitung für Kompostierungstechniken an die Adresse von Gartenfreunden verfasst. Stattdessen ist unverzüglicher Einstieg in den Prozess der Deindustrialisierung die Antwort.«

Seit den Siebzigerjahren hat sich weltweit eine ökologische Bewegung etabliert, die den Schutz der Umwelt und der Artenvielfalt und einen schonenden Umgang mit den Ressourcen der Erde einfordert. Nachdem sich das Hauptaugenmerk auf CO_2-Emissionen und den Klimawandel gelegt hatte, wurde 1992 in Rio das internationale Rahmenabkommen der UN über Klimaänderungen beschlossen. Das Kyoto-Protokoll 1997 ergänzte es und schrieb den Industrieländern erstmals völkerrechtlich verbindliche Margen für den Ausstoß von Treibhausgasen vor. Das Pariser Klimaabkommen 2015 beschränkte sich nicht mehr auf die reichen Nationen und wurde von 197 Staaten unterschrieben. Nicht einmal Nordkorea konnte sich dem Common Sense dieser Vereinbarung entziehen. Zwar hat Donald Trump, nur fünf Monate nach seinem Einzug ins Oval Office, den Abschied aus dem Pariser Akkord angekündigt[43] und im November 2019 umgesetzt. Aber immerhin sah sich der amerikanische Präsident beim G7-Treffen in Biarritz 2019 angesichts eines globalen Meinungsdrucks genötigt, seinen ihm im Geiste nahestehenden brasilianischen Amtskollegen Jair Bolsonaro aus der französischen Surfdomäne anzurufen und Hilfe bei der Bekämpfung der Brände in der Amazonas-Region anzubieten. Zudem bemühen sich große Bundesstaaten wie Kalifornien und New York, die Pariser Ziele zu erfüllen. Und tatsächlich sank der Kohlendioxidausstoß der USA 2019 leicht.

Die Ökologisierung der politischen Debatte war die erste, aufklärende Epoche der grünen Zeitenwende. Sie war wichtig. Plötzlich begriff die Menschheit, dass es neben Politik, Ökonomie und den Olympischen Spielen noch ein den gesamten Globus betreffendes Thema gab. Doch diese Phase ging fast nahtlos in den Ökomoralismus über. Unter diesem Vorzeichen geriet Klimapolitik mitunter aus Unwissenheit, oft aus ideologischem Vorsatz zur moralischen Selbstanklage der Menschheit – oder aber doch zumindest zur Anklage jener Menschen, die sich nicht eingereiht haben in den ökoautoritären Gleichschritt. Jugendliche der Fridays-for-Future-Bewegung sind überzeugt, sie wüssten die Antworten auf die Probleme der Zeit, weil sie die Zusammenfassung des Berichts des Weltklimarats (IPCC) gelesen haben (in Deutschland vorsichtshalber ohne die Empfehlungen zur Kernkraft). Dabei lassen sich Probleme nicht identifizieren, wenn sie nur aus einer Perspektive betrachtet werden. Der Soziologe, der die Frage der weltweiten Armut ausschließlich aus der Perspektive der Armen anschaut, wird die Umverteilung aller Güter der Welt empfehlen. Der hinzugerufene Ökonom wird ihn warnen, dass dann niemand mehr das Bedürfnis hat, als Unternehmer in die Verantwortung zu gehen, die entsprechenden Güter zu produzieren. Der Kriminologe, der mit einer zunehmenden Zahl von Überfällen auf der Straße konfrontiert ist, mag Videokameras an jeder Hausecke fordern. Der Bürgerrechtler wird ihm sagen, dass damit die Verhältnismäßigkeit verletzt wäre. Aus der Logik eines Geheimdienstlers wäre es in Zeiten zunehmender Cyber-Attacken aus dem Ausland sinnvoll, sich in alle Computer hacken zu können, um die Täter dingfest zu machen. Der Datenschützer wird ihm in den Arm fallen, weil damit jede Privatsphäre bedroht wäre.

Darum ist auch das Problem der Erderwärmung nicht gelöst, wenn eine große Zahl von Wissenschaftlern empfiehlt, umgehend aus Kohle, Erdöl und Erdgas auszusteigen. Hinzugerufen werden muss der Volkswirt, der die Auswirkungen auf den Arbeitsmarkt analysiert. Der Ingenieur, der die serienreife Produktion von Autos mit Batterieantrieb oder Wasserstoffzelle mit genügender Reichweite und zu einem vernünftigen Preis ab einem bestimmten Datum sicherstellt. Der Gewerkschafter, der die Arbeitnehmer vom Verzicht auf Arbeitsstunden und damit auch Lohn überzeugen muss. Und schließlich genügend Politiker, die das Risiko zu tragen bereit sind, mit entsprechenden Forderungen in den Wahlkampf zu gehen. Am Ende kann es nur einen Kompromiss geben zwischen Wissenschaftlern, Ökonomen, Ingenieuren, Arbeitgebern, Arbeitnehmern, Politikern – und dem Wähler als oberstem Souverän. Der Jahresbericht des Weltklimarats ist in dieser Abstimmung ein wichtiger Faktor, aber eben auch nicht mehr. Er taugt nicht als Drehbuch für die Transformation der Welt.

Die Kinder in den Kobaltminen

Doch der Ökomoralismus verlangt mit zunehmender Lautstärke Unterwerfungsgesten von Politik und Gesellschaft. Für das Primat der Reduzierung von CO_2-Emissionen sei kein Preis zu hoch. Dabei erreicht der Aktionismus oft das Gegenteil seiner Zielsetzung – etwa da, wo im überhasteten Feldzug gegen den Verbrennungsmotor die bösen Missstände bei der Förderung der für die Autobatterien notwendigen Rohstoffe ignoriert werden. Da werden in Chile Fabriken in ökologisch sensiblen Regionen aus dem Boden gestampft. In der politisch instabilen Demokratischen Republik Kongo werden trotz schwerer Schäden für die Umwelt über 60 Prozent der Weltproduktion an Kobalt gewonnen. 35 000 Kinder werden dafür eingespannt, die kleinsten gerade sechs Jahre alt.[44] Sie arbeiten nicht nur freitags für unsere Zukunft, sondern die ganze Woche und das ganze Jahr hindurch. »Beim Abbau von Rohstoffen wie Kobalt für die Akku-Produktion kommt es zu schweren Menschenrechtsverletzungen wie zum Beispiel Kinderarbeit«, rief Amnesty International im November 2019 den Teilnehmern eines Autogipfels im Kanzleramt zu. Die Grünen, sonst natürlicher Verbündeter von Amnesty und stets sensibilisiert, wenn es um die Arbeitsbedingungen von Paketzustellern oder bei Amazon geht, beschweigen das Thema lautstark.

Um das einzuräumen: Auch in dieser Debatte gibt es Für und Wider. Es geht um die Abwägung von Interessen. Lithium und Kobalt werden auch in den Akkus von Smartphones benötigt, in einer Größenordnung von 8 Gramm. Bei Akkus fürs Elektroauto sind es schon 8 Kilo. Darauf zu verzichten, ist illusorisch. Dann ist es jedoch wichtig, auf die Arbeitsbedingungen bei den Abbaufirmen in Afrika, oft in chinesischer Hand, oder in Südamerika einzuwirken, und jenen, die Mindeststandards verweigern, bestimmte Zertifizierungen vorzuenthalten. Je gewaltiger aber die Kontingente sind, in denen diese Rohstoffe für unsere schöne neue CO_2-freie Welt eingekauft werden, desto rauer werden die Sitten. Ungewiss bleibt zudem, wie lange die Vorräte an Lithium und Kobalt reichen. Die Londoner Metallmarktanalytiker von Benchmarks Minerals Intelligence erwarten beim Kobalt eine Verfünffachung der Nachfrage binnen einer Dekade und bei Lithium eine Versechsfachung von derzeit 250 000 auf 1,5 Millionen Tonnen pro Jahr.[45]

Ähnlich wird die Moral verbogen bei dem von den Grünen geforderten und von der großen Koalition auf den Weg gebrachten Verbot von Plastiktüten im Einzelhandel ab 2020. Es ignoriert, dass alle angebotenen Alternativen umwelttechnisch mindestens ebenso problematisch sind. Zwar wird eine Papiertüte viel schneller als Plastik in der Natur abgebaut. Aber für ihre Herstellung wird nahezu doppelt so viel Energie benötigt wie für eine Plastiktüte. Zudem gibt es bei der Papiertütenproduktion eine höhere Belastung von Luft und Wasser durch Schwefeldioxide, Stickoxide und Chemikalien, mit denen die Zellstofffasern behandelt werden. Und der natürliche Rohstoff Holz braucht viele Jahre zum Nachwachsen.

Das ist höchst klimaschädlich, weil Papiertüten schon mangels Stabilität oft nur einmal verwendet und dann entsorgt werden. »Den Papierverbrauch als kritisches Thema zu kommunizieren ist unheimlich zäh«, zitierte die *taz* Peter Gerhardt vom Verein Denkhaus Bremen, »dabei hat der hohe Papierverbrauch viele negative Folgen.«[46]

Die Lösung »Jute statt Plastik« geht ebenso wenig auf. Auch bei Jute oder Baumwolle ist der Energieeinsatz bei der Herstellung ausgesprochen hoch und übertrifft den der Kunststofftüte bei Weitem. Nach einer Analyse des britischen Umweltministeriums ist die Ökobilanz eines Baumwollbeutels darum erst ab der 131. Nutzung besser als die einer Plastiktüte. In der Realität jedoch, der Autor kann's bezeugen, werden Baumwollbeutel an der Supermarktkasse erstanden und dann daheim neben unzähligen anderen gehortet. »Eine Schrankwand voller Ökobeutel bringt nichts, die muss man dabeihaben«, zitierte der WDR Benedikt Kauertz vom ifeu-Institut für Energie- und Umweltforschung in Heidelberg. Dennoch befürworten drei von vier Deutschen das Verbot von Plastiktüten ab 2020.[47] Das beruhigt das eigene Gewissen und vermittelt die Illusion eines Etappensiegs.

Gibt es bessere Lösungen? Ein Plastiktütenverbot ist nötig in Staaten ohne funktionierende Abfallwirtschaft. In Deutschland mit seinem entwickelten Recyclingsystem ist es hingegen für den Klimaschutz kontraproduktiv. Darum ist ein Exportverbot von Plastikmüll viel sinnvoller als ein Plastiktütenverbot. Gleichwohl ist jede Innovation sinnvoll, die den Plastikmüll auch hierzulande reduziert. Wer im Supermarkt Mehrwegbehälter mit an die Käse- oder Fleischtheke bringt, kann auf Verpackungsmaterial verzichten. Für die bisherigen Plastikumhüllungen für Obst oder Gemüse entwickeln Wissenschaftler eine Coating-Technologie, bei der die einzelnen Äpfel oder Gurken mit einem (essbaren) Überzug aus natürlichen Zuckerresten, Zellulose und pflanzlichem Öl länger frisch gehalten werden. Und während recycelte PET-Flaschen zumeist nur einen Anteil von 28 Prozent Recyclat haben, verkauft der Discounter Lidl bereits Plastikflaschen, die zu 100 Prozent aus recyceltem Kunststoff bestehen. So wird der Verwertungskreislauf geschlossen – und die Einmalflaschen sind plötzlich ökologischer als Mehrwegflaschen. Allerdings funktioniert das Verfahren bislang nur für stilles Mineralwasser, während Kohlensäure im Getränk das Material angreift.[48] Und mit mehrfach verwendbaren Bienenwachstüchern, die als Alternative zu Plastikfolien ver-kauft werden, lassen sich belegte Brote, Wurst oder Obst frisch halten – man solle das Material aber nicht mit rohem Fleisch, Fisch und Ananas in direkten Kontakt bringen, warnen die Anbieter des nachhaltigen Pro-dukts. Mit anderen Worten: Plastik kann was. Seine Erfindung war kein Irrtum in der menschlichen Fortschrittsgeschichte.

Der Ökomoralismus als der gefährliche, aktuelle Teil der grünen Zei-tenwende möchte von derlei Differenzierungen nichts wissen. Er folgt den weltgeschichtlichen Phasen des Totalitarismus in der ersten Hälfte des 20. Jahrhunderts und der nachfolgenden Phase des westlichen sozial abgefederten Liberalismus. Der Ökomoralismus trägt ersatzreligiöse Züge, wenn er den unbedingten Glauben an die Richtigkeit seiner Bot-schaft einfordert und Abweichler als »Leugner« aus der Gemeinde aus-zuschließen trachtet. Er bietet gar ein »jüngstes Gericht«, nämlich den Klimawandel, der uns durch verheerende Unwetter, steigende Meeres-spiegel und eine letztlich unbewohnbare Welt für unsere Sünden, den Konsumismus und die Gier, bestrafen wird. Die Endzeit kommt! Wo ist Rettung? »Es war noch nie so dringend wie jetzt, die Welt zu retten«, rief Grünen-Chefin Annalena Baerbock im April 2018 den Teilnehmern eines Konvents zum neuen Grundsatzprogramm zu. »Lasst uns wieder unsere Welt retten.« Gleich die ganze Welt? Und »wieder«? Populismus ist erkennbar kein Privileg des rechten Spektrums. Der Allmachtsanspruch des Ökomoralismus bescheidet sich nicht mit kleiner Münze.

WIR WISSEN ALLES ÜBER DEN KLIMAWANDEL – UND FAST NICHTS

Wir leben in einer Eiszeit, im Känozoikum. Selten in der 4,6 Milliarden Jahre währenden Erdgeschichte waren beide Pole vergletschert. Der Südpol ist es seit 34 Millionen Jahren, der Nordpol seit 2,7 Millionen Jahren. Der Mensch, dessen Entwicklung vor zwei Millionen Jahren mit dem Homo erectus begann und der sich vor 300 000 Jahren zum Homo sapiens entwickelte, hat noch keine andere Phase als dieses Eiszeitalter erlebt.

Darum ist der Aufruf, wir müssten »das Klima« retten, ein Missverständnis. Wenn der *Zeit*-Journalist Bernd Ulrich warnt, die CO_2-Emissionen würden die »fein austarierten Stabilisatoren des Klimas außer Funktion« setzen,[49] dann irrt er, weil es weder Stabilisatoren noch Stabilität gibt. Die Normalität des Klimas sind die Extreme, zwischen denen es schwankt – wenngleich in Zeitdimensionen, die sich über viele Millionen Jahre erstrecken. Wir wollen also nicht das Klima bewahren, sondern einen ziemlich extremen Klimaausschlag auf einer Erde, die zu 95 Prozent ihrer Existenz deutlich wärmere, tropische Perioden durchlaufen hat. In denen am Nordpol Alligatoren lebten, am Südpol Palmen wuchsen und, noch früher, der Meeresspiegel den heutigen bis zu 100 Meter überstieg.[50] Auch als unser Eiszeitalter längst begonnen hatte, gab es innerhalb dieser Periode kältere und wärmere Phasen. Die letzte extreme Kältephase des Känozoikums liegt gerade einmal 28 000 Jahre zurück.[51] Bis zum 2. Jahrtausend v. Chr. reichte das Mittelmeerklima 2500 Kilometer weiter nach Süden, in der heutigen Sahara gediehen Wacholder und Zypressen, wie Wissenschaftler anhand der Pollen in Eingeweiden mumifizierter Tierkadaver nachgewiesen haben. Und noch im 11. bis

13. Jahrhundert n. Chr. war Grönland so grün, dass die Wikinger diesen Namen für die Atlantikinsel wählten.[52]

Eine Prognose wird sich also mit Sicherheit bestätigen: Die Erde wird irgendwann wieder eine Phase durchleben, in denen Arktis und Antarktis eisfrei sind und das Meer gigantische Teile der heutigen festen Erdoberfläche überdeckt. Ob der Homo sapiens anpassungsfähig genug ist, um in diesem Klima überleben zu können, wissen wir nicht. Aber eigentlich bliebe ihm noch viel Zeit, sich darauf einzurichten, vielleicht gar mehrere Millionen Jahre. Das Problem: Durch den anthropogenen Beitrag zur Erderwärmung wird der Ausstieg aus dem Känozoikum möglicherweise viel früher kommen, als er erdgeschichtlich programmiert war.

Zugleich durchlebt die Erde zum sechsten Mal ein massenhaftes Artensterben. Beim ersten großen Sterben vor 450 Millionen Jahren verschwanden 86 Prozent aller Spezies; beim zweiten Mal, vor 380 Millionen Jahren, 75 Prozent; beim dritten Mal, vor 255 Millionen Jahren, 96 Prozent; beim vierten Mal, vor 205 Millionen Jahren, 80 Prozent; beim fünften Mal, vor 70 Millionen Jahren, 75 Prozent. Während das letzte Artensterben, dem die Dinosaurier zum Opfer fielen, durch den Einschlag eines gewaltigen Kometen ausgelöst wurde, sind die anderen vier Massenauslöschungen auf eine massive Zunahme von Treibhausgasen zurückzuführen, schreibt David Wallace-Wells in dem US-Bestseller über *Die unbewohnbare Erde*.[53] Wie das zustande kam? Wir wissen es nicht.

Doch Panik machen gilt nicht. Das alles sind Prognosen, und es ist nicht die Regel, dass Realitäten genauso eintreten, wie sie vorausgesagt wurden. Paul Ehrlich etwa, der zu Weltruhm gelangte amerikanische Biologe, eröffnete 1968 seinen Weltbestseller *Die Bevölkerungsbombe* mit dem definitiven Satz: »Der Kampf um die Ernährung der gesamten Menschheit ist vorbei« – und er meinte damit: verloren. Im kommenden Jahrzehnt würden »Hunderte Millionen von Menschen verhungern«. Nichts mehr könne »eine substanzielle Steigerung der weltweiten Todesrate verhindern«.[54]

Die Widerlegung von Prognosen durch den banalen Zeitablauf hält Wissenschaftler nicht davon ab, erneut Vorhersagen zu wagen. Häufig ist Alarmismus dabei. Es gibt interessanterweise kaum positive Utopien, sondern fast ausschließlich Dystopien, in denen die Menschheit einer gleichgeschalteten, totalitären Welt voller Kriege, Umweltzerstörung, möglicherweise bedroht von Asteroiden oder angegriffen von Aliens, entgegenlebt. Der Titelgeber dieses Genres, Thomas Morus' Roman *Utopia*, widerspricht dieser Beobachtung nur vermeintlich, weil er nicht in der Zukunft spielt, sondern aus einem »idealen« und fernen, aber zeitgenössischen Land berichtet. Und obwohl die Menschen dazu neigen, die Zukunft als schlecht und lebensunwirtlich auszumalen, möchte kaum jemand ernsthaft zurück in Zeiten deutlich vor seiner Geburt und auf technologische Errungenschaften verzichten.

Das Eis schmilzt

Kommen wir zu den aktuellen Prognosen: Die CO_2-Emissionen nehmen zu, Eisschilde und Gletscher schmelzen, der Meeresspiegel steigt, der pH-Wert des Wassers sinkt, die Ozeane werden saurer, verlieren Sauerstoff und gefährden dadurch das gesamte Ökosystem, von Korallen und Muscheln bis zu den Fischen und den Menschen, auf deren Speiseplan diese Meeresfrüchte stehen.

Wollen wir diese bedrückenden Aussichten, die mit der Erwärmung des globalen Klimas einhergehen, als Dystopie abtun und gleichsetzen mit den allesamt nicht Realität gewordenen apokalyptischen Szenarien Paul Ehrlichs? Wir wären schlecht beraten. Denn zum einen wissen wir inzwischen mehr über die Kohlendioxidentwicklungen der letzten Jahrhunderte und Jahrtausende, wir haben verlässlichere Temperaturdaten, als sie Ehrlich vorlagen. Bohrungen an den Polen, Beobachtungen durch Satelliten und Computer mit gigantischen Kapazitäten lassen unsere Wissenschaftler Modelle erstellen, die vor einem halben Jahrhundert unmöglich waren. Heute ist es leichter, das Klima in 50 Jahren als das Wetter von übermorgen vorauszusagen, glauben Experten.

Unter den zehn wärmsten Jahren seit Beginn der Aufzeichnungen 1880 liegen auf den ersten zehn Plätzen ausschließlich Jahre jenseits der Milleniumswende, mit 2016 an der Spitze.[55] Gleichwohl sollten sich Politik und Wissenschaft vor dem Ausrufen nahender Katastrophen hüten. Wer dies tut, wird nicht den erhofften Effekt vermehrter Anstrengungen um klimaschützende Maßnahmen erzielen, sondern eher den Eindruck erwecken, wenn die Apokalypse ja offenkundig unabwendbar sei, könne man ungeniert weiterleben. An Beispielen für Übertreibungen fehlt es nicht. Luisa Neubauer, aktiv bei den Grünen und das deutsche Gesicht von Fridays for Future, prophezeit in ihrem zusammen mit Alexander Repenning geschriebenen Buch über die Klimakrise für das Ende unseres Jahrhunderts: »Stürme und Starkregengüsse werden zunehmen, genauso wie Hitze- und Trockenperioden. Auf den Schulhöfen werden sich Kinder im Sommer die Füße verbrennen.«[56]

Was für ein Unsinn! Wer in einem heißen Hochsommer barfuß in Deutschland über Sand, Steine oder Teerdecken lief, konnte sich schon immer die Füße verbrennen, sogar vor der Industrialisierung. Aber Schüler gehen hierzulande nicht barfuß in die Schule. Der renommierte Klimaforscher Hans von Storch kommentierte denn auch süffisant: »Kinder verbrennen sich die Füße auf den Schulhöfen? Das ist ja eine steile These. Das könnte dann ja nur in den Tropen der Fall sein, weil es zwar in anderen Teilen der Welt auch wärmer wird, aber nicht wärmer als in den bisher wärmsten Gebieten der Erde.«[57]

Alle Fakten sprechen für eine Mitverantwortung des Menschen für die Erderwärmung. Doch wer in der Klimadebatte einen allwissenden Ton anschlägt, sollte sich an die Fehleinschätzungen in den Debatten der Siebzigerjahre erinnern. Häufiger als von der Erderwärmung war von einer angeblich drohenden neuen Eiszeit die Rede. Mit Atomunfällen und mehr noch einem Atomkrieg wurde vor allem seit dem Nato-Doppelbeschluss 1979 fest gerechnet. Zur Situation der deutschen Forsten schrieb die *Zeit* 1981: »Am Ausmaß des Waldsterbens könnte heute nicht einmal der ungläubige Thomas zweifeln.« Und der Göttinger Bodenkundler Professor Bernhard Ulrich, eine führende Stimme in der damaligen Panikdebatte, versicherte im gleichen Jahr dem *Hamburger Abendblatt*: »Die ersten großen Wälder werden schon in den nächsten fünf Jahren sterben. Sie sind nicht mehr zu retten.«[58]

Der Club of Rome kam in seinem 1972 publizierten Bericht über die *Grenzen des Wachstums*, der ersten Bibel der grünen Bewegung, zu der Aussage, die bekannten Goldvorkommen würden binnen elf Jahren, also bis 1983, erschöpft sein. Wenn man sie wegen eventuell noch unentdeckter Ressourcen mit dem Faktor fünf multipliziere, hielten sie 29 Jahre, bis 2001. Erdöl galt den Autoren bis 2003 als erschöpft und im besten Fall bis 2022. Erdgas sollte demnach zwischen 2010 und 2021 aufgebraucht sein.[59]

Auch der Urgrüne Herbert Gruhl, wichtigster Initiator der Umweltpartei, gelangte 1975 in seinem Bestseller *Ein Planet wird geplündert* zu arg pessimistischen Aussichten: »In einigen Generationen – nein! schon in einer Generation! – wird die Weltbevölkerung so angewachsen und die Erschöpfung der Rohstoffe soweit fortgeschritten sein, dass es gar keinen Steuerungsspielraum mehr gibt.«[60] Hätte er recht behalten, müssten längst Überbevölkerung und Ressourcenverbrauch das dominierende globale Problem sein. Tatsächlich aber lässt gerade die große Menge an verbliebenen Kohle- und Ölvorräten die Experten vor einer weiteren Steigerung der CO_2-Emissonen warnen. Binnen zehn Jahren, so war Gruhl überzeugt, würden alle Staaten mit der Rationierung von Lebensmitteln und Bodenschätzen beginnen. Das behauptet heute niemand mehr. Die aktuelle Klage lautet nicht, dass wir zu wenig haben, sondern dass wir aus zu viel von allem Kohlendioxid emittieren. Und dort, wo es immer wieder zu Hungerkatastrophen kommt, vor allem in Entwicklungsländern, ist das Problem bis auf Weiteres nicht ein Mangel an Lebensmitteln, sondern Lieferstrukturen sind unzureichend.

Als die Grünen eine »Klimaverschlechterung« leugneten

Als »Klimaleugner« würden heutige Grüne wahrscheinlich die Autoren eines Buches mit der These »Die Propagandalüge von Überbevölkerung und Klimaverschlechterung« abtun. Tatsächlich aber stammt das 1984 erschienene Buch über *Die Zukunft der Grünen* mit der zitierten

Kapitelüberschrift vom damaligen Grünen-Bundesvorsitzenden Rainer Trampert und von Thomas Ebermann, Fraktionsvorsitzender der Grün-Alternativen Liste (GAL) in der Hamburger Bürgerschaft und ab 1987 Bundestagsabgeordneter für die Grünen. Trampert und Ebermann, beide zuvor aktiv im Kommunistischen Bund und bei den Grünen Vertreter des ökosozialistischen Flügels, formulierten ihr »realistisches Konzept für eine radikale Partei« (Untertitel) aus der Position, dass es global eigentlich nur ein genuines Problem gebe, nämlich den Kapitalismus. Die damalige Dürreperiode in der Sahelzone wurde von den Autoren ausdrücklich nicht auf die Klimaerwärmung zurückgeführt (deretwegen es neuerdings übrigens in der Region wieder mehr Niederschlag gibt; wir kommen darauf zurück), sondern auf den Umstand, dass die französischen Kolonialherren dort einst die Lagerung von Hirse in dörflichen Getreidekammern zugunsten des Anbaus von Baumwolle und Erdnüssen beendet hätten.[61]

Prognosen haben nicht nur ihre Berechtigung, sondern sind sogar unverzichtbar für eine Politik, die nicht nur auf Sicht fahren möchte. »Zur Wahrheit gehört aber auch«, schreibt der renommierte Wissenschaftsjournalist und langjährige *Spiegel*-Redakteur Axel Bojanowski, »dass sich in den meisten Fällen nicht bestimmen lässt, wie wahrscheinlich die Risiken sind. Auch robuste Klimaszenarien für einzelne Regionen sind bislang nicht möglich, und Extremwetterphänomene zeigen häufig noch keinen Trend.«[62]

Die Argumente der Klimawandelskeptiker

Betrachten wir die Argumente der Skeptiker, die zwar oft den Klimawandel einräumen, aber den Anteil des Menschen daran bestreiten oder als vernachlässigbar darstellen. Der Volumenanteil von CO_2 in der Luft sei mit nur 0,04 Prozent verschwindend gering, argumentieren sie. Das stimmt. Doch seit Beginn der Industrialisierung ist die CO_2-Konzentration von 280 ppm (die Abkürzung steht für den Volumenanteil von einem Millionstel), dem Wert der vorangegangenen etwa elf Jahrtausende des nacheiszeitlichen Holozäns, rasant auf 405 ppm angestiegen. »Die CO_2-Konzentration ist damit jetzt bereits höher als seit mehreren Millionen Jahren«, sagt Stefan Rahmstorf, Physiker, Klimatologe und Abteilungsleiter am Potsdam-Institut für Klimafolgenforschung (PIK). Diese Messdaten sprechen für einen anthropogenen Einfluss auf das Klima. Hinzu kommt, dass es schlicht an überzeugenden Alternativerklärungen dafür mangelt, warum die Temperaturen seit der industriellen Revolution und vor allem seit Mitte des 20. Jahrhunderts so markant gestiegen sind und noch weiter steigen.

Klimawandelskeptiker betonen gern das sogenannte Climate Gate: Es geht um Dokumente und E-Mails der Klimaforscher der University of East Anglia in der englischen Grafschaft Norfolk, die 2009 gehackt und über Wikileaks ins Netz gestellt wurden.[63] Sie zeigen, dass es etlichen Wissenschaftlern an der gebotenen Neutralität mangelte. Sie ließen sich von Umweltschutzverbänden wie Greenpeace oder WWF vereinnahmen, grenzten Kritiker aus und bevorzugten in Veröffentlichungen Worst-Case-Szenarios.

Die gehackten Daten zogen auch die berühmte »Hockeyschläger-Kurve« des amerikanischen Klimatologen Michael E. Mann in Zweifel, in der für die Zeitspanne der letzten 1000 Jahre die lange Periode weitgehender Temperaturkonstanz wie der Schlägergriff und die kurze, steil ansteigende Temperaturzunahme seit dem 19. Jahrhundert als Schlägerkeule dargestellt sind. Dabei sparte Mann offenkundig einzelne Abweichungen aus – weil er sich irrte oder weil die Darstellung mit ihnen etwas weniger dramatisch ausgesehen hätte? In seinem Buch über den *Hockey Stick* behauptete Mann, die Vorwürfe gegen ihn seien von den Hackern wie beim »Rosinenpicken« aus ihrem »ursprünglichen Zusammenhang gelöst worden«.[64] Man muss ihm recht geben: In jedem Fall machen die Abweichungen nur einen sehr geringen Unterschied aus. Dass das oberste Gericht von British Columbia Mann deshalb 2019 in einem Urteil der »Lüge vom menschengemachten Klimawandel« bezichtigt habe, wie im Internet wiederholt zu lesen war, ist falsch. Tatsächlich wurde lediglich eine Verleumdungsklage von Mann gegen einen seiner Kritiker, den kanadischen Geografen Tim Ball, eingestellt, nach Angaben von Manns Anwalt auch auf Antrag von Ball, der sein Alter und seinen Gesundheitszustand geltend machte.[65] Zuvor hatten universitäre Untersuchungsausschüsse geklärt, dass Manns Hockeyschläger-Darstellung insgesamt zutreffend ist – die kleineren Ungenauigkeiten verändern nicht das Gesamtbild.

Auch die populäre These, nicht die Handlungen der Menschen, sondern Sonnenaktivitäten seien hauptverantwortlich für den Temperaturanstieg der letzten Dekaden, ist nicht haltbar. »Die Sonne kann das Klima auf der Erde beeinflussen«, erläutert die Nasa, »ist aber nicht verantwortlich für den Erwärmungstrend, den wir über die vergangenen Jahrzehnte beobachtet haben.«[66]

Gleichwohl ist die Sonne natürlich der Schlüssel zu unserem gesamten Klima. Werner Schmutz, Direktor des Physikalisch-Meteorologischen Observatoriums Davos und Weltstrahlungszentrums (PMOD/WRC), gehört mit Wissenschaftlern der ETH Zürich und der Universität Bern zu dem Forscherteam, das als Erstes den Sonneneinfluss auf das Erdklima quantifiziert hat. Nach dem aufwendigen Modell der Experten werden die Sonnenaktivitäten in den nächsten 100 Jahren ein neues Minimum erreichen und damit die Temperaturen auf der Erde um ein halbes Grad Celsius sinken lassen. »Wir könnten wertvolle Zeit gewinnen, wenn die Sonnenaktivitäten abnehmen und die Geschwindigkeit der globalen Erwärmung sich damit etwas verlangsamt«, sagt der Schweizer Astrophysiker. »Das könnte uns helfen, mit den Folgen des Klimawandels umzugehen.«[67] Allerdings warnt Schmutz zugleich, diese absehbare Temperaturreduzierung löse nicht die CO_2-Probleme, weil dem nächsten Minimum wieder ein Maximum an Sonnenaktivitäten folgen werde.

Die Argumente der Klimawandelskeptiker, viele von ihnen organisiert um das Europäische Institut für Klima & Energie e. V. (EIKE), bleiben unterm Strich schwach, weil sie keine überzeugenden Erklärungen liefern für den eindeutigen und ungewöhnlich schnellen Temperaturanstieg der letzten Jahrzehnte. Zu den renommierten Wissenschaftlern, die den Anteil des menschengemachten CO_2 an der Erderwärmung nicht bestreiten, aber als überschätzt ansehen, gehören die US-Physiker Richard S. Lindzen und John Christy, beide einst Mitautoren von IPCC-Studien, der Klimaforscher Henrik Svensmark und der Statistiker Bjørn Lomborg, beide aus Dänemark, oder der israelische Astrophysiker Nir Shaviv. Gleichwohl dürfen sie nicht stigmatisiert werden. Ihre Argumente müssen in einer diskursiven Wissensgesellschaft selbstverständlich gehört werden, ebenso wie die des niederländischen Umweltökonomen Richard Tol oder des deutschen Klimaforschers Hans von Storch, die mit den gängigen Erkenntnissen konform gehen, aber davor warnen, die Gefahren des Klimawandels zu übertreiben.

Klimawandelskeptiker auf eine Stufe mit Neonazis zu stellen, wie es der grüne Politiker Michael Cramer im Deutschlandfunk tat, ist so absurd wie wissenschaftsfeindlich. »Es gibt Leute, die leugnen den Klimawandel. Es gibt Leute, die leugnen den Holocaust. Es gibt Leute, die leugnen, dass Feinstaub und Feinstaubpartikel und CO_2 und Stickoxide gesundheitsschädlich sind«,[68] sagte der gelernte Musik- und Sportlehrer Cramer. Immerhin zog der damalige Europaabgeordnete auf Nachfrage den Vergleich zurück: »Das war dumm und falsch von mir.«[69]

Die übergroße Mehrheit der Fachleute innerhalb und außerhalb des Weltklimarats sieht menschengemachte Ursachen für die Erderwärmung als faktisch bewiesen an. Dieser weitgehende wissenschaftliche Konsens sollte Grundlage der Debatte sein. Hilfreich dafür ist indes nicht die apodiktische Behauptung, dass »97 Prozent« oder gar »99,94 Prozent« (so die Bundesregierung 2019 in Beantwortung einer die anthropogenen Ursachen bestreitenden AfD-Anfrage im Bundestag) der Wissenschaftler, die Fachaufsätze zum Klimawandel veröffentlichen, dies bestätigten. Das sei »nur die halbe Wahrheit«, schrieb der *Spiegel* zu derartigen Berechnungen, basierend auf einer Studie des australischen Forschers John Cook.[70] Tatsächlich habe das Wissenschaftlerteam bei der Auswertung Tausender Klimastudien festgestellt, dass weniger als ein Prozent der Arbeiten einen Einfluss des Menschen auf das Klima ausdrücklich bestreitet. Gut zwei Drittel bezogen aber keine Position zu dem Thema und blieben deshalb außen vor. Von dem verbleibenden Drittel, so das Fazit von Cook und Kollegen, legten 97 Prozent einen menschlichen Einfluss zugrunde.

Wie groß ist der menschengemachte Anteil am Klimawandel?

Das aber, so nochmals *Spiegel*-Autor Bojanowski, sei eine Banalität: »Selbst hartgesottene Kritiker der Klimaforschung zweifeln nicht an dem physikalischen Grundsatz, dass Treibhausgase aus Autos, Fabriken und Kraftwerken die Luft wärmen. Zu den eigentlich entscheidenden Fragen jedoch macht die Cook-Studie keine Aussage: Wie groß ist der menschengemachte Anteil am Klimawandel? Und wie gefährlich ist der Klimawandel?«[71]

Solange diese Fragen nicht eindeutig beantwortet sind, sollten Politik und Gesellschaft versuchen, die CO_2-Emissionen so drastisch wie möglich zu reduzieren, ohne dabei allerdings den gesellschaftlichen Frieden zu riskieren. Die Diplomphysikerin Angela Merkel sagte in der Bundestagsdebatte zum Bundeshaushalt 2020: »Wir müssen die Grundentscheidung treffen, ob wir das Risiko eingehen wollen, zu sagen, das ist gar nicht menschheitsgemacht und vielleicht vergeht das alles. Oder ob wir der Meinung sind: Es gibt so viele Evidenzen dafür, dass der Mensch damit etwas zu tun hat, dass wir verpflichtet sind, zu handeln.« Laut Professor Stefan Rahmstorf vom Potsdam-Institut für Klimafolgenforschung kann es »mittlerweile eigentlich keinen Zweifel mehr daran geben, dass der Mensch die Ursache für die Erderwärmung der letzten gut 100 Jahre ist«.

Was folgt daraus? Der IPCC-Bericht zu steigenden Meeresspiegeln, veröffentlicht im September 2019, rechnet bis zur Jahrhundertwende mit einem Anstieg von 43 bis 110 Zentimeter gegenüber den Vergleichswerten von 1986 bis 2005.[72] Weiter heißt es in dem Report, die vorliegenden Daten wiesen auf »einen Übergang im späten 19. und frühen 20. Jahrhundert von relativ niedrigen mittleren Anstiegsraten während der vorherigen zwei Jahrtausende zu höheren Anstiegsraten« hin.[73]

Nun hat um 1900, also in der Phase des Übergangs zu einem rascher steigenden Meeresspiegel, die Industrialisierung in wenigen Teilen der Welt, insbesondere in England, Mitteleuropa und den USA, begonnen. Aber es lebten auf der gesamten Welt nur 1,65 Milliarden Menschen. Es gab praktisch noch keine Autos, es gab keinen Flugverkehr, und der elektrische Antrieb, den Werner Siemens 1866 für eine Eisenbahn in Berlin-Lichterfelde-Ost entwickelt hatte, besaß eher experimentellen Charakter. Lokomotiven und Dampfer wurden mit Kohlen betrieben – aber entsprechend der geringen Gesamtbevölkerung waren der internationale Handel und der Personenverkehr und damit auch der Energieeinsatz minimal im Vergleich zu heute. Elektrisches Licht hatte sich noch nicht durchgesetzt, es gab noch keine Energiefresser wie Kühlschränke, Fernseher oder Internet.

Das führt zu der Frage: Auf welche Stufe unseres technologischen Fortschritts müssten wir uns zurückentwickeln, wenn selbst vor der vorletzten Jahrhundertwende mit etwa einem Viertel bis einem Fünftel der heutigen Bevölkerung die Klimaerwärmung bereits zu einem beschleunigten Anstieg der Meeresspiegel geführt hat?

Deutschland trägt etwa zwei Prozent zu den weltweiten CO_2-Emissionen bei. Daraus allerdings zu schlussfolgern, Deutschland müsse sich nicht um eine Reduzierung bemühen, weil dieser geringe Anteil kaum Auswirkungen habe, würde in der Konsequenz dazu führen, dass nahezu kein Land sich um CO_2-Reduktionen bemühen müsste. Zweistellig sind in dieser Kategorie nur China (28,2 Prozent) und die USA (15,9 Prozent). Schaut man auf die Pro-Kopf-Emissionen, ergibt sich ein anderes Bild. Da übertrumpfen die US-Bürger mit 15,53 Tonnen jährlich die Chinesen (6,59 Tonnen) weiterhin deutlich. Hinter Saudis (16,85 Tonnen), Kanadiern (15,32 Tonnen), Südkoreanern (11,58 Tonnen), Russen (10,19 Tonnen) oder Japanern (8,99 Tonnen) nehmen auch die Deutschen (8,93 Tonnen) einen der vorderen Plätze ein.[74]

Darum sind CO_2-Reduzierungen wichtig. Aber sie dürfen in einem Land, das zu früh Abschied genommen hat von der Kernkraft und aufgrund seiner Lage und Topographie zu wenig Potenzial für Energie aus Wind, Sonne und Wasserkraft besitzt, nicht dazu führen, die eigene Industrie zu zerstören, Arbeitsplätze zu vernichten und damit allen anderen Ländern zu signalisieren: Folgt uns nur, wenn euch euer Wohlstand gleichgültig ist.

DER KLIMAWANDEL HAT FOLGEN – AUCH POSITIVE

Selten kennt eine Entwicklung nur Verlierer. Selbst die Klimaerwärmung wird, solange sie insgesamt in einem Bereich bleibt, innerhalb dessen die Menschen mit Schutzmaßnahmen, Deichen und Stadtplanungen reagieren können, Gewinner sehen. Alaska, Grönland und Sibirien werden zunehmend kultivierbar.

Und die Sahelzone, die in den Siebzigerjahren durch extreme Dürren in die Schlagzeilen geriet, ergrünt aufgrund veränderter Niederschlagsmuster und einer Expansion der nordwestafrikanischen Monsunregen nach Norden. Zu diesem Ergebnis kamen Jacob Schewe und Anders Levermann, Wissenschaftler des Potsdam-Instituts für Klimafolgenforschung.[75] Schewe und Levermann, der auch Co-Autor von IPCC-Berichten ist, arbeiteten sieben verschiedene Modelle aus, nach denen der Niederschlag in der Sahelzone in diesem Jahrhundert um zwischen 40 und 300 Prozent zunehmen wird. Dadurch könnten zentrale Gebiete in Tschad, Niger und Mali zu Zonen mit üppigem Pflanzenwuchs werden, vergleichbar mit der heutigen Situation im zentralen Nigeria oder im Norden Kameruns.[76]

Dennoch werden die laut UNO derzeit rund 70 Millionen Flüchtlinge weltweit gern auf den Klimawandel zurückgeführt. Von »Klimaflüchtlingen« ist die Rede. »Wir müssen die Kriterien für das Recht auf Asyl ausbauen. Beispielsweise ist der Klimawandel mittlerweile eine Fluchtursache«, fordert Bundestagsvizepräsidentin Claudia Roth.[77] Diesen Tenor hat der Bielefelder Bundesparteitag der Grünen im November 2019 in einem Beschluss übernommen.[78] Häufig herangezogen als Beispiel für die Folgen der Klimaerwärmung wird der zentralafrikanische Tschadsee, der mitsamt seinem Flusssystem wie dem Schari eine Wasserquelle für 30 Millionen Menschen in Niger, Nigeria, Kamerun und Tschad bildet.

Er schwinde wegen des Klimawandels und löse Flüchtlingsströme in Richtung Norden aus. Die Situation des einstmals weltweit sechstgrößten Sees ist in der Tat dramatisch. In den vergangenen 40 Jahren hat er über 90 Prozent an Fläche verloren. Vor allem in den Siebziger- und Achtzigerjahren blieben die starken Regenfälle aus, die den Tschadsee über alle Zeiten versorgt hatten. Die Monsunregen gingen weiter im Norden nieder, was Wissenschaftler auf die Klimaveränderung zurückführen.

Doch der Klimawandel ist allenfalls eine von mehreren Ursachen für das Austrocknen des Sees. Mindestens zur Hälfte ist es verursacht durch die massiv gestiegene Entnahme von Wasser für oft ungeplante und verlustreiche, wenig nachhaltige Bewässerungen von Feldern in der Region. Diese Wasserentnahme habe sich allein zwischen 1983 und 1994 vervierfacht, berichtet das Magazin *Scientific American*: »Der gesamte menschliche Wasserverbrauch macht etwa 50 Prozent der Abnahme der Seefläche seit den 1960er- und 1970er-Jahren aus.«[79]

Andere Forscher kommen gar zu dem Urteil, es sei »unwahrscheinlich«, dass der Klimawandel den Tschadsee schrumpfen lasse. Frederi G. Viens von der Michigan State University hat zusammen mit amerikanischen und französischen Kollegen auf der Grundlage der vorhandenen Daten unterschiedliche Modelle von Computern durchrechnen lassen. »Es wird oft gesagt, man könne mit Statistiken alles belegen, was man möchte. Doch so sehr wir in diesem Fall die Daten gequält haben, es tat sich nichts. Wir sind nicht in der Lage, die Veränderungen des Tschadsees den Indikatoren des globalen Wandels zuzuschreiben.«[80]

Wäre übrigens der Klimawandel der eindeutige Grund für das Schrumpfen des Gewässers, müsste sich der Prozess fortsetzen, weil die globale Durchschnittstemperatur gerade in der letzten Dekade weiter zugenommen hat. Derzeit aber, so heißt es in einem weiteren Bericht, vorgelegt von der in Berlin ansässigen und auf Klimafragen spezialisierten Denkfabrik Adelphi, verkleinere sich der See nicht. Seit rund 20 Jahren sei das Ausmaß des Gewässers weitgehend »stabil«.[81]

Warum hört man so wenig von derartigen Erkenntnissen? »Wenn sich die Probleme des Sees auf die Auswirkungen des globalen Wandels zurückführen lassen, versprechen die internationalen Klimaverhandlungen Dutzende Milliarden Dollar für den Aufbau und den Unterhalt eines Wassertransfersystems zwischen den Becken, um Wasser aus dem Kongo in den Hauptzufluss des Tschadsees zu leiten. Für die Region wäre das ein wirtschaftlicher Segen«, schreibt Viens.[82]

Wenn die Lebensgrundlagen für Millionen von Menschen in Zentralafrika bedroht sind, muss ihnen geholfen werden. Die Gründe des Wassermangels sind zweitrangig. Aber um ein realistisches Bild von der Entwicklung und den Folgen der Klimaerwärmung zu bekommen, ist es notwendig, den Fakten auf den Grund zu gehen, anstatt Migranten aus der Region als »Klimaflüchtlinge« zu kategorisieren und jede »Schuld« an dieser Entwicklung den Industriestaaten anzulasten. Selbst wenn in Nigeria muslimische Viehhirten aus dem Norden christliche Bauern im Süden angreifen, wird dies von diversen Seiten, etwa der International Crisis Group, als »Klimakrieg« dargestellt[83] – wegen ausgetrockneter Wasserstellen müssten die Viehhirten ja irgendwo hin. Dabei sind Trockenheit oder abgeweidete Wiesen in bestimmten Regionen des insgesamt fruchtbaren Nigeria auf die dortige Überbevölkerung zurückzuführen und nicht auf den Klimawandel.

Der Meeresspiegel steigt – aber wir sind nicht verloren

Die Menschheit ist gut beraten, die Prognosen des Weltklimarats ernst zu nehmen – und gleichzeitig daran zu erinnern, dass selbst in den Worst-Case-Szenarien keine Apokalypse vorausgesagt wird. In ihnen geht es, wie dargelegt, um einen maximalen Anstieg des Meeresspiegels um etwas über einen Meter bis 2100 (und diese Entwicklung setzt sich fort, wenn bis dahin keine deutliche CO_2-Reduktion erreicht wurde). Perspektivisch bedroht sind darum kleine, flache Inselgruppen. Aber noch trotzen sie dem Meer – auch die 33 Atolle der Inselrepublik Kiribati. Nur Märchenerzähler Claas Relotius ließ im *Spiegel* Siedlungen »auf Kiribatis östlichem Atoll Kiritimati« mit den Namen London, Paris und Polen bereits absaufen – allerdings aus der sicheren Entfernung eines Hotel-zimmers in Los Angeles.[84]

Die Pazifikinsel Tuvalu liegt im Durchschnitt knapp über zwei Meter oberhalb des Meeresspiegels, an ihrem höchsten Punkt fünf Meter. Auch Tuvalu versinkt nicht in der Südsee, obgleich dieses Szenario der Insel-gruppe und ihren 11 000 Bewohnern seit Jahrzehnten prophezeit wird. Tatsächlich ist nur ein unbewohntes kleines Eiland verschwunden, wäh-rend der größte Teil von Tuvalu seit 1971 gar um 3 Prozent, gut hundert Fußballfelder, gewachsen ist – durch Sedimente, die vom Meer anderswo mitgenommen und an der Küste dieser Insel abgelagert wurden. Paul Kench von der University of Auckland kam nach der Auswertung von Luftaufnahmen und Satellitenbildern aus den Jahren 1971 bis 2014 zu diesem Befund.[85]

1988 warnte laut *Canberra Times*[86] der Umweltdirektor der Maledi-ven, Hussein Shihab, das Inselparadies mit seinen 450 000 Einwohnern werde in 20 bis 30 Jahren verschwunden sein – das wäre also zwischen 2008 und 2018 gewesen. 2009 landete der Präsident der Malediven, Mohamed »Anni« Nasheed, weltweit in Fernsehsendungen und auf Titel-seiten der Zeitungen, weil er und seine Minister, ausgestattet mit Taucher-ausrüstung und Neoprenanzügen, eine Kabinettssitzung an Schreibti-schen unter Wasser simulierten.[87] Nasheed kündigte an, Land für neue Siedlungen in Indien, Sri Lanka oder Australien kaufen zu wollen. Doch nichts davon trat bislang ein: 2019 verzeichneten die Malediven ein neues Tourismus-Rekordjahr mit nahezu 1,5 Millionen Besuchern aus aller Welt. 2020, so die Erwartung, würde diese Marke nochmals geknackt werden.

Die Malediven, Tuvalu und viele andere kleine Inseln sind vom Anstieg des Meeresspiegels in besonderer Weise bedroht – aber kaum in diesem Jahrhundert. Die Regierungen dieser Inseln haben trotzdem ein großes Interesse, Alarmstufe Rot auszurufen – bei den Vereinten Nationen war-ten milliardenschwere Fördertöpfe, die von den reichen Industriestaaten gefüllt und an Entwicklungsländer ausgezahlt werden, wenn existenzielle Krisen glaubhaft auf CO_2-Emissionen zurückgeführt werden können. Der steigende Meeresspiegel ist indes nicht nur ein Problem für kleine Inseln, sondern mindestens ebenso für küstennahe Städte und Regionen.

Warum Jakarta versinkt

In Miami Beach in Florida hat sich der Autor 2016 vom damaligen Bürgermeister Philip Levine erklären lassen, dass die Küstenstadt insgesamt eine halbe Milliarde Dollar investieren werde, um Dämme zu bauen, Pumpen zu installieren und 150 Straßenkilometer höher zu legen. New York City plante 2019 den Bau einer gewaltigen Mauer von 5 Meilen Länge und 7 Meter Höhe,[88] um insbesondere Staten Island gegen verstärkt auftretende Sturmfluten und den künftig höheren Pegel zu schützen. Gleichwohl werden irgendwann Teile von New York City möglicherweise nicht mehr bewohnbar sein. Boston hat die kühne Idee entwickelt, ein amerikanisches Venedig zu werden und durch das Anlegen von Kanälen anstelle heutiger Straßen die steigenden Wasserhöhen in den Griff zu bekommen. London will für den Fall eines Meeresanstiegs um bis zu fünf Meter die Themse durch Dämme und Hochwasserrückhaltebecken schützen. Schwierig wird es für Shanghai oder Kalkutta, wo jeweils Hunderttausende Einwohner weniger als zwei Meter über dem aktuellen Meeresspiegel leben. Aber auch dort bleibt Zeit, um Schutzanlagen zu errichten oder Straßen zu liften – einige Teile der Städte gehen indes vielleicht verloren, mutmaßlich eher nach als vor dem Jahr 2100. Die philippinische Hauptstadt Manila gilt als weltweit am stärksten gefährdete Metropole oder »küstennahe Mega-City«, wie es beim IPCC heißt.

Deutschland ist recht gut vorbereitet auf den steigenden Meeresspiegel. Städte wie Hamburg, Bremen und Greifswald haben Schleusen und Sperrwerke errichtet, die bei steigendem Wasser geschlossen werden. Die Nordseeinsel Sylt, der bereits vor geraumer Zeit der Untergang vorausgesagt wurde, lässt ebenso wie Usedom an der Ostsee mit Baggerschiffen Millionen von Kubikmetern Sand vom Meeresboden aufsaugen und an die Küste blasen. Zudem haben die norddeutschen Bundesländer Überschwemmungsgebiete ausgewiesen, in denen sich das Wasser nach Starkregen oder Sturmfluten sammeln kann, damit es nicht in die Städte fließt.[89]

Küstennahe Großstädte stehen vor einem doppelten Problem, weil nicht nur der Ozean steigt, sondern sie zugleich aufgrund ihres schieren Gewichts und der Grundwasserentnahme durch ihre Bevölkerung sinken. So verloren Teile der 9,5-Millionen-Metropole Jakarta bis 2019 in weniger als einer Dekade 2,5 Meter Höhe. Nicht jedes Problem in den Küstenlagen ist also auf die CO_2-Emissionen zurückzuführen, sehr vieles hängt schlicht mit dem Bevölkerungswachstum zusammen.

Einige Städte oder Stadtteile und auch manche kleine Inseln werden folglich zumindest in Teilen aufgegeben werden müssen. Das ist nicht schön, aber wohl unvermeidlich. Doch die »mancherorts kursierenden Zahlen von Millionen und Abermillionen von Flüchtlingen sind sicher übertrieben. In Horrorszenarien wird vergessen, dass der Mensch sich schützt«,[90] sagt der deutsche Klimaforscher Jochen Hinkel, einer der Hauptautoren der IPCC-Studie über »Ozeane und Kryosphäre in einem sich wandelndem Klima«.

Der bereits zitierte Klimaforscher Levermann warnt: »Wenn die Zwei-Grad-Grenze nicht eingehalten wird, dann wird es irgendwann die Norddeutsche Tiefebene nicht mehr geben. Hamburg auch nicht« – aber er fügt an, dieser Prozess erstrecke sich »über Jahrhunderte«. Es geht also um einen langen Zeitraum, in dem die Menschheit durch eine Vielzahl von Maßnahmen auf wahrscheinliche, aber keineswegs sichere Szenarien reagieren kann. Mit der seit Kyoto regelmäßig wiederholten und inzwischen nicht mehr beeindruckenden Es-ist-fünf-Minuten-vor-zwölf-Übertreibung werden sich die Probleme nicht lösen lassen.

ÜBERFLUSS AN GESELLSCHAFT STATT ÜBERFLUSSGESELLSCHAFT

Der Ruf nach Geburtenkontrolle ist keine Erfindung der Neuzeit. Schon Aristoteles warnte im vierten vorchristlichen Jahrhundert, wolle man dauerhaft »Kindererzeugung ganz freigeben, wie es in den meisten Ländern geschieht, so muss das die Verarmung der Bürger zur Folge haben, die Verarmung aber ruft Aufruhr und Gewalttat hervor«.[91]

Wenn aktuell über Geburtenkontrolle gesprochen wird, dann geschieht dies zunehmend vor dem Hintergrund der Klimaerwärmung. So reduziere der Einzelne durch ein Leben ohne Auto den CO_2-Ausstoß um 2,4 Tonnen pro Jahr, beim Verzicht aufs Fliegen um 1,6 Tonnen und beim Umsteigen auf vegetarische Ernährung um 0,8 Tonnen – aber der Verzicht auf ein Kind bedeute in einem Industrieland eine durchschnittliche Einsparung von 58,6 Tonnen pro Jahr.[92] Frauen schreiben Bücher, in denen sie persönliche Kinderlosigkeit als Beitrag zur Rettung des Klimas propagieren. »Antinatalismus« heißt der Trend, der das Klima über das menschliche Leben stellt.

Die globale Bevölkerung wächst nach der »mittleren« Prognose der Vereinten Nationen von derzeit 7,7 Milliarden bis 2100 um fast 50 Prozent auf 11,2 Milliarden Menschen – unter der recht optimistischen Bedingung, dass global die durchschnittliche Kinderzahl pro Frau von heute 2,5 auf zwei Kinder zurückgeht. Bis 2050 werden es etwa 9 Milliarden Menschen sein. Afrika und Asien sind die Kontinente mit dem höchsten Zuwachs an Menschen, und China und Indien die Megastaaten mit der geringsten Aussicht auf CO_2-Neutralität in überschaubarer Zukunft. Natürlich kann man eine Politik der Familienplanung propagieren mit dem Ziel von weniger Nachwuchs. Aber es wären nicht nur religiöse Vorbehalte, bei Muslimen ebenso wie bei Christen, zu überwinden. In Ländern mit einer mehrheitlich minderjährigen Bevölkerung würde sich die offensive Bewerbung von Schwangerschaftsverhütung oder die verstärkte Schulbildung von Mädchen mit dem Ziel, dass sie als berufstätige junge Frauen später Familien gründen und weniger Kinder bekommen, erst nach Jahrzehnten messbar auswirken. Zu den Ländern mit den jüngsten Bevölkerungen gehören Niger (56,7 Prozent unter 18 Jahren), wo Frauen heute im Durchschnitt acht Kinder gebären, Uganda (55 Prozent), Tschad (54,6 Prozent), Angola (54,3 Prozent), Mali (54,1 Prozent) oder Somalia (53,6 Prozent).[93] Aber auch in bevölkerungsreichen Staaten wie Ägypten sind 40 Prozent der 104,2 Millionen Menschen minderjährig, im 1,3-Milliarden-Reich Indien 41 Prozent.[94]

Öl ist noch da – aber der Sand wird knapp

Mehr Menschen benötigen mehr Wohnraum, Nahrung, Wasser, Kindergärten, Schulen, Hochschulen, Forschungseinrichtungen, Fabriken, Bürobauten, Schienenwege, Bahnhofsmissionen, Autos, Straßen, Fahrräder, Fahrradwege, Heizwärme, Klimaanlagen, Smartphones, Computer, WLAN-Netze, Papier, Glas, Kleidung, Schuhe, Spielzeug, Kinderspielplätze, Flüge, Erholungsgebiete, Sportarenen, Getreidefelder, Kartoffeläcker, Obstplantagen, Chemikalien, Arzneimittel, Krankenhäuser, Gotteshäuser, Friedhöfe, Hotels, Restaurants, Kunststoff, Stromtrassen, Kraftwerke, Solaranlagen, Windräder, Klimaanlagen, Waschmaschinen, Weinberge, Parkplätze, Süßigkeiten, Aufzüge, Fitnessstudios, Staudämme, Sand (heißbegehrt als Baumaterial, wird er weltweit knapp), Öl, Gas, Kohle, Uran und Energie in jeder Form. Nicht zu vergessen touristische Angebote: Man kann Fernreisen verteuern oder Barcelona und Venedig abriegeln. Aber dann verlagert man den deutschen Anteil am »Overtourism« lediglich in die bayerischen Berge oder an die Ostseeküste.

Der globale Ressourcenverbrauch und die CO_2-Emissionen nehmen also in jedem Fall zu. Die boomende Volkswirtschaft China habe binnen nur drei Jahren mehr Beton für Straßen, Häuser oder Brücken produziert als die USA im gesamten 20. Jahrhundert: »Wäre die Zement-Industrie ein Staat, wäre es weltweit der drittgrößte Emittent« von Kohlendioxid, schreibt David Wallace-Wells, der stellvertretende Chefredakteur des *New York Magazins*.[95]

Die globale Klimaerwärmung ist also nicht auf desinteressierte Politik, unfähige Ingenieure oder ignorante Konsumenten zurückzuführen, sondern auf eine rapide wachsende Weltbevölkerung. Dieselscham, Flugscham, Kreuzfahrtscham und letztlich Daseinsscham ändern nichts an den Realitäten, weil die Zahl der Menschen in entwickelten Ländern, die Abstriche von ihrem Lebensstandard machen wollen, schrumpft gegenüber der ihrer Zeitgenossen in armen Ländern, die mit dem gleichen moralischen Recht nach mehr Wohlstand, Mobilität, Digitalität drängen – und damit nach zusätzlichem Energieverbrauch.

Deshalb lasse sich »die Entwicklung der armen Länder nur über noch mehr Umweltschäden erkaufen«, erläutert so überzeugend wie desillusionierend Reiner Klingholz, Leiter des Berlin-Instituts für Bevölkerung und Entwicklung. Erst wenn arme Länder vor allem in Afrika wirtschaftlich gewachsen seien, werde sich das Leben der Menschen verbessern und die Kinderzahl sinken. Das aber geht nur über einen mittelfristig noch höheren Ressourcenverbrauch und Energieeinsatz. Bis heute verfügen 1,4 Milliarden Menschen oder 20 Prozent der Weltbevölkerung nicht über einen Stromanschluss. In Afrika ist dieser Anteil noch deutlich höher. Um diese Menschen aus der Armutsfalle entkommen zu lassen, müssten laut Klingholz, der Demografieexperte, Chemiker und Molekularbiologe ist, pro Jahr und Kopf 4000 Kilowattstunden bereitgestellt werden. Dazu müsste die jährliche Kohleförderung von weltweit 5 Milliarden Tonnen um weitere 1,3 Milliarden Tonnen erhöht werden. »Der globale Kohlendioxid-Ausstoß stiege durch diesen Zusatzbedarf auf einen Schlag um 4 Milliarden Tonnen respektive 14 Prozent. Allein dieser Zuwachs würde das Ziel, die Erderwärmung auf zwei Grad zu begrenzen, komplett aushebeln.«[96]

Nun könnte man argumentieren, diese armen Länder sollten ihren ökonomischen Aufstieg mit regenerativen Energien bewerkstelligen. Aber Kohle ist schlicht preiswerter, für Photovoltaik- und Windkraftanlagen fehlt ihnen das Geld. Und dass die reichen Länder bereit wären, sehr kurzfristig Hunderte Milliarden an Euro nicht nur in Afrika, sondern auch in Teilen Asiens zu investieren, ist unwahrscheinlich – und sogar unmöglich, wenn der grüne Zeitgeist predigt, die Industrienationen sollten auf die Wachstumsbremse treten, auf Wohlstand verzichten und regenerative Energiequellen zunächst bei sich selbst auf- und ausbauen. Dabei wäre es viel effizienter, wenn die reichen Länder ihre erneuerbaren Energien zwar weiterhin ausbauen, aber die Milliardensummen an Subventionen, mit denen sie deren Marktpreis verfälschen, in Afrika einsetzten.

Die Erfahrung lehrt, dass Einkommenszuwächse vor allem im Konsum landen. »Arme Bauern, die heute mehr schlecht als recht über die Runden kommen, gehen mit mehr Geld in der Tasche als Erstes auf Shoppingtour«, schreibt Klingholz.[97] Wer beispielsweise in Afrika oder im unterentwickelten Westen Chinas endlich zu ein wenig Wohlstand gelangt, denkt nicht an die Ausstattung seiner Wellblechhütte mit Sonnenpaneelen, sondern an Smartphones, Autos und Großbildschirme. Man kann ja kritisieren, dass in Deutschland auf 1000 Einwohner 589 Autos kommen – aber man kann nicht erwarten, dass sich 1000 Chinesen mit 118 Autos zufriedengeben.[98]

Andere Nationen sind noch stärker untermotorisiert. In Bolivien kommen auf 1000 Einwohner 72 Autos, in Ägypten 62, in Bangladesch vier Autos. Diese Menschen werden nicht warten, bis E-Autos als Neuwagen erschwinglich und als Gebrauchtwagen gar billig sind. Also öffentlicher Nahverkehr? Somalia, wo auf 1000 Menschen drei Autos kommen, zählt nur ein Sechstel der deutschen Bevölkerung, ist aber doppelt so groß.

Diese Zahlen zeigen: Nicht die Überflussgesellschaft ist unser Problem, sondern der Überfluss an Gesellschaft. Darum müssen wir nachhaltig wirtschaften, recyceln, Abfall reduzieren – und, wo möglich, uns der Zero-Waste-Idee nähern. Wirklich realisieren können moderne Gesellschaften ein Leben ohne Müll allerdings nicht. Eine Welt ganz ohne Verpackungen, ohne Rückstände, ohne Abfall gibt es nicht, wir werden nicht alles in den Wiederverwertungskreislauf geben können, wir werden, für alle überschaubare Zeit, keine Welt ohne Kunststoff erleben und auch keine Welt ohne Papierverbrauch – und wenn es der Körperhygiene dient.

Was tun? Nicht Panik, wie von Greta Thunberg verlangt und von grünen Politkern imitiert wird (»Wir können keine Sekunde Zeit verlieren«, befand Bundestagsvizepräsidentin Claudia Roth im Dezember 2018 zum Thema der schmelzenden Gletscher[99] – keine Sekunde?!), ist notwendig, sondern ein fantasievolles Handeln frei von Alarmismus und im Wissen, dass es Innovationen waren, die der Menschheit Fortschritt brachten. Sie reichen vom Beherrschen des Feuers über die Erfindung des Rads bis zum Auto, zum Flugzeug und zu den Voyager-Sonden, die inzwischen außerhalb unseres Planetensystems reisen und uns aus über 20 Milliarden Kilometer Entfernung weiterhin mit wissenschaftlichen Daten versorgen. Der Fortschritt versetzt die Menschheit übrigens auch in die Lage, paläoklimatologische Erkenntnisse über erdgeschichtliche Wärme- und Kälteperioden zu gewinnen und dadurch die Wahrscheinlichkeit der weiteren Klimaentwicklung zu prognostizieren. Innovationen werden der einzige Weg sein, um die Probleme der Klimaerwärmung zu lösen – nicht das Predigen von oder der Zwang zum Verzicht.

Das hatte schon Grünen-Gründer Herbert Gruhl erkannt, dessen Erkenntnisse die Partei leider ausgemustert hat: »Auf welche Weise eine ökologische Überlebenspolitik auch immer versucht würde, die Folgen wären: verminderte Einkommen, teurere Waren, größere Arbeitslosigkeit. Eine solche Entwicklung könnten nur lebensmüde Politiker riskieren. Denn schon nach wenigen Monaten würden sie mittels der Dolchstoßlegende hinweggefegt werden. Allein ihnen würde man die ganze Schuld dafür aufbürden, dass es nicht mehr so fröhlich weitergehe wie vorher.«[100]

Gruhl entschied sich darum für den Pessimismus. Es sei nichts mehr zu retten, sagte er nach seinem Abschied von der Umweltpartei. Grün war ihm nicht mehr die Hoffnung.

WIE DIE REPUBLIK UNTER SCHWARZEN, ROTEN UND GELBEN GRÜN WIRD

Rückblickend lässt sich nicht entscheiden, ob die ersten Berichte in deutschen Medien ab 1979 über sauren Regen und Waldsterben zur Gründung der Grünen führten – oder ob umgekehrt das Entstehen der Grünen vor 40 Jahren als Zusammenschluss diverser ökologischer Bürgerinitiativen deutsche Medien für den Umweltschutz sensibilisierte.

Jedenfalls hätte ohne die Existenz der Grünen, die seit 1983 lautstark und provokationswillig im Bundestag saßen, Kanzler Helmut Kohl nach der Reaktor-Havarie von Tschernobyl 1986 seinen Parteifreund Walter Wallmann möglicherweise nicht zum ersten Bundesumweltminister ernannt. Ohne die Grünen hätte die Sandoz-Katastrophe im gleichen Jahr mutmaßlich weniger schnell die Politik dazu gebracht, den Rhein und andere Gewässer zu entgiften.

Die notwendigen Debatten zur Überdüngung der Äcker, über Nitrate im Grundwasser und den Schutz der Artenvielfalt wären ohne die Grünen ebenfalls allenfalls viel später gestartet. Die oft nervige Beharrlichkeit, mit der die Partei ihre Themen im Bundestag einfordert, widerlegt die These, in ökologischen Fragen seien inzwischen alle Parteien kaum noch zu unterscheiden.

Ja, es ist gut, dass es die Grünen gibt – und schlimm, dass es so viele sind. Über die richtigen Maßnahmen zum Umwelt- und Klimaschutz wird inzwischen nicht mehr inhaltlich diskutiert, sondern ökomoralisch geurteilt. Die Probleme, die uns als apokalyptisch dargestellt werden, sind zu komplex für einfache Antworten mit dem vermeintlichen Gütesiegel »grün«. Darum bedeutet es eine gefährliche Verarmung der Politik, dass sich die anderen Parteien der grünen Hegemonie ergeben

haben. Bereits 1994 sah der Historiker und Soziologe Rainer Zitelmann diese Entwicklung voraus. »Bei vielen Fragen ist es heute schon
so, dass die Grünen die Richtung vorgeben, dann die SPD nachzieht
und schließlich die Union mit einem deutlichen Verzögerungseffekt
nachhinkt«, so Zitelmann damals. »Die Einwirkungen der grünen Partei gehen weit über ihre Beteiligung an Landesregierungen und die in
Wahlen dokumentierten Erfolge hinaus. Entscheidender ist, dass es
den Grünen immer wieder gelang, politische Themen zu besetzen und
die Meinungsführerschaft in der öffentlichen Diskussion zu übernehmen. Dies konnte jedoch nur geschehen, weil sie überdurchschnittlich
viele Sympathisanten in den Medien hatten und haben und weil die
Reihen ihrer natürlichen Widersacher, also parteipolitisch gesehen die
CDU, bereits innerlich aufgeweicht waren und maßgebende Politiker
der Union entscheidende Positionen der Grünen schon übernommen
hatten.«[101]

Sympathisanten in den Medien? »Hurra, die Grünen sind da«, titelte
die *Zeit* am 18. Januar 1980 auf der Seite 1 anlässlich des Gründungs-
kongresses der Partei eine Woche zuvor in der Stadthalle im badischen
Karlsruhe. So wurde nie zuvor oder danach eine Partei in Deutschland
begrüßt. 2016 schrieb auch *Zeit*-Chefredakteur Giovanni di Lorenzo von
der »Allmacht der Grünen« und ihrer »Hegemonie«. Er führte gar den
zunächst kommunistischen, später faschistischen Theoretiker Anto-
nio Gramsci an, der erkannt hatte, wenn eine Gruppe die Macht wolle,
»müsse sie zuvorderst den Kampf um die Köpfe gewinnen, ihre Weltan-
schauung müsse sich zum Beispiel in der Presse, in den Schulen, in der
Kirche, bei den Intellektuellen als die überzeugendste durchsetzen«.[102]
Allerdings sei es auch zu »Exzessen der Grünwerdung Deutschlands«
gekommen, so di Lorenzo weiter, nämlich zu »der Überhöhung der
Political Correctness, dem Glauben an die Erziehbarkeit des Menschen
bis zur Niederschlagung alles Bösen, der Neigung der tonangebenden
Milieus, von sich auf den Rest der Bevölkerung zu schließen«. Und
darum habe die grüne Hegemonie letztlich dazu geführt, dass sich eine
»Gegenhegemonie« ausbreite als »Vormarsch populistischer und rechter Bewegungen überall in Europa, inzwischen auch in unserem Land«.

Oder ist das Gerede von einer »Gegenhegemonie« unsinnig, weil es gar keine grüne Hegemonie gibt? Schauen wir uns die Blöcke insgesamt an: Bei der Bundestagswahl 2017 kamen die Parteien der linken Mitte und links der Mitte, also SPD, Grüne und Die Linke, auf 38,6 Prozent. Die Parteien der rechten Mitte und rechts der Mitte, nämlich CDU, CSU, FDP und AfD, erreichten 56,3 Prozent. Vier Jahre zuvor waren es rechts 51 Prozent und links 42,7 Prozent. Mit anderen Worten: Rechts der Mitte gibt es eine Mehrheit, die bei den Bundestagswahlen 2017 gar noch zugenommen hat. Bei der Europawahl 2019 erzielten die Parteien der linken Mitte und links 41,8 Prozent (2014: 45,4 Prozent). Rechts der Mitte und rechts (samt Freie Wähler) waren es 47,5 Prozent (2014: 47,3 Prozent). Ein gewachsenes Lager rechts der Mitte gab es auch bei den Landtagswahlen 2018 in Bayern und Hessen und 2019 in Sachsen, Brandenburg und Thüringen.

Mit anderen Worten: Die seit den Bundestagswahlen zum Teil massiven Zugewinne der Grünen (außer in Thüringen, wo sie schrumpften) haben unter dem Strich das linke Lager nicht gestärkt. Tatsächlich gab es bei Verlusten eine Umverteilung innerhalb von Rot-Rot-Grün, während bei allen diesen Wahlen das rechte und rechtsmittige Lager zulegte.

Dass die politische Stimmung dennoch grüner geworden ist, liegt zum einen an einer medialen Sympathiewelle für die Partei. Sie hat vor dem Hintergrund der globalen Klimaerwärmung zu einem breiten politischen Konsens geführt über die Richtigkeit der grünen Kernanliegen wie einer raschen CO_2-Bepreisung und einem Ausstieg aus den fossilen Energien. Der andere Grund für das Ergrünen des Landes ist die stärker gewordene AfD, und dies in doppelter Hinsicht: Erstens sorgen die Wahlerfolge der Rechten als Gegenbewegung für einen stärkeren Zulauf zu den Grünen, die etwa in der Migrationsdebatte den entschiedensten Kontrapunkt zur AfD-Programmatik geschlossener Grenzen setzen. Im Osten und Westen ist dabei die Reaktion unterschiedlich. »Das Milieu der Grünen, das unbedingten Klimaschutz propagiert, stößt im Westen auf große Resonanz, das der AfD, das den Kampf gegen die aus seiner Sicht ›ungesteuerte Zuwanderung‹ zum Hauptziel hat, im Osten«, analysiert der Parteienforscher Eckhard Jesse.[103]

Zweitens geht der AfD-Wähleranteil mangels Koalitionsfähigkeit dieser in Teilen extremistischen Partei dem Lager rechts der Mitte politisch verloren. Er wird durch politische Unberührbarkeit gewissermaßen neutralisiert. Selbst in der Union gab es nach der Landtagswahl Thüringen deutlich mehr Sympathien für eine Zusammenarbeit mit der Linkspartei, während nur 17 CDU-Funktionäre Gespräche mit der AfD forderten. Exemplarisch war dies im Herbst 2019 in Brandenburg und Sachsen zu beobachten, wo die beiden AfD-Landesverbände sehr weit rechts stehen. In beiden Bundesländern legten die Parteien rechts und rechts der Mitte in der Summe zu, aber die AfD punktete auf Kosten der CDU. Das Resultat war, dass die zuvor oppositionellen Grünen in beide Landesregierungen eintreten konnten.

Betteln um Verbote im Nanny-Staat

Zur Akzeptanz der Grünen vor allem in Westdeutschland trägt der verbreitete Wunsch nach einem Nanny-Staat bei. Der Einzelne ist schwach, die Politik soll's richten, diese Grundbefindlichkeit ist in Deutschland deutlich häufiger anzutreffen als in Großbritannien oder, allen voran, in den USA. Ganz in diesem Geiste richtete der »Tagesthemen«-Kommentator Lorenz S. Beckhardt im Juli 2019 zum »Weltüberlastungstag«, dem Zeitpunkt im Jahr, ab dem die Weltbevölkerung mehr an Rohstoffen und Sauerstoff konsumiert hat, als sich im Jahresverlauf regenerieren kann, an »mutige Politiker« folgenden Appell: »Macht Fleisch, Auto fahren und Fliegen so verdammt teuer, dass wir davon runter kommen. Bitte! Schnell! Dann wählen wir auch euch alle!« Er sei, wie viele andere Menschen, offenkundig ein »Konsum-Junkie«, weil er häufig Fleisch esse, oft ins Auto steige, im Urlaub »um den Globus fliege«, um in entfernten Korallenriffen zu tauchen. »Jeder weiß: Süchtige brauchen Hilfe«,[104] barmte der öffentlich-rechtliche Journalist.

Im *Spiegel* zog Valerie Höhne nach. »Wenn wir einen wirksamen Klimaschutz wollen, muss der durch Regulierungen durchgesetzt werden«, schrieb sie. »Die Freiheit des Einzelnen, jeden Tag ein Steak zu essen und am Wochenende einen Kurztrip nach Reykjavik oder Lissabon zu machen, würde beschnitten werden. Wir brauchen mehr Regeln und, wo das möglich ist, auch mehr Verbote.«[105] Wer so argumentiert, wird möglicherweise wenig später erklären müssen, warum nach dem Verbot des Reykjavik-Trips nicht auch die Autofahrt am Wochenende auf den Darß, in den Harz oder in die Toskana rationiert werden sollte.

»Ich will Verbote«, forderte ebenfalls *Zeit*-Autor Sebastian Dalkowski: »Liebe Angela Merkel, lieber Staat, liebe EU, liebe Weltregierung, ich fordere euch hiermit auf: Verbietet mir, was ich gerne haben möchte, aber besser nicht haben sollte. Anders ist die Welt nicht mehr zu retten.« Verbote zu fordern heiße, »die Fehlbarkeit des Menschen verstanden zu haben«.[106]

Ob Politiker möglicherweise auch Menschen sind? Und nicht weniger fehlbar sein dürften als ihre Wähler? Natürlich bedarf es auch in Demokratien zahlreicher Verbote, die im Strafgesetzbuch ebenso definiert sind wie in der Straßenverkehrsordnung. Man darf nicht stehlen und nicht töten und nicht bei Rot über die Ampel fahren. Man darf keinen Müll in der Landschaft entsorgen, nicht Symbole verfassungsfeindlicher Organisationen nutzen und auch sonst keine Gesetze brechen. Dass gesellschaftliches Zusammenleben ohne Verbote und Gebote nicht funktioniert, war die menschliche Erfahrung bereits vor den Zehn Geboten des Alten Testaments. Aber dass eine aufgeklärte Gesellschaft ihre Führung anbettelt, mehr Verbote zu erlassen, dürfte gleichwohl ein Novum selbstentäußernder Unsicherheit sein.

Wer Sicherheit erhöhen möchte, sei es im ökologischen, im sozialen, im von der Polizei zu schützenden Bereich, muss Zugeständnisse bei der Freiheit machen. Im ständigen Duell zwischen Freiheit und Sicherheit gibt es in Deutschland einen klaren Sieger. Auf eine Allensbach-Umfrage, ob im Zweifel die persönliche Freiheit (»dass also jeder in Freiheit leben und sich ungehindert entfalten kann«) oder eine möglichst große Sicherheit (»dass man also sicher, ohne Sorgen leben kann und keine finanziellen Zukunftsängste haben muss«) wichtiger sei, entschied sich 2016 lediglich ein Drittel für die Freiheit, aber mehr als jeder zweite für die Sicherheit.[107]

Diese deutsche Präferenz für einen behütenden, dann aber natürlich auch gängelnden Staat erklärt, warum die Republik grün werden konnte in Jahren, in denen die gleichnamige Partei in der Opposition saß. Den Atomausstieg forderten die Grünen als sofortige Stilllegung aller Atomanlagen in Form eines »Atomsperrgesetzes« seit August 1984. Er wurde von Gerhard Schröders rot-grünem Kabinett beschlossen, von Angela Merkels schwarz-gelber Koalition in Übereinstimmung mit Wahlversprechen wieder aufgehoben und dann von der Kanzlerin nach Fukushima unter dem Stichwort »Energiewende« erneut verfügt. Claudia Roth jubelte im Juni 2011 auf einem Grünen-Sonderparteitag in Berlin, nach »jahrzehntelangem Kampf« steige Deutschland aus der Atomkraft aus: »Das ist ein Sieg der Bewegung und ein Sieg der Grünen. Wir haben Schwarz-Gelb zur Wahrheit gezwungen und ihre Lügen von der Versorgungslücke als solche entlarvt.«[108]

Der Kohleausstieg, von der großen Koalition im Januar 2019 in Form des Kohlekompromisses beschlossen, war ebenfalls ein langfristiges Anliegen der Grünen. Ihre Bundestagsfraktion hatte 2017 ein Ende der Verstromung von Braunkohle »innerhalb der nächsten 20 Jahre«, also bis 2037, gefordert.[109] Die Bundesregierung verspricht auf der Grundlage der Empfehlungen der Kohlekommission, bestehend aus Vertretern von Wissenschaft, Energiewirtschaft, Umweltverbänden, Gewerkschaften und Arbeitgeberverbänden, praktisch eine Punktlandung – das letzte Braunkohlekraftwerk soll zwischen 2035 und 2038 abgeschaltet werden.[110] Dafür gab es Lob unter anderem von Annalena Baerbock.

Auch die gleichgeschlechtliche Ehe, der zuzustimmen die Kanzlerin den Unionsabgeordneten den Weg freigab, indem sie das Thema 2017 zur »Gewissensfrage« erklärte und damit den (ohnehin nur offiziösen) »Fraktionszwang« aufhob, ist eine alte Forderung der Grünen. Merkel selbst stimmte gegen die Homo-Ehe, gilt aber gleichwohl aufgrund dieses Manövers als Vorkämpferin für sexuelle Gleichberechtigung.

Die gesellschaftliche Akzeptanz und juristische Anerkennung der gleichgeschlechtlichen Ehe ist richtig und ein Gebot der Menschlichkeit. Vernünftig wäre es allerdings, dass der Gesetzgeber die steuerliche Förderung der Ehe, gleich ob hetero- oder homosexuell, vollkommen einstellt und nur noch Geburten durch eine Minderung der Steuerschuld belohnt, weil die Kinder später voraussichtlich Steuerzahler sein werden.

Im September 2019 wurde von der CDU/CSU-SPD-Regierung das 40 Milliarden Euro schwere »Klimaschutzprogramm 2030« geschnürt. Die Grünen befanden die Maßnahmen als zu leicht. Bis Dezember setzten sie über den Bundesrat deutliche Verschärfungen durch, darunter einen CO_2-Einstiegspreis für Verkehr und Gebäude ab 2021 von 25 statt 10 Euro pro Tonne – erneut ein grüner Triumph aus der Opposition.

Das anstehende Verbot von Plastiktüten wurde zuerst von den oppositionellen Grünen gefordert, und SPD-Umweltministerin Svenja Schulze hat es sich ebenso wie Entwicklungsminister Gerd Müller (CSU) zu eigen gemacht, obwohl Papiertüten oder Baumwolltaschen eine noch schlechtere CO_2-Bilanz haben (wir gingen an anderer Stelle darauf ein). Die strengen Regeln für NO_x-Emissionen bei Autos waren Vorgaben der EU, aber auch eine alte Forderung der Grünen – obwohl die Luft in deutschen Städten so gut ist wie nie zuvor und selbst vor der Industrialisierung wegen der damals vorhandenen Müllkippen und Fäkaliengruben. Die zunehmenden Auflagen für konventionelle landwirtschaftliche Betriebe hatten die Grünen seit Langem gefordert. Anton Hofreiter beschrieb es 2016 realistisch: »Die grünen Landwirtschaftsminister in den Ländern setzen entscheidende Impulse und treiben den Bundeslandwirtschaftsminister vor sich her.«[111] Angela Merkels Entscheidung im September 2015, die Grenzen für Hunderttausende Flüchtlinge und Migranten nicht zu schließen, mag der momentanen Situation geschuldet gewesen sein. Aber die Kanzlerin schien damit die uralte grüne Forderung nach einer Abschaffung von Grenzen zu erfüllen – zumal sie einen Monat später erklärte, es liege »nicht in unserer Macht, wie viele nach Deutschland kommen«. In der ARD-Sendung *Anne Will* sagte Merkel: »Sie können die Grenzen nicht schließen. Wir haben 3000 Kilometer Landgrenze. Dann müssen wir einen Zaun bauen. Es gibt den Aufnahmestopp nicht.« Dieser Moment verprellte viele CDU-Stammwähler auf Dauer – und begeisterte die Klientel der Grünen.[112]

Quoten für die Aufsichtsräte

Eine andere grüne Welle, die ohne Regierungsbeteiligung der Grünen zustande kam, heißt Frauenquote: Die Grünen hatten bereits im Europawahlprogramm 1979 gefordert, Europa müsse »von den Frauen gleichberechtigt mitgestaltet werden«. Aber bedarf dieses selbstverständliche Ziel neuer Gesetze? Die Frauenquote praktizierten sie in ihrer Doppelspitze und bei Listenaufstellungen seit den Achtzigerjahren. Sie wurde nach der Fusion zu Bündnis 90/Die Grünen in einem gesonderten »Frauenstatut«[113] bekräftigt und im Bundesprogramm 1992 eingefordert. Um eine Gleichberechtigung zu erwirken, »sollen zur Erfüllung echter Parität Frauen bevorzugt werden, z. B. durch Mindestquotierung«.[114]

Eine Quote für Aufsichtsräte von Unternehmen hatten die Grünen seit 2007 im Bundestag gefordert. »Die Quote für Aufsichtsräte ist nur ein Anfang«, kündigte die damalige Fraktionschefin Renate Künast an: »Ein Flaggschiff, das weitere Initiativen ankündigt.«[115] Die damalige große Koalition lehnte die Idee ebenso ab wie anschließend Schwarz-Gelb. Doch am 6. März 2015 beschloss der Bundestag unter einer erneuten großen Koalition eine »Geschlechterquote von mindestens 30 Prozent für Aufsichtsräte von voll mitbestimmungspflichtigen und börsennotierten Unternehmen, die ab dem Jahr 2016 neu besetzt werden«. Vorgelegt hatten das Gesetz, das gut 100 Unternehmen betraf, die SPD-Politiker Manuela Schwesig und Heiko Maas. Die Grünen-Abgeordnete Katja Dörner lobte in der Aussprache, man habe damit »durchaus einen anständigen Spatz in der Hand«. Gleichwohl gehe ihrer Partei die doppelte Einschränkung nicht weit genug, schließlich habe der Gesetzentwurf der Grünen gefordert, »die 3500 börsennotierten *oder* mitbestimmungspflichtigen Unternehmen ins Boot zu holen«.[116]

Zu welchen Problemen das Gesetz der großen Koalition führen kann, zeigte sich im März 2018, als der Keramikhersteller Villeroy & Boch im Geschäftsbericht einen »leeren Stuhl« im Aufsichtsrat vermelden musste. Zwar waren zwei Frauen in das 13-köpfige Gremium gewählt worden, dazu eine weitere Frau und ein Mann als Arbeitnehmervertreter. Aber der Sitz eines weiteren gewählten Mannes »als Vertreter der

Gewerkschaft musste leer bleiben, da der Geschlechter-Anteil nach § 7 Abs. 3 MitbestG auf der Arbeitnehmerseite nicht erreicht werden konnte«. Darum bestellte das Amtsgericht Saarbrücken am 18. April eine Gewerkschaftsvertreterin in den Aufsichtsrat.[117] Ist das noch Privatwirtschaft?

Ungerührt fordern die Grünen in ihrem als »Bejahung der Marktwirtschaft« gefeierten Beschluss zur Wirtschaftspolitik vom Bielefelder Parteitag im November 2019 »verbindliche Frauenquoten für Aufsichtsräte und vergleichbare Regelungen auch für Vorstände«.[118]

Die Grünen-Politikerin Ricarda Lang argumentierte im *Stern*-Streitgespräch mit der Unternehmerin Marie-Christine Ostermann: »Warme Worte, freiwillige Selbstverpflichtungen – die reichen nicht mehr. Sondern man muss tatsächlich mit politischen Forderungen und auch mit rechtlichen Regelungen arbeiten.« FDP-Mitglied Ostermann wandte ein, dies stelle einen tiefen Eingriff in private Besitzverhältnisse und unternehmerische Freiheit dar: »Du mischst dich in meine Personalentscheidungen ein, übernimmst aber nicht die Haftung in meinem Unternehmen, die Konsequenzen, wie es weiterläuft in meinem Unternehmen.« Lang, zu jenem Zeitpunkt Sprecherin der Grünen Jugend und inzwischen Vizevorsitzende und frauenpolitische Sprecherin der Partei, blieb unbeeindruckt.[119]

Sozialdemokraten und Linke ziehen bei der Forderung, Unternehmen auf eine Frauenquote für Vorstände zu verpflichten, mit – und sogar Yvonne Magwas, Vorsitzende der Gruppe der Frauen in der Unionsfraktion, möchte das von den SPD-Bundesministerinnen Christine Lambrecht und Franziska Giffey angekündigte Gesetz nicht »vorschnell ablehnen«, sondern es sich »erst einmal ansehen«.[120] Eine Unionszustimmung zur Quote in den Unternehmen könnte der nächste Erfolg der Grünen werden, bevor sie in die Bundesregierung eintreten.

Im Oktober 2019 verordnete CSU-Chef Markus Söder seiner Partei eine Frauenquote von 40 Prozent bis auf die Ebene der Kreisvorstände hinunter. Dass sich die Basis dagegenstemmte und eine vom Vorsitzenden angestrebte Muss- in eine Sollbestimmung umwandelte, war erkennbar nicht vom egoistischen Wunsch alter weißer Männer motiviert, unter sich zu bleiben, sondern folgte der Erfahrung, dass sich nicht genügend Kandidatinnen zur Verfügung stellen. Also Notlösungen wählen, um der Dogmatik zu gehorchen? In diesem Fall verweigerten sich die Christsozialen ihrem ergrünten Vorsitzenden, dem Interesse am Kanzleramt nachgesagt wird.

NEUE DEUTSCHE WELLE: ROBERT HABECK, ANNALENA BAERBOCK UND DER GRÜNE GRIFF NACH DER MACHT

»Doppelspitze heißt für mich«, so schwärmte Grünen-Chefin Annalena Baerbock im Juni 2019 im Interview mit *WELT*-Chefredakteur Johannes Boie und dem Autor über die Zusammenarbeit mit ihrem gleichberechtigten Co-Parteivorsitzenden, »doppelt stark – wenn man, wie Robert Habeck und ich es tun, nicht untereinander wetteifert, wer der Schönste und Beste im Raum ist, sondern die doppelte Kraft für die Sache einsetzt«.[121]

Robert Habeck sang im ZDF ein ähnliches Loblied: Die Grünen seien auf der Erfolgsspur, weil die Doppelspitze »ein neues Verständnis von Macht« verkörpere, nämlich »dass nicht einer der große Zampano ist«. So wollten die Grünen »es weiter tun, auf jeden Fall«.[122]

In der Tat verläuft die Zusammenarbeit von Baerbock und Habeck bemerkenswert glatt – es gibt keine Hinweise auf Rivalitäten oder Streitigkeiten zwischen beiden. Man teilt sich in der Geschäftsstelle, einem funktionalen, gelb getünchten Altbau in Berlins Zentrum nahe dem Hauptbahnhof, einen Büroraum. Die Schreibtische stehen Rücken an Rücken, die Mitarbeiter sind für beide Chefs in gleicher Weise zuständig. Das ist selbst für die Grünen neu, wo die Doppelspitze in Partei und Fraktion Tradition hat, aber die Zusammenarbeit selten so klappte wie bei Baerbock und Habeck, die beide dem Realo-Flügel zugerechnet werden. Bei ihren Vorgängern Cem Özdemir und Simone Peter, er Repräsentant der Realos, sie des linken Flügels, war Streit an der Tagesordnung.

Dabei standen die Zeichen nicht auf Harmonie bei der erstmaligen Wahl von Baerbock und Habeck auf dem Parteitag im Januar 2018 in

Hannover. Die dort geborene Baerbock, von 2009 bis 2013 Vorsitzende des Landesverbands Brandenburg und Bundestagsabgeordnete seit 2013, musste sich gegen die niedersächsische Fraktionsvorsitzende Anja Piel durchsetzen, die vom linken Flügel und der scheidenden Parteichefin Peter unterstützt wurde. Baerbock obsiegte nach einer leidenschaftlichen Rede mit 64 Prozent.

Bei Habeck war es noch komplizierter. Er war als stellvertretender Ministerpräsident in der Kieler Jamaikakoalition der Hoffnungsträger der Partei, aber er mutete ihr auch einiges zu: Er wolle sein Kieler Ministeramt nach der Wahl zum Parteivorsitzenden noch ein Jahr ausüben können, weil er seinem Nachfolger Jan Philipp Albrecht ein geordnetes Haus übergeben wolle. Diese Doppelfunktion widersprach dem Prinzip der Trennung von Amt und Mandat. Gegen die dazu nötige Satzungsänderung entwickelte sich im Vorfeld Widerstand. Von einer »Lex Habeck« und von Erpressung war die Rede. Habeck verkürzte die geforderte Karenzzeit auf acht Monate, die aber brauche er »pi mal Daumen«. Wenn man ihm das nicht zugestehe, »dann kann ich morgen nicht kandidieren«, sagte er in seiner Rede am ersten Abend des Parteitags. Claudia Roth, Jürgen Trittin, Cem Özdemir, der Innenpolitiker Konstantin von Notz, auch die scheidende Vorsitzende Simone Peter warben bei den Delegierten eindringlich um Zustimmung. Und so wurde die Satzungsänderung am nächsten Tag nach kontroverser Debatte mit knapp 78 Prozent und damit oberhalb der geforderten Zweidrittelmehrheit genehmigt. Habeck, der keinen Gegenkandidaten hatte, bekam bei der Wahl zum Parteivorsitzenden 81,3 Prozent.[123] Als die Doppelspitze im November 2019 in Bielefeld erneut antrat, gab es für beide keinen Herausforderer mehr. Für Habeck stimmten eindrucksvolle 90,4 Prozent – und für Baerbock gab es gar das Rekordergebnis von 97,1 Prozent. Damit löste sie die bisherige Rekordhalterin Claudia Roth ab, die 2001 mit 91,5 Prozent zur Chefin gewählt worden war.[124]

In seiner Bewerbungsrede 2018 hatte das 1969 in Lübeck geborene »Kind des Nordens« (Habeck über Habeck) etliche Verbeugungen gegenüber dem linken Flügel gemacht. Er geißelte »schamlosen Reichtum« und den »postmodernen Kapitalismus«, forderte »Umverteilung« und die »härtere Besteuerung von Kapital und Vermögen, nicht weil wir nicht gönnen können, sondern weil wir die Gesellschaft zusammenführen müssen«. Er sprach auch von »Liberalität, Freiheit und Gerechtigkeit«, aber er schien den Dreiklang offenkundig nicht durch weniger, sondern durch mehr Staat sichern zu wollen.

»Nicht nur die Frau an Roberts Seite«

Der Schriftsteller und promovierte Philosoph (Thema der Dissertation an der Uni Hamburg: *Die Natur der Literatur. Zur gattungstheoretischen Begründung literarischer Ästhetizität*) ist ein Realo. Sonst hätte er nicht knapp sechs Jahre als stellvertretender Ministerpräsident und Landesminister (seit 2012 für Energiewende, Landwirtschaft und Umwelt, ab 2017 zudem für Digitalisierung) dienen können. Aber Habeck versteht sich auch als (gemäßigten) Linken und will die Partei zur »führenden Kraft der linken Mitte« machen. Dass er »im Notfall« auch Enteignungen für legitim hält, um den Wohnungsnotstand zu bekämpfen, spricht ebenso dafür wie seine Scheu vor Kategorien wie Nation oder Volk. Habeck, verheiratet und Vater von vier Söhnen, der jüngste Jahrgang 2002, plädiert für einen »linken Patriotismus«, der von der Ethnie gänzlich zu lösen sei.

Baerbock ist ähnlich eloquent und talkshowtauglich, wirkt aber schon aufgrund der guten Dekade, die altersmäßig zwischen ihnen liegt, weniger abgeklärt. Sie achtete von Beginn an darauf, nicht in den Schatten von Habeck zu geraten. »Wir wählen hier heute nicht nur die Frau an Roberts Seite, sondern eine neue Bundesvorsitzende«, erinnerte sie die Delegierten in Hannover. Die verheiratete Mutter zweier kleiner Kinder, die einst Dritte wurde bei den deutschen Jugendmeisterschaften im Trampolinspringen, ist politisch ähnlich wie Habeck zu verorten, eine Reala mit moderaten, aber durchaus linken Positionen. Sie hat in Hamburg Politikwissenschaft und Öffentliches Recht studiert und von 2004 bis 2005 einen Master of Public International Law an der London School of Economics gemacht. Ein Doktorandenstudium im Völkerrecht an der Freien Universität Berlin brach sie ab. Nach ihrer Wahl zur Parteichefin hat sie eine Zeitlang mit einem Sprechtrainer an ihrer mitunter kieksigen Stimme gearbeitet. Auch das zeigt, wie ambitioniert Baerbock ist.

Baerbock hat keine Scheu, auch mit Gewerkschaftern im Kohlerevier zu sprechen, denen sie erklärt, warum ihre Arbeitsplätze wegen des Pariser Abkommens bis 2038 und nach Vorstellung der Grünen sogar einige Jahre früher verschwinden müssen. Sie versucht Brücken zu bauen, auch wenn sie vor Wirtschaftsvertretern spricht. Bei dem vom BDI ausgerichteten »Tag der deutschen Industrie« bekam Baerbock 2019 mehr Beifall als ihr Vorredner, FDP-Chef Christian Lindner.[125]

Doch die Show stiehlt ihr immer wieder Habeck. Er ist der rasanteste Polit-Shootingstar seit dem vorübergehenden Aufstieg des CSU-Hoffnungsträgers Karl-Theodor zu Guttenberg. Habeck gilt als unbefleckter Quereinsteiger in eine Welt opportunistischer, Posten-versessener Parteitaktiker, ob sie nun schwarz, rot, grün, gelb oder blau sind. Übersehen wird dabei, dass Habeck immerhin schon seit 2002 Mitglied der Grünen ist, gleich Kreisvorsitzender wurde (»Die hatten gerade keinen«, sagt er dazu) und sich 2004 zum Landesvorsitzenden wählen ließ. Die Hände nach dem Bundesvorstand streckte er bereits 2006 aus, aber er bekam nicht genügend Stimmen für den Beisitzer-Posten – und als er 2017 Spitzenkandidat für die Bundestagswahl werden wollte, unterlag er in der Urwahl knapp gegen Cem Özdemir. Seit 2009 saß Habeck im Landtag und wurde gleich Fraktionschef. Quereinstiege stellt man sich anders vor.

Habeck ist charismatisch. Aber er ist kein Menschenfischer. Ihn umgibt eine zurückhaltende Scheu vor den Mitmenschen. Sein Ziel, die Parteiflügel auszusöhnen, erst in Schleswig-Holstein, dann in der Bundespartei, verfolgt er mit Ernsthaftigkeit. Habeck kann ebenso über Sport (bevorzugt Handball) und Literatur (»Kennen Sie Gottfried Kellers *Grünen Heinrich*?« – »Oh je, entsetzlich langweilig.«) wie, natürlich, über Politik eher diskutieren denn entspannt parlieren. Über Autos eher nicht, zu denen hat er kein Verhältnis abgesehen von der Überzeugung, dass es zu viele gibt. Er ist meinungsstark, nicht immer faktensicher und stets bereit zuzuhören. Man merkt ihm an, wie er innerlich für einen Moment wegzusacken droht, wenn VW-Chef Herbert Diess in einem moderierten Gespräch erklärt, dass die Elektroautos wegen Volumen und Gewicht der

Batterien zunächst über die großen Modelle, die SUVs, auf den Markt gebracht würden. Aus der grüne Traum, dass in wenigen Jahren ganz Deutschland in Trabi-großen VW up!s CO_2-befreit in die Zukunft lahmt.[126]

Hipsterampel und Dreitagebart

Nichts nerve ihn so sehr, sagt der gern dreitagebärtige und haarverwuschelte Habeck, wie die immer wieder gestellte Journalistenfrage, wie lange er morgens vor dem Spiegel stehe. Im Grunde ist er da aber selbst schuld. Der Autor eröffnete einmal ein Interview mit dem Hinweis, sein Chefredakteur Ulf Poschardt habe eine rot-gelb-grüne »Hipsterampel in der Berliner Republik entdeckt, bestehend aus Heiko Maas, Christian Lindner und Ihnen. Sind Sie ein Chick?« Habeck: »Was ist ein Chick?« – »Das war wohl früher ein Machobegriff für Mädchen, wird aber jetzt auch auf modebewusste, fotogene Männer bezogen, wie ich höre.« – Habeck: »Ich brauche morgens zwei Minuten, um mich anzuziehen.«[127]

Über das Aussehen von Politikerinnen wurde vor der #MeToo-Kampagne gelegentlich geschrieben, inzwischen gilt das als politisch inkorrekt. Über das Aussehen von Männern in der Politik gab es kaum je journalistische Debatten. Ausnahme: Gerhard Schröder färbe sich die Haare, hatte 2002 eine Imageberaterin im Interview behauptet. Der Kanzler prozessierte erfolgreich bis zum Bundesverfassungsgericht, dass diese Falschaussage nicht verbreitet werden dürfe. Die Parallele: Schröder galt als Womanizer. Habecks gutes Aussehen dürfte ebenfalls ein Grund dafür sein, dass die Öffentlichkeit sich für seine Frisur und Garderobe interessiert.

Habeck ist gut vorstellbar als Mittelpunkt einer Runde in der Dorfkneipe. Aber das Dorf bleibt in Norddeutschland, wo sich alle kennen, es dürfte nicht im Rheinland liegen mit der umarmenden Fröhlichkeit seiner zufälligen Gäste. Dafür ist Habeck zu distanziert. Der schenkelklopfende Humor ist nicht sein Metier. Sorgenumkräuselt blickt er skeptisch auf die Weltenläufe, das Problem und mögliche Lösungen verständnisvoll abwägend. Habeck, ein Gesprächskreis auf zwei Beinen.

»Rudis Mut«

Und doch wird unter der Oberfläche des Allrounders auch immer wieder ein Grad an übertaktierender Vorsicht und Unsicherheit erkennbar. Habeck ist der Revolutionär, der sich nicht traut. Er sagt, auf der Bühne beim *Brigitte*-Talk, er habe als Jugendlicher den Mut von Rudi Dutschke bewundert, und fügt dann, über seine Aussage selbst erschreckend, hastig an: »Den Mut!«, nicht die Person habe er bewundert. »Schreiben Sie jetzt nicht, ich habe Dutschke bewundert.«

Mut? Und sich dann aber nicht zu nahe an Dutschke heranwagen, einen der (kurzzeitigen) Ur-Grünen, dessen Tod seinerzeit sogar Ex-CDU-Mann Herbert Gruhl als Verlust für die junge Partei betrauerte?[128]

In anderen Situationen ist Habeck kühner. Er liest Ernst Jünger nicht nur, zumindest in Teilen – das Buch, das er »zuletzt nicht zu Ende gelesen« habe, sei Jüngers *Auf den Marmorklippen*, antwortete er auf eine entsprechende Frage des *Freitag*.[129] In seinem Blog lässt sich der belesene Politiker gar zu diesem Lob hinreißen: »Auch Konservative oder Reaktionäre schreiben literarisch bedeutsame Werke. Manchmal sogar großartige. Oft sogar, weil sie konservativ oder reaktionär sind, wie die von Knut Hamsun, Ernst Jünger, Botho Strauß, Martin Heidegger.«[130]

Das sind politisch unkorrekte Autoren. Die einstige grüne Ikone Jutta Ditfurth verbreitete empört das Habeck-Zitat auf Twitter (nur den norwegischen Hitler-Verehrer Hamsun ließ sie, aus welchen Gründen auch immer, ungenannt), auf das sie offenkundig der frühere Grünen-Fraktionssprecher im Bundestag aufmerksam gemacht hat: »Danke für den Tipp, Thomas Ebermann.«[131]

Auch Joschka Fischer hatte einst, ebenfalls zur Empörung Ditfurths, Jünger gelobt. Der antiautoritäre Schriftsteller war als kurzzeitiger Abenteurer in der Fremdenlegion und als Frontsoldat in den »Stahlgewittern« des Ersten Weltkriegs dem Straßenkämpfer Fischer möglicherweise ein Vorbild. Jünger hatte über experimentelle Drogenerfahrungen geschrieben, die jeder 68er-Kommune wie eine Gebrauchsanleitung erscheinen durften, und als naturverbundener »Wandervogel« einen technikskeptischen Ökologiebegriff entwickelt. Ersteres passt zu Fischer, das Zweite zu Habeck. Jüngers Ablehnung des Parlamentarismus ist nichts für den heutigen Grünen-Chef, dürfte aber Parteifreunden in den frühen Achtzigerjahren vertraut vorgekommen sein. Fischer hat sich übrigens, schreibt Ditfurth, nach kurzer Zeit von Jünger distanziert. Der habe ihn »nie sonderlich begeistert«. Habeck hat Jünger nicht ausgemustert[132]– so etwas ist heutzutage ein Zeichen intellektueller Bravour.

Wohin steuern, in trauter Eintracht, Baerbock und Habeck? Zunächst die Grünen – und, wenn der Wähler mitmacht, später das Land? Dem Begriff der »Volkspartei« stehen sie skeptisch gegenüber. Der Begriff Volkspartei sei letztes Jahrhundert, das Konzept durch seine Beliebigkeit überholt. »Volk«, das wird nach Habecks Ansicht zu sehr mit einer ethnischen Kategorie verbunden, orientiert an den Romantikern wie Schlegel, Novalis und Hölderlin, denen er unterstellt, sie wollten mit ihrer Poesie »eine eigene Welt für sich schaffen, als eine Alternative zur Wirklichkeit«.[133] Bei derartigen Reflexionen wirkt Habeck dem Elfenbeinturm der Wissenschaft näher als dem Kanzleramt. Als Intellektueller mag man denken, es habe eine »Geburt der deutschen Nation aus dem Geist von Klassik und Romantik« gegeben. Als Realpolitiker weiß man, dass Napoleons Unterwerfung Deutschlands mehr für die Nationswerdung getan hat als jeder Denker.

Ein führender CSU-Politiker in Berlin sagte dem Autor im November 2019, der Linksruck der SPD nerve ihn, »aber bei den Sozis hat man immerhin den Eindruck, dass sie Deutschland lieben – beim Habeck nicht«.

Was bleibt, wenn man nicht Volkspartei sein möchte, aber doch gern mehrheitsfähig werden möchte? Insbesondere Habeck propagiert den Begriff einer »Bündnispartei«, der an das bürgerrechtliche Bündnis 90 aus der untergehenden DDR erinnert, mit dem die West-Grünen am 23. November 1992 vertraglich fusionierten. Die Grünen wollten damit in einer »Gesellschaft der Vielen« Halt geben und Mehrheiten organisieren. Enorme Kraft werde sich entwickeln, »wenn wir das Gemeinsame nicht bis ins letzte einzelne Ästchen suchen, sondern in gemeinsamen Zielen und auf einem gemeinsamen Grund«. Darum sollten »Menschen aus den unterschiedlichsten Milieus Bündnisse schmieden«. Und weiter:

»Das wollen wir als Bündnispartei: Mitsprache ermöglichen, gesellschaftliche Kreativität aufnehmen und miterzeugen, vom Ziel her denken, nicht von der Interessensgleichheit.«[134]   Die Idee einer Bündnispartei käme dem nahe, was Annalena Baerbock wiederholt formuliert hat: »Wir wollen raus in die Breite der Gesellschaft und eine Partei für alle Menschen in diesem Land sein.« Zugleich sieht sie die Grünen »fest verortet im linken Lager«. Daran habe sie gar keinen Zweifel, »wir sind die Partei der linken Mitte«.[135]

Keine Pleiten, aber Pech und Pannen

Kein Politiker ist gefeit gegen Patzer, und die beiden Grünen-Vorsitzenden machen da keine Ausnahme. Baerbock versicherte im Deutschlandfunk, für erneuerbare Energien seien windstille oder sonnenarme Tage kein Problem: »Deswegen haben wir Speicher. Deswegen fungiert das Netz als Speicher. Und das ist alles ausgerechnet.«[136] Doch das Netz kann Strom allenfalls für Sekunden speichern.

In einem ARD-Sommerinterview nannte Baerbock zudem das für die Batterieproduktion wichtige Metall Kobalt irrtümlich Kobold.[137] Auch da war die Häme im Netz gewaltig. Ob alle Spötter vor der Debatte wussten, was Kobalt ist, darf indes bezweifelt werden.

Die Fehler von Habeck waren zahlreicher. Nach der Verkündung des Klimaschutzprogramms der großen Koalition im Herbst 2019 offenbarte ein peinlicher Interviewauftritt im *Bericht aus Berlin*, dass der Grünen-Chef keine Ahnung hatte von der Funktion der Pendlerpauschale. Er behauptete, ihre zeitweilige Erhöhung werde Menschen motivieren, vom Zug aufs Auto umzusteigen.[138]

Tiefer blicken ließen seine Twitter-Pannen. Vor der Landtagswahl im Herbst 2018 in Bayern verkündete er im Kurznachrichtendienst per Video: »Endlich, endlich gibt es wieder Demokratie in Bayern.« Die »ganz entscheidende Wahl« im Freistaat werde grandiose Folgen haben: »Eine Alleinherrschaft wird beendet, das ist wie ein Sauerstoffstoß, der durch Deutschland gehen wird. Demokratie atmet wieder auf.«

Nun dürften selbst bayerische Wähler der Grünen bis dahin nicht den Eindruck gehabt haben, außerhalb des demokratischen Sektors zu leben. Habeck ruderte einen Tag später mit einem zweiten Tweet zurück: Er habe das Video »zwischen zwei gehetzten Terminen schnell aufgenommen«, sagte er, und »lasch formuliert«. Er nehme die Kritik an: »Das war im Wahlkampffieber einer zu viel. Sorry!«[139]

Kurz darauf, im Januar 2019, formulierte Habeck offenkundig wieder zu lasch. Mit Blick auf die Thüringer Landtagswahlen im Herbst verkündete er: »Wir versuchen, alles zu machen, damit Thüringen ein offenes, freies, liberales, demokratisches Land wird, ein ökologisches Land.«[140] Entfallen war dem Parteichef wohl, dass die Grünen seit 2014 in der Erfurter Landesregierung mitregierten. Bei der Wahl im Oktober 2019 verloren sie 0,5 Punkte und blieben mit 5,2 Prozent so gerade im Parlament.

Diesmal beließ es Habeck nicht bei wohlfeiler Selbstkritik (»Ich beiß' mir in den Arsch«), sondern verkündete seinen Rückzug von Twitter und Facebook. Nur auf Instagram blieb der Grünen-Chef aktiv.

Ist das ein Ausweis von Demut? Im Interview mit dem Radiosender Bayern 2 wirkte Habeck ausgesprochen zerknirscht. Aber er klagte zugleich, offensichtlich sei er »anfällig dafür, in einem Medium, das so aggressiv kommuniziert wie Twitter, auch so zu reden«.[141] Ist also die aggressive Kommunikation von Twitter eher schuld an den Patzern als derjenige, der sich dieser Plattform bediente? Es ist erstaunlich, dass Habeck sich zweimal in kurzer Zeit zu derart überheblichen Statements hinreißen ließ. Er fand zwar Erklärungen: der Stress, die Eile, man habe die Videos am Rande von Parteiveranstaltungen gedreht, wo er etliche Interviews nacheinander abspulen musste. Das sei alles zugestanden. Dennoch drängt sich der Verdacht auf, dass Habeck wirklich so denkt: Demokratie wird erst echt, das Land erst schön, Deutschland erst liberal, wenn die Grünen viele Stimmen bekommen – von dem Segen für die Ökologie ganz zu schweigen. Der Moralismus mag der Kitt sein zwischen Prinzipien und Arroganz.

Dass man mit der Doppelspitze in die nächste Bundestagswahl gehen wird, gilt bei den Grünen seit 2018 als ausgemacht. Doch dann werden die Wähler bald zu verlangen wissen, wer denn im Falle des Falles als die

Nummer 1 fürs Kanzleramt kandidiere. Baerbock wie Habeck wimmeln die Frage mit den üblichen Floskeln ab: Das sei jetzt nicht zu entscheiden. Das stehe im Moment gar nicht an. Das werde man in der konkreten Situation in der Partei besprechen. Auch in der Partei will man sich nicht festlegen, schon weil es nicht gendergerecht wäre, für Habeck zu plädieren, und nicht realistisch, für Baerbock zu trommeln.

Winfried Kretschmann hat sich schon festgelegt. Bei einem bunten Abend im Stuttgarter Schauspielhaus fragte Entertainer Harald Schmidt den Ministerpräsidenten, wer denn angesichts des Höhenflugs der Grünen in den Umfragen Kanzlerkandidat werden solle. Kretschmanns Antwort: »Habeck.« Das löste massive Kritik in der Partei aus. Kretschmann ruderte zurück: Er habe keine Personaldebatte auslösen wollen, die Entscheidung stehe aktuell nicht an. Aber als Kretschmann im November 2019 in einem weiteren öffentlichen Gespräch, diesmal in Berlin, vom Verleger Wolfram Weimer gefragt wurde, ob er demnach seine Meinung geändert habe, verneinte der Schwabe: »Habeck ist weiter mein Favorit.«

Die Grünen werden für den Bundestagswahlkampf Baerbock und Habeck als übliche Doppelspitze nominieren. Vor dem Endspurt aber müssen sie sich auf eine Person als Kanzlerkandidaten festlegen, eher durch einen Parteitag als per Urwahl. Das wird der chancenreichere Habeck sein, laut Infratest Dimap der beliebteste Politiker außerhalb der Bundesregierung.[142] Die Grünen, bei denen es keinen Flügel und keinen Zirkel mehr gibt, der sich einer Regierungsbeteiligung widersetzt, und sei es als Juniorpartner der Union, haben ihren Frieden gemacht mit dem Prinzip des Charismas und starker Persönlichkeiten als Wählermagnet. In den Zeiten Joschka Fischers fanden sie das noch so abscheulich, dass der Ex-Bundesaußenminister wohlweislich nie für den Parteivorsitz kandidierte.

Und Habeck wiederum kann froh sein, dass Kretschmann, Jahrgang 1948, sich zu alt fühlt für einen Wechsel auf die Bundesebene. Der Stuttgarter Premier bekäme mutmaßlich von allen Grünen in der Bevölkerung die meisten Stimmen – schon weil er weniger polarisiert als Habeck und selbst Konservativen in der Union vermittelbar ist.

STAATSKNETE FÜR STAATSGEGNER ODER: WIE DIE K-GRUPPEN DIE GRÜNEN ÜBERNAHMEN

Das Rascheln von Geldscheinen klingt auch für Antikapitalisten verführerisch: Kaum war bekannt geworden, dass die »sonstige politische Vereinigung Die Grünen« für ihre beachtlichen, aber keineswegs gigantischen 3,2 Prozent bei den Europawahlen 1979 rund 4,5 Millionen D-Mark aus der Wahlkampfkostenerstattung kassieren würde, drängten binnen Wochen und Monaten Mitglieder aus Mao-gläubigen K-Gruppen in die entstehende Partei. Reich macht sexy, auch in linken Milieus. Der Staat habe den Grünen so viel Struktur verschafft, »wie sie zum Überleben brauchen«, schrieb der mit ihnen sympathisierende Politologe Joachim Raschke. »Sie sind eine ›staatserhaltene‹ Partei.« Der Demoskop Manfred Güllner formulierte es spitzer: »Während die Grünen die anderen Parteien immer wegen deren Spendenpraxis heftigst kritisierten, ließ man sich selbst ohne jedwede Bedenken vom Staat alimentieren und strich schon 1979 die erhaltene ›Staatsknete‹ ohne Skrupel ein.«[143]

Und am deutlichsten wurde eine vom Bundespräsidenten eingesetzte Sachverständigenkommission zur Neuordnung der Parteifinanzen, die 1983 in ihrem Bericht schrieb: »Die Entstehungsgeschichte der Partei ›Die Grünen‹ stellt somit einen in der Geschichte der Bundesrepublik bisher einmaligen Fall staatlich subventionierter Parteigründung dar, der deutlich zeigt, wie problematisch eine ausschließlich am Wahlergebnis orientierte Wahlkampfkostenerstattung sein kann.«[144]

Inzwischen ist die Wahlkampfkostenerstattung reformiert, als staatlichen Zuschuss dürfen Parteien nur noch maximal den Betrag erhalten, den sie durch Beiträge und Spenden selbst eingeworben haben. Damals aber ergoss sich ein stattlicher und staatlicher Geldsegen über die Grünen. Stramme Kommunisten und die Militanten unter den Spontis hatten die neue Umweltbewegung zuvor verachtet. »Deren Latschdemos waren langweilig und nicht militant genug«,[145] beschreibt der spätere Außenamtsminister Ludger Volmer die damalige Wahrnehmung. Nun aber war das Interesse da, und die konservativen Ökologen um Herbert Gruhl, die bis dahin prägenden Einfluss gehabt hatten, wurden zur Seite gedrückt. Vergeblich bemühte sich der baden-württembergische Landesvorsitzende Wolf-Dieter Hasenclever beim Karlsruher Gründungskongress im Januar 1980 um Abgrenzung mit einem Bonmot, das später fälschlich dem CSU-Politiker Franz Josef Strauß zugeschrieben wurde: »Wir wollen keine Melonenpartei – außen grün, innen rot.«[146] Aber weder die Bürgerlichen noch undogmatische Linke konnten den geschulten Kadern viel entgegensetzen.

Die linken Spontis, frei von Ideologien und in der Überzeugung, einen besseren und »humaneren« Sozialismus als den in der Realität aufbauen zu können, hatten zu den Mitbegründern der Grünen auf Landes- und Bundesebene gehört. Sie waren ebenso aus der 68er-Bewegung hervorgegangen wie die dogmatischen K-Gruppen. Aber während Erstere das Libertäre und Emanzipatorische der Studentenbewegung verinnerlicht hatten, sahen Letztere gerade im Individualismus und dem übertrieben Antiautoritären der 68er den Grund für ihr Scheitern. Ja, die Gesellschaft hatte sich geändert, lange Haare und Jeans wurden nunmehr akzeptiert, das Duzen wurden auch außerhalb des Campus populär. Doch die Marktwirtschaft war intakt geblieben und basisdemokratische Entscheidungen hatten nicht den Parlamentarismus abgelöst. Es bedürfe mithin einer kadermäßigen Politik, um nicht einzelne Intellektuelle, sondern die Arbeiterschaft als Träger der Revolution zu gewinnen.

Aus diesem Selbstverständnis entstanden in Abgrenzung zur »alten Linken«, die sich am real existierenden Sozialismus der KPdSU in der Sowjetunion orientierte (so die 1968 gegründete DKP als Erbe der 1956 vom Bundesverfassungsgericht verbotenen KPD), die auf den Maoismus

Pekings eingeschworenen K-Gruppen. Daneben gab es Trotzkisten, die der frühen Sowjetunion zur Zeit der bolschewistischen und prästalinistischen Oktoberrevolution nachtrauerten.

Die Übersicht in diesem Spektrum zu wahren, fiel sogar den damaligen Aktivisten schwer, die mitunter wegen zufälliger Begegnungen kurzfristig von dieser zu jener Strömung wechselten – oder wegen der ästhetischen Gefälligkeit. Der Maoismus des Westens sei eine »internationale Jugendstimmung gewesen, ein Stück *radical chic*«, schreibt Gerd Koenen, »selbst Brigitte Bardot posierte im ›Mao-Look‹«.[147] Und das war nicht mehr zu übersehen, nachdem Andy Warhol ab 1972 eine Reihe von Porträts des chinesischen Diktators nach der Vorlage von dessen Foto in der kleinen roten Mao-Bibel gemalt hatte. Daraus entstanden Drucke und Poster. Mao wurde zu einer Popikone des Jugendprotests. Wenige Jahre später hingen die Bilder des Mannes, auf dessen Konto 35 bis 45 Millionen Tote gehen, nicht mehr nur in Studenten-WGs, sondern auch in bürgerlichen Wohnungen.

Solidarität mit Pol Pot

Zu den maoistischen Parteien und Gruppierungen in der Bundesrepublik gehörte die Kommunistische Partei Deutschlands/Marxisten-Leninisten (KPD/ML), die »vom ›Ultramaoismus‹ zur immer engeren Anlehnung an das Albanien Enver Hoxhas tendierte«.[148] Eine weitere, streng maoistische KPD entstand um den SDS-Aktivisten Christian Semler (»Die Ablösung des bürgerlichen Staates durch den proletarischen ist ohne Gewalt nicht möglich.«) und gab sich den Zusatz »Aufbauorganisation« (KPD/AO). Semler war in seinen frühen Jahren ein Anhänger von Pol Pot, dem kambodschanischen Diktator, Chef der Roten Khmer und mit mindestens zwei Millionen Opfern einer der größten Massenmörder des 20. Jahrhunderts. Ab 1989 war Semler Journalist bei der *taz*. Weitere prominente Grüne, die aus den Reihen der KPD/AO kamen, waren die gebürtige Rostockerin Rebekka Schmidt, in den Siebzigerjahren bei der Alternativen Liste in Berlin aktiv und 1983 bis 1984 Bundesvorstandssprecherin der Grünen, sowie die bayerische Tierärztin Sabine Bard, die 1983 in den Bundestag kam und 1985 hinausrotierte.

Der vor allem in Hamburg und im Norden der Bundesrepublik aktive Kommunistische Bund (KB) wollte ebenfalls keine sowjetischen Verhältnisse, lehnte aber »Kampagnen« gegen den »real existierenden«, angeblich von »westlichen Aggressoren« bedrängten Sozialismus Moskauer Prägung ab. Im KB sozialisiert wurde Jürgen Trittin, später grüner Landesminister in Niedersachsen, Bundestagsabgeordneter, Bundesumweltminister, Vorsitzender der Partei, der Bundestagsfraktion und Spitzenkandidat im Bundestagswahlkampf 2013. Er gilt in der Bundestagsfraktion bis heute als wichtiger Wortführer der Parteilinken und wirkt laut Joschka Fischer »auf manche Realos in der Fraktion wie ein rotes Tuch auf einer sommerlichen Bullenweide«.[149] Angelika Beer war von 2002 bis 2004 Grünen-Bundesvorsitzende und wechselte später zur Piratenpartei. Ebenfalls aus dem KB kamen die Ökosozialisten Rainer Trampert, von 1982 bis 1987 Bundesvorstandssprecher, und die Bundestagsabgeordneten Thomas Ebermann und Jürgen Reents. Letzterer bemühte sich nach der Wiedervereinigung vergeblich um eine Annäherung von Grünen und PDS und wechselte 1991 als Pressesprecher zur PDS-Bundestagsgruppe; später wurde er Chefredakteur des *Neuen Deutschland*.

Der Kommunistische Bund Westdeutschland (KBW) hatte sich 1973 vom KB abgespalten, beide Kleinparteien befehdeten sich heftig.[150] Nach massiven Gewalttaten von KBWlern am Baugelände eines Atomkraftwerks im niedersächsischen Grohnde sprach CDU-Ministerpräsident Ernst Albrecht von »Terroristen« und forderte ein sofortiges Verbot der »kriminellen Organisation«.[151] Gleichwohl sollten es viele Ex-KBWler in höchste Grünen- und Staatsämter bringen. So wurde Winfried Kretschmann der erste grüne Ministerpräsident. Der einstige Grünen-Vorsitzende Reinhard Bütikofer ist Europaabgeordneter. Ralf Fücks wurde Umweltsenator in Bremen, Vorsitzender der parteinahen Heinrich-Böll-Stiftung und ist heute Co-Chef der ökoliberalen Denkfabrik »Zentrum Liberale Moderne«. Krista Sager wurde Wissenschaftssenatorin in Hamburg und Vorsitzende der Grünen-Bundestagsfraktion. Winfried Nachtwei saß für die Grünen von 1994 bis 2009 als Sicherheitspolitiker im Bundestag.

Eine besonders erstaunliche Karriere im Umfeld der Grünen machte Hans-Gerhart »Joscha« Schmierer, obwohl er selbst der Ökopartei nie beitrat. Als »Erster Sekretär des ZK des KBW« war Schmierer der starke Mann der maoistischen Partei, die 1977 über 50 Saab-Dienstwagen und 67 festangestellte Mitarbeiter verfügte.[152] Möglich machten das bis zu 7000 Mitglieder, die mindestens 10 Prozent ihrer Bruttoverdienste an die Kaderpartei zahlten und oft ihr Testament zugunsten der Genossen formulierten. ZK-Chef Schmierer reiste noch 1978 nach Kambodscha, um Pol Pot zu treffen. In einer Grußbotschaft an den Diktator lobte Schmierer, durch die »Erfolge beim Wiederaufbau des Landes und beim Aufbau des Sozialismus in Kambodscha hat das kambodschanische Volk bereits große Beiträge zur Sache der internationalen Arbeiterklasse und der Völker der Welt geleistet«. Ein weiteres Idol des KBW war der ugandische Diktator Idi Amin.[153] 1999 berief Außenminister Fischer Schmierer in den Planungsstab des Auswärtigen Amtes.

Antje Vollmer, die erste grüne Bundestagsvizepräsidentin, war formal nicht Mitglied der KPD/AO, aber in der von dieser Partei gelenkten »Liga gegen den Imperialismus« aktiv. Martin Thomas war 1976 Bundestagskandidat der KPD in Bremen und später Fraktionschef der Grünen in der Bürgerschaft der Hansestadt.

Manche Maoisten gingen übrigens nicht zu den Grünen, sondern zu den Sozialdemokraten. So wurde die frühere SPD-Bundesgesundheitsministerin Ulla Schmidt beim KBW sozialisiert. Aber vor allem in Hochburgen der Linken gab es von Beginn an enge Bande zwischen K-Gruppen und alternativen Umweltbewegungen. Das gefiel nicht allen. So sagte ein entgeisterter Otto Schily nach der Gründungsversammlung des Berliner Grünen-Vorläufers AL (Alternative Liste) 1978, er habe »den Eindruck, dass hier ein Parteitag der KPD stattgefunden hat. Mit dieser Liste habe ich nichts mehr zu tun.«[154]

Es war nicht der Umweltschutz, der Aktivisten aus diesen kommunistischen Kleingruppen zu den Grünen trieb. An Ökologie hatten sie kaum Interesse, nicht einmal am Widerstand gegen Atomenergie. »Wir Linken«, bekannte Ebermann, »hielten das am Anfang eher für Maschinenstürmerei.« Der Hamburger Kommunist weiter: »Es gab nur einen einzigen Gründungskonsens bei den Grünen, der lautete: Wenn wir zu sehr gespalten sind, dann schaffen wir die Fünf-Prozent-Hürde nicht. Also eine kräfteanalytische Akzeptanz, dass man zur Zwangseinheit verdonnert war. Das ist der negative, ganz miese und niederträchtige Aspekt des grünen Gründungskonsenses.«[155] Die K-Gruppen-Linken hatten begriffen, dass es bei den Grünen dank der staatlichen Wahlkampfkostenerstattung reichlich Geld und damit viel mehr Möglichkeiten gab, als sie mit ihren Sekten je erschließen konnten.

»Etwa ein Drittel der grünen Parteielite stammte im Zeitraum 1979–1985 aus kommunistischen Organisationen«, schreibt Paul Tiefenbach, vier Jahre lang grüner Bürgerschaftsabgeordneter in Bremen.[156] Und noch 1987 warnte Joschka Fischer in der *Hamburger Morgenpost*: »Wenn der Bundesvorstand nicht von seiner Rückkehr zum marxistisch-leninistischen Sektiererwesen der 70er Jahre abrückt, dann weiß ich nicht, wie wir wieder zusammenkommen sollen.«[157] Doch zunächst blieben diese Sektierer und ihr Ziel, die sozialistische Revolution. Der Naturschutz wurde den Linksradikalen zur Bühne der Agitation gegen den Kapitalismus – und die Natur zum Ersatzproletariat. Wenn an dieser Stelle an die linksextreme Vergangenheit etlicher, zum Teil bis heute aktiver Grüner erinnert wurde, dann geht es nicht um deren Denunziation. Sie haben sich mit unterschiedlichem Nachdruck von ihren Verirrungen und Jugendsünden distanziert. Ihre politische Läuterung ist glaubhaft und zu begrüßen. Aber: Wer früher gänzlich wirklichkeitsferne Positionen vertrat oder akzeptierte, sollte heute nicht den Anspruch erheben, im Alleinbesitz der politischen Wahrheit zu sein.

NICHT MEHR LINKS, DOCH WIEDER LINKS, GEGEN JAMAIKA, FÜR JAMAIKA – UND FÜR GRÜN-ROT-ROT

Grüner Sozialismus war gestern. Ein »Bekenntnis zum Ökokapitalismus« forderte 1992 Hubert Kleinert, der vormalige scharfzüngige parlamentarische Geschäftsführer der Bundestagsfraktion.[158] Für den Hessen war der »Sozialismus als eigenständiges Gesellschaftsmodell überholt«.[159]

Er hat Kapitalismus gesagt! Das Entsetzen der Mitstreiter über den Vorstoß Kleinerts war groß. Aber nun war endgültig klar: Die Dominanz der Linken aus den K-Gruppen war vorüber. Die Partei- und Parlamentsarbeit, gerade auch in den Kommunen, in denen es nicht um Weltrevolution ging, sondern um Zebrastreifen und das Für und Wider einer Ortsumgehung, hatte manche ideologischen Flausen verwehen lassen. Nach der von ihnen im Vorfeld vergeblich bekämpften deutschen Wiedervereinigung und dem Schock über das Scheitern an der 5-Prozent-Hürde bei der Bundestagswahl 1990 verabschiedeten sich die Grünen von der Attitüde, eine »Anti-Parteien-Partei« zu sein. Wer an Dogmen festhalten wollte, trat aus.

»So verließen Anfang der neunziger Jahre rund 10 000 meist linke AktivistInnen die Grünen, rund ein Viertel der Mitglieder«, beschreibt mit erkennbarem Bedauern die Ökosozialistin Jutta Ditfurth, bis dahin so prägende wie radikale Stimme der Partei, die »Entwicklung der Grünen zu einer angepassten bürgerlichen Partei«.[160] Die enttäuschten Fundis wanderten »zu erheblichen Teilen zur PDS/Linkspartei ab«.[161]

Jetzt waren die Realos auf dem Vormarsch. Joschka Fischer erklärte Ende der Achtzigerjahre die Linke zur »postsozialistischen Veranstaltung«.[162] Das Ringen um die Positionierung der Grünen vollzog sich in

Sprüngen, mit Geländegewinnen mal der Realos, dann wieder der Fundis, mit Attacken und Rückzügen, mit überraschenden Allianzen und mit Illoyalitäten – echte Flügelkämpfe eben. Das Reaktorunglück von Tschernobyl 1986 brachte die Ökosozialisten und Linken in die Offensive, die (von nahezu der gesamten Partei abgelehnte) deutsche Einheit 1990 die Realos.

Nach der Bundestagswahl 2005, bei der die Grünen 8,1 Prozent der Stimmen holten, gab es Sondierungen mit Union und FDP über eine Jamaikakoalition, damals noch eher als »Schwampel« oder »schwarze Ampel« bezeichnet. Im März 2006 spielte in Baden-Württemberg CDU-Ministerpräsident Günther Oettinger mit dem Gedanken, die Grünen der FDP als Koalitionspartner vorzuziehen. Und im November 2006 legte Grünen-Fraktionschef Fritz Kuhn mit wirtschaftsfreundlichen Fraktionskollegen wie Christine Scheel und Anja Hajduk ein durchaus liberales Konzept zur »Grünen Marktwirtschaft« vor. Darin kritisierten die Autoren den »Umverteilungsstaat« und positionierten sich mit Seitenblick auf SPD-Chef Franz Müntefering gegen »pauschalisierte Heuschreckendebatten«. In Hamburg kam es im Frühjahr 2008 unter dem Christdemokraten Ole von Beust zur ersten schwarz-grünen Landesregierung zwischen CDU und GAL.[163] In der Republik deutete sich ein Wettbewerb an, wer denn die »echten Liberalen« seien, FDP oder Grüne.

Das änderte sich indes mit dem Nürnberger Parteitag 2007 und einer erneuten deutlichen Linksverschiebung der Partei. Die Grünen rückten entschieden ab von der Agenda 2010 und dem Prinzip des »Forderns und Förderns«. Ihre Forderung nach Anhebung der Hartz-IV-Regelsätze bedeute, so befand selbst der vormalige Grünen-Abgeordnete und jetzige Politikwissenschaftler Hubert Kleinert, »nicht nur eine Finanzierungslücke in zweistelliger Milliardenhöhe, sondern – was gesellschaftspolitisch noch fragwürdiger ist – eine deutliche Verschärfung der Problematik des heute schon zu oft verletzten Lohnabstandsgebots«.[164]

Damit schien die Absage an Bündnisse mit den Christdemokraten oder gar der FDP besiegelt. »Für mich ist Jamaika nicht eine realistische Option«, versicherte Parteichefin Claudia Roth im März 2009.[165] Es folgte ein langes Hoffen auf eine Wiederholung von Rot-Grün oder eine Erweiterung zu Rot-Rot-Grün, wie es im Mai 2019 in Bremen realisiert wurde. Bei Gesprächen an der Basis und auf Parteitagen wird deutlich, dass die Grünen sich in ihrer Mehrheit weiterhin dem linken Lager verbunden sehen. »Wenn es um Inhalte geht, ist es ohne Zweifel für die drei Parteien der linken Mitte einfacher, weil man sich näher ist, als wenn eine Partei links der Mitte mit einer Partei rechts der Mitte koalieren will«, analysierte Jürgen Trittin im Sommer 2019 im Gespräch mit dem Autor. »Das ist das Dilemma, das Union und SPD in der großen Koalition erleben und wir mit Schwarz-Grün in Baden-Württemberg.« Das Herz schlägt links, der Verstand sagt rechts.

Gleichwohl schien Jamaika im Bund noch zweimal zum Greifen nahe. Im Oktober 2013, so erklärte später der damalige Bundesfinanzminister Wolfgang Schäuble (CDU) bei *Anne Will*, scheiterten die Gespräche an Trittin: Der Fraktionslinke habe nach stundenlangen Sondierungen gemerkt, »das könnte ja zu einer Koalition führen, und da hat er eingegriffen«. Der anwesende Cem Özdemir widersprach nicht wirklich[166] – allerdings ist bekannt, dass er und Trittin einander nicht ausstehen können.

Vom angeblichen Jamaikakiller hört man es anders. Laut Trittin waren die maßgeblichen grünen Unterhändler, von Winfried Kretschmann über Katrin Göring-Eckardt bis zur parlamentarischen Geschäftsführerin Britta Haßelmann, alle für den Abbruch der Gespräche. Die Gründe: Die Union habe sich gesperrt gegen jegliche Steuererhöhung, die von den Grünen als notwendig angesehen wurde, und sich beim Klimaschutz »um keinen Millimeter« bewegt, so der Regierungs-Realo gegenüber dem Autor im Sommer 2019. Schäuble habe gar gesagt, wenn man im Haushalt noch irgendwo 2 Milliarden Euro locker machen könne, gingen die in die Mütterrente. Zudem habe die Union in der Zeit der Eurokrise von den in Turbulenzen geratenen Mitgliedsländern eine Fortsetzung der Austeritätspolitik zur Konsolidierung ihrer Staatsfinanzen gefordert, während die Grünen kräftige Investitionen in die Infrastruktur und im Zweifel Schuldenerlasse verlangten. »Der eine oder andere CDUler hat mir nachher gesagt: Trittin, da hätten Sie anbieten können, was Sie wollen, wir wussten ja, draußen steht der Sigmar [Gabriel, damals SPD-Vorsitzender] und unterbietet Sie in jeder Frage«, erzählt Trittin.

Auf der falschen Seite der Geschichte

2017 waren die Gemeinsamkeiten zwischen der Union und den Grünen ungleich größer – und die Grünen ausgesprochen kompromissbereit, um endlich wieder mitzuregieren. Diesmal scheiterten die Jamaikasondierungen an der FDP. Parteichef Christian Lindner verließ mit seiner Delegation in der Nacht des 19. November den Verhandlungstisch in der baden-württembergischen Landesvertretung zur Überraschung aller und sagte den vor der Tür wartenden Journalisten: »Es ist besser, nicht zu regieren, als falsch zu regieren.«[167] Lindner hatte eine zu große inhaltliche Übereinstimmung zwischen Merkel und den Grünen verspürt und die Liberalen herausgezogen, um nicht zwischen zwei wenig unternehmerfreundlichen Parteien aufgerieben zu werden.

Wie geht es weiter? Die Grünen sind, anders als etwa die pragmatischen Parteien CDU, CSU und SPD, eine »programmatische« Partei, die einem ewigen Auftrag folgt: Den Planeten retten. Die Union hat ihren Kurs mehrfach korrigiert, etwa in der Frage der Kernkraft oder in der Europapolitik, wo einst die »Vereinigten Staaten von Europa« das Ziel waren und jetzt nur noch eine möglichst tiefe Integration von im Kern unabhängigen Nationalstaaten. Die SPD hat 1959 auf dem Godesberger Parteitag ihren vorherigen Widerstand gegen Westintegration und Marktwirtschaft aufgegeben, zur Jahrtausendwende mit Gerhard Schröders Agendapolitik Abschied genommen vom Etatismus – und sich 2019 entschieden, zur linken Staatsgläubigkeit zurückzukehren.

Bei den Grünen gab es zwar auch Sprünge, etwa den von der pazifistischen Partei zur Befürworterin von Militäreinsätzen auf dem Balkan oder in Afghanistan. Beim zentralen Umweltthema aber bleiben sie beharrlich auf ihrem Kurs. Das spricht für die Grünen. Aber zum Gesamtbild gehört auch, dass die Grünen oft auf der falschen Seite der Geschichte standen: als sie ganz am Anfang gegen die Nato und gegen die »EG-Bü-rokratie« waren, als sie in technikfeindlicher Verirrung Glasfaserkabel, private TV-Sender oder den Transrapid ablehnten oder in ideologischer Verirrung die Wiedervereinigung. Alle Parteien machen Fehler und müssen alte Standpunkte korrigieren. Bei den Mitbewerbern käme man auf vergleichbar viele Beispiele. Was die Grünen aber hervorhebt, ist ihre öko-moralistische Grundverortung, aus der heraus sie den Anspruch erheben, im Kern den richtigen Kurs zu verfolgen. Und wenn sie 2016 in der »Leitentscheidung« der nordrhein-westfälischen Landesregierung an der Seite der SPD das Abholzen des Hambacher Forstes für notwendig befanden, trommeln sie jetzt mit den »Hambi bleibt«-Aktivisten für den Widerstand. »Auch das«, schreibt Ulf Poschardt, »haben die einst Alternativen gelernt: die Funktionalität des partiellen Vergessens zu kultivieren.«[168]

VEGGIE-DAY UND SITZENBLEIBEN: SIND DIE GRÜNEN GESTALTUNGS- ODER VERBOTSPARTEI?

»Man muss nicht jeden Tag zwei Burger essen«, sagte Katrin Göring-Eckardt, gemeinsam mit Jürgen Trittin Spitzenkandidatin im Wahlkampf 2013: »Öffentliche Kantinen sollen Vorreiterfunktionen übernehmen. Angebote von vegetarischen und veganen Gerichten und ein ›Veggie Day‹ sollen zum Standard werden.«[169]

Nun ist unstrittig, dass niemand jeden Tag zwei Burger essen muss, niemand muss einen Burger essen, niemand muss überhaupt Fleisch essen. Aber sollte er es nicht dürfen? Solange es ein entsprechendes Angebot gibt und ein vom Markt bestimmter und von der Politik nicht unzulässig verzerrter Preis es ermöglicht? Der im Wahlprogramm geforderte vegetarische Tag für öffentliche Kantinen, formuliert von Göring-Eckardt und Renate Künast, der Landwirtschafts- und Ernährungsministerin aus rot-grünen Tagen, zementierte auf Jahre das Image der Grünen als Verbotspartei. Schlappe 8,4 Prozent holten sie am 22. September 2013, das waren 2,3 Punkte weniger als beim zweistelligen Ergebnis des Urnengangs vier Jahre zuvor. Dabei sei es nie um Verbote gegangen, versicherte Künast 2019 im rückblickenden Gespräch mit dem Autor: »Wir haben damals nicht gesagt, Kantinen dürfen nur Vegetarisches oder Veganes anbieten, wir wollten lediglich das Angebot entsprechend ausweiten. Damals wurden wir dafür verdroschen, was ich für einen Fehler hielt.« Doch das ist nicht überzeugend. Die geforderte Verpflichtung öffentlicher Kantinen, vegetarische und vegane Gerichte anzubieten, hätte ja ausgereicht, um »das Angebot auszuweiten«. Der Veggie-Day sollte erkennbar noch daraufgesetzt werden.

Die damals massiven, fast durchweg negativen Reaktionen haben in der Partei einen »Veggie-Day-Schock ausgelöst«, bestätigen Bundesvorstandsmitglieder hinter vorgehaltener Hand. Darum bemühen sich die Grünen, das Wort »Verbot« nach Möglichkeit zu umtänzeln und das damit verbundene Image der permanenten Volkspädagogik zu überwinden. Das neue Framing lautet »Ordnungspolitik«. Parteichef Robert Habeck definiert: »Wir sind keine Dagegen-Partei, wir sind eine Orientierung gebende Gestaltungspartei.«[170]

Die Grünen wollten in ihrer Geschichte etliches verbieten, haben entsprechende Initiativen zumindest diskutiert oder fordern sie bis heute – vieles auf Bundes-, manches auf Landesebene. Zum Beispiel Atomkraft, Nato, Nachrüstung, Volkszählung, Privatfernsehen, Kabelausbau, die Kasernierung von Wehrpflichtigen, Tabakwerbung, Flughafenprojekte, Nachtflüge, Kurzflüge, Transrapid, DDT, Autos in Innenstädten, Fahrgeschwindigkeiten über 130 km/h, Verbrennungsmotoren ab 2030, Massentierhaltung, Glyphosat im privaten Gebrauch und auf öffentlichen Flächen, Pestizideinsatz in Naturschutzgebieten, Freilandanwendung bienengiftiger Neonikotinoide, Import von Jagdtrophäen, gentechnisch veränderte Bäume, fossile Energien, Fracking, Plastiktüten- und Plastikstrohhalme, Rüstungsexporte, letale autonome Waffensysteme (LAWS), die NPD, Ölheizungen, Reserveantibiotika in der Tiermast, Kohle, Schweröl, Werbung für E-Zigaretten, den Verkauf von Energydrinks an unter 16-Jährige und von Silvesterböllern, öffentlich zugängliche Zigarettenautomaten, Limonadenverkauf an Schulen, Onlineshopping am Sonntag, Zero-Rating beim Mobilfunk, Heizpilze, Paintball, Ponyreiten auf Jahrmärkten, betäubungslose Ferkelkastration, Müll- und Schrottexport, Atommüllexport, Konversionstherapien, Steingärten, Erste-Klasse-Abteilungen in der Bahn.

Manche Forderung kommt auf lokaler Ebene hinzu, beispielsweise im schleswig-holsteinischen Norderstedt das Verbot privater Osterfeuer »wegen CO_2-Emissionen und Giftstoffwerten in der Luft«.[171] Als grüne Bundestagsabgeordnete 2011 ein Verbot von Plastikweichmachern in Dildos und anderen Sexspielzeugen forderten, lehnte die Bundesregierung einen »nationalen Alleingang« ab.[172] Antragsteller Volker Beck war empört: Damit zeige die große Koalition, wie »wenig Beachtung sie dem Problem bislang gewidmet hat«.[173]

Nun sind Verbotsforderungen keineswegs illegitim. Ohne Verbote funktioniert keine Gesellschaft. Auch andere Parteien verlangen Verbote. Selbst der drogenpolitische Sprecher der FDP-Bundestagsfraktion, Wieland Schinnenburg, will ein gesetzliches Rauchverbot an öffentlichen Plätzen wie Spielplätzen, Bushaltestellen oder Bahnsteigen erwirken. *WELT*-Chefredakteurin Dagmar Rosenfeld kommentierte, jetzt hätten »auch die Liberalen von der süßen Frucht des Untersagens gekostet«[174].

Die süße Frucht der Verbote

Aber die Masse macht's. Eine Analyse der *WELT* zeigt, dass die Bundestagsfraktion der Grünen allein in den ersten beiden Jahren nach der Bundestagswahl 2017, also zur Halbzeit, in 26 Anträgen explizit Verbote gefordert hat – unter anderem von Schweröl, von Mikroplastik, von Fracking, des Exports von Müll, Schrott und Atommüll, der Erschließung neuer Tagebaue oder des Einsatzes gentechnisch veränderter Bäume.

Übertroffen werden die Grünen in ihrem Verbotsreflex lediglich von der Linken-Fraktion, die mit insgesamt 34 Anträgen Tatbestände vor allem zu Fragen der Arbeitsmarkt-, Außen- und Sicherheitspolitik für ungesetzlich erklären wollte. Außerdem sollen Leiharbeit, Barzahlungen über 5000 Euro und der Onlinehandel für Pestizide gebannt werden.

Die AfD beantragte im gleichen Zeitraum acht Verbote (darunter die Vollverschleierung im öffentlichen Raum), die FDP drei (darunter den Einsatz von ungesicherter IT-Hard- und Software in der Wahltechnologie) und die SPD zwei (darunter die Anwendung von Totalherbiziden). Die Union hatte einen Verbotsantrag gemeinsam mit den Sozialdemokraten eingebracht, der Schweröl und Paraffin für ungesetzlich erklären sollte.[175]

Die Grünen verstehen sich heute als sozialdemokratische Klimaschützer, gewissermaßen als Öko-Sozis, nicht mehr als Anwalt einer anderen Gesellschaft. Aber sie setzen weiterhin primär auf den die Bevölkerung erziehenden Staat und auf eine Flut restriktiver Gesetze. Sogar Enteig-

nungen von Wohnungen werden von den Grünen im Berliner Abgeordnetenhaus befürwortet und von der Bundespartei zumindest als »ultima
ratio« nicht ausgeschlossen. Unklar bleibt, wie dadurch der Wohnungs-
mangel behoben würde.

Die Grünen trauen wenig dem Markt zu und noch weniger dem Konsumenten – aber offenkundig viel den Politikern, sprich: sich selbst. »Big
Government« wird's richten, ist die Überzeugung der Etatisten. Und
die Thüringer Grünen wollen, übrigens schon seit 2012, in den Schulen das Sitzenbleiben verbieten.[176] »Es geht doch vor allem darum, Schüler zu ermutigen«, argumentierte Spitzenkandidatin Anja Siegesmund
im Landtagswahlkampf 2019. So wird aus »Fordern und Fördern«, dem
Motto der von SPD und Grünen gemeinsam beschlossenen Sozialreform
der Agenda 2010, ein »Fördern statt Sitzenbleiben«. Das ist nicht bürgerlich und liberal, sondern leistungsfeindlich.

ZUR EHRENRETTUNG DER GRÜNEN: LEGENDEN UND GEFÄLSCHTE ZITATE IM NETZ

Will Robert Habeck das chinesische Modell der Totalüberwachung nach Deutschland holen? Über den Grünen-Chef wird behauptet, er habe in einem Gespräch mit Richard David Precht im ZDF von dem »zentralistischen System« in China gesagt, dass es »effizienter« sei als das westliche System. Und dann: »Ich würde sagen, ja, das wollen wir.«

Das ist Fake. Wer sich das Video zum Thema »Frisst der Kapitalismus die Demokratie«[177] anschaut, wird ab Minute 8:30 feststellen, dass Habeck eindeutig rhetorisch gefragt hat, ob wir das chinesische Modell wollen. Das versuchte er zu verneinen, auch wenn er in dem etwas verquasten Gespräch ein wenig den Faden verlor. Er stellte dar, das dem Selbstbestimmungsrecht verpflichtete demokratische System des Westens sei mit seinem »Widerspruchsrecht, Beteiligungsrecht« notwendigerweise langsamer als das zentralistische System Chinas, das keine Opposition und keine Mitbestimmung kenne und darum »natürlich schneller« und »erst einmal effizienter« sei. Und dann stelle sich die Frage: »Wollen wir das oder wollen wir das nicht«, und »ich würde sagen: Ja, das wollen wir.« Aber im Zusammenhang des Gesprächs ist völlig eindeutig, dass Habeck sich damit auf den Gedanken bezog, an der westlichen Demokratie trotz ihrer Langsamkeit festzuhalten. Darum griff auch Precht nicht ein. Zweifellos hätte der TV-Philosoph nachgefasst, wenn in seiner Sendung der Vorsitzende der Grünen dafür plädiert hätte, unsere repräsentative Demokratie gegen die chinesische Einparteienherrschaft einzutauschen.

Hartnäckig hält sich die Behauptung, die frühere Grünen-Chefin und heutige Bundestagsvizepräsidentin Claudia Roth sei bei einer Demo hinter einem Plakat mit der Parole »Deutschland, du mieses Stück Scheiße« hergelaufen. Stimmt das? Es sollte misstrauisch machen, dass es keine Bilder von dem angeblichen Plakat und einer dahinter marschierenden Roth gibt. Hintergrund ist eine Demo verschiedener Parteien und Gewerkschaften in Hannover im Jahr 2015 unter dem Motto »Bunt statt Braun«. Auch Autonome waren mit von der Partie. Fotos der Demo geben gleichwohl keinen Hinweis auf ein Plakat dieses Inhalts. Allerdings berichtete seinerzeit die *Hannoversche Allgemeine*, zur Demonstration hätten sich »bevorzugt schwarz gekleidete Linksautonome« eingefunden, die ebenfalls einen Protestzug zum hannoverischen Congress Centrum angemeldet hatten. Aus einem Lautsprecherwagen sei die Parole »Deutschland, du mieses Stück Scheiße« verbreitet worden. »Das Ergebnis: Bürgermeister Thomas Hermann, SPD-Chef Alptekin Kirci, Wirtschaftsdezernentin Sabine Tegtmeyer-Dette, FDP-Ratsherr Wilfried Engelke und viele weitere Politiker und Gewerkschafter mussten hinter einem lautstarken Block selbst ernannter Antifaschisten und deren Parolen und Fahnen herlaufen. Dahinter hielten wohlmeinende Protestierer ihr Transparent ›für Demokratie und Zivilcourage‹ hoch.«[178] Auf Nachfrage bestätigt Roth im persönlichen Gespräch, dass damals »diese unsägliche Parole skandiert worden« sei. Davon habe sie aber erst nach der Demo erfahren.

Der hannoverische SPD-Chef Kirci kritisierte die deutschfeindlichen Parolen nach der Veranstaltung. »Das ist unerhört, so etwas gehört sich nicht«, wurde er in der Regionalzeitung zitiert. »Die SPD hat eine lange Tradition im Kampf gegen den Faschismus, solche Sprüche muss ich mir von politischen Naseweisen, die noch in die Windeln machen, nicht anhören.« Von Roth ist eine derartige Kritik nicht überliefert, obwohl sie ja nach eigener Darstellung immerhin nach Ende der Demonstration von den »unsäglichen« Parolen erfahren haben will. Doch das angebliche Plakat hat es nicht gegeben, und nichts spricht dafür, dass die Grünen-Politikerin die gegrölten Parolen übernahm.

Es gibt Fotos von weiter zurückliegenden Demos, an denen die einstige Managerin der Anarcho-Punkrockband Ton Steine Scherben teilnahm. So marschierte die damalige Bundestagsabgeordnete Roth im Mai

1990 zusammen mit ihren Parteifreundinnen Jutta Ditfurth und Angelika Beer in Frankfurt am Main hinter einem großen Transparent mit der weniger vulgären, aber in der politischen Aussage eindeutigen Losung »Nie wieder Deutschland«. Erstaunen muss das allerdings nicht: Die Grünen haben in jener Zeit aus ihrer Ablehnung der Wiedervereinigung kein Geheimnis gemacht. Roth, die dem linken Flügel angehörte, war von dieser Haltung vor 30 Jahren völlig überzeugt.

Verbalinjurien gegen Renate Künast

Sogar samt einer angeblichen Fundstelle zirkuliert ein vermeintliches Zitat von Jürgen Trittin im Netz: »Es geht nicht um Recht oder Unrecht in der Einwanderungsdebatte, uns geht es zuerst um die Zurückdrängung des deutschen Bevölkerungsanteils in diesem Land.« Als Quelle wird meist angegeben: »*Frankfurter Allgemeine Sonntagszeitung*, 2. Januar 2015.« Gelegentlich aber auch: »Protokoll einer Plenarsitzung aus dem Bundestag, vom 23. April 1999.«

Doch weder im genannten Blatt noch im Bundestagsprotokoll findet sich eine vergleichbare Äußerung von Trittin. Zitat wie Quellen sind frei erfunden. Das gilt auch für eine weitere dem Ex-Bundesumweltminister zugeschriebene Aussage. »Deutschland verschwindet jeden Tag immer mehr und das finde ich großartig«, wurde Trittin sowohl von der österreichischen Zeitung *Die Presse* als auch vom AfD-Politiker Alexander Gauland zitiert. Doch auch hier handelt es sich um eine Erfindung. »Auf Blogs von Verschwörungstheoretikern, in Veröffentlichungen von Verlagen aus dem rechten Milieu, aber auch in den Nutzerkommentarspalten seriöser Zeitungen wird der Satz immer wieder benutzt«, schreibt Trittin auf seiner Webpage, »um die angebliche ›Deutschlandfeindlichkeit‹ der Grünen zu belegen. Seit Jahren weise ich diese Falschbehauptung auf meiner Webseite zurück und behalte mir rechtliche Schritte vor.«[179]

Dem grünen Ex-Außenminister Joschka Fischer wird der Satz zugeschrieben: »Deutschland muss von außen eingehegt und von innen durch Zustrom heterogenisiert, quasi verdünnt werden.« Als Quelle wird ein Artikel in *WELT* angegeben.[180] Darin wird Fischers Buch *Risiko Deutschland* rezensiert. Aber bei dem vermeintlichen Zitat handelt es sich keineswegs um einen O-Ton des Grünen, sondern um eine zuspitzende Interpretation der Rezensentin.

Derartige Zitate tauchen immer wieder in sozialen Netzwerken auf und werden dann geliked oder gar weiterverbreitet. Für die damit attackierten Politiker wird daraus oft ein Hase-und-Igel-Rennen. Die einstige Fraktionschefin der Grünen im Bundestag, Renate Künast, weiß ein Lied davon zu singen. Zum einen wird immer wieder folgendes angebliches Zitat von ihr verbreitet: »Integration fängt damit an, dass Sie als Deutscher mal Türkisch lernen!« In Wirklichkeit fuhr Künast am 30. August 2010 in der ARD-Sendung *Reinhold Beckmann* Thilo Sarrazin, der mehrfach den Namen der Mitdiskutantin und niedersächsischen CDU-Landespolitikerin Aygül Özkan falsch ausgesprochen hatte, mit den Worten an: »Integration fängt damit an, dass Sie als Deutscher sich ihren Namen mal merken.«[181]

Ein weiteres verfälschtes Künast-Zitat bezieht sich auf eine Debatte des Berliner Abgeordnetenhauses im Jahr 1986 über den Umgang ihrer Partei mit Pädophilie. Während eine grüne Abgeordnete über häusliche Gewalt sprach, unterbrach sie ein CDU-Abgeordneter mit der Zwischenfrage, wie die Rednerin zu einem Beschluss der Grünen in Nordrhein-Westfalen stehe, die Strafandrohung wegen sexueller Handlungen an Kindern solle aufgehoben werden. Laut Protokoll rief Künast dazwischen: »Komma, wenn keine Gewalt im Spiel ist!«

Damit habe sie keineswegs sagen wollen, Sex mit Kindern ohne Gewalt sei in Ordnung, versicherte die Politikerin später. Die zur Prinzipienreiterei neigende Rechtsanwältin habe lediglich das Zitat vervollständigen wollen.

Ein rechter Blogger misstraute dieser Erklärung von Künast nicht nur, sondern schrieb ihr das damalige Zitat mit einer frei erfundenen Ergänzung im Internet zu: »Komma, wenn keine Gewalt im Spiel ist, ist Sex mit Kindern doch ganz ok. Ist mal gut jetzt.«

Auf Facebook wurde dieses angebliche Plädoyer Künasts für Pädophilie mit wüstesten Polemiken gegen die Politikerin bedacht. Sie wurde als »Geisteskranke«, »Drecksfotze«, »Schlampe«, »Sondermüll«, »Stück Scheiße« oder als »eine, die mal ›durchgef***‹ werden« müsse, tituliert. Daraufhin verlangte Künast vor dem Berliner Landgericht, Facebook müsse die personenbezogenen Daten von 22 Nutzern herausgeben, gegen die sie zivilrechtliche Schritte wegen Beleidigung einleiten wollte. Doch damit scheiterte sie. Die vulgären Attacken bewegten sich »haarscharf an der Grenze des von der Antragstellerin noch Hinnehmbaren«, beschied ihr die zuständige Kammer unter Verweis auf einen »Sachzusammenhang« mit der Debatte um Pädophilie. Künast war schockiert. Der Autor kommentierte in WELT, wenn es sich bei derartigen Beschimpfungen nicht um Beleidigungen handele, »sondern um ›zulässige Meinungsäußerungen‹ oder ›mit dem Stilmittel der Polemik geäußerte Kritik‹, die ›überspitzt, aber nicht unzulässig‹ sei, dann gibt es keine Barriere mehr zwischen dem Sagbaren und dem Unsäglichen. Oder hätten die verantwortlichen Richter Beispiele für Begriffe, die selbst aus ihrer Sicht den Tatbestand der Beleidigung erfüllen würden?« Künast legte Beschwerde gegen den Richterspruch ein.

Wenn Politiker in der Öffentlichkeit Unsinn äußern oder abwegige Positionen formulieren, darf man sie daran erinnern. Aber die Erfindung oder Verfälschung von Zitaten oder ihre sinnverändernde Herauslösung aus dem Kontext ist niemals zu akzeptieren. Gerade im digitalen Zeitalter, in dem eine Verdrehung von Fakten sich unkontrolliert verbreitet und kaum wieder eingefangen werden kann, ist jeder gut beraten, angebliche Äußerungen von Politikern oder anderen Prominenten vor einer Weiterverbreitung zu überprüfen. Und das betrifft selbstverständlich nicht nur Zitate von Grünen, sondern ebenso von Politikern der Union, der SPD, der AfD, der FDP oder der Linken.

WAS GRETA THUNBERG VERDIENT

Erstens: Greta Thunberg hat Bewunderung verdient. Die Bereitschaft der jungen Schwedin, für ihre Überzeugungen zu werben und eine andere Lebensweise konsequent vorzuleben, ist imponierend. Sie lebt die Parole von Petra Kelly: »Man kann nicht Politik mit Politik verändern, sondern man muss erst einmal versuchen, sich selbst zu verändern.«[182] Die strapaziöse 3500-Kilometer-Reise über den Atlantik mit der CO_2-frei angetriebenen Yacht »Malizia II« zur Weltklimakonferenz nach New York City nötigt Respekt ab. Geschenkt, dass die CO_2-Emissionen durch die Rückflüge von Mitreisenden höher waren, als wenn sie und ihr Vater einen regulären Linienflug gebucht hätten. Und geschenkt, dass die ähnlich klimaverträgliche Weiterreise nach Chile zum Klimagipfel, der dann nach Spanien verlegt wurde, ein Flop war.

Zweitens: Greta Thunberg hat Mitleid verdient. Wie muss sich das Mädchen, wie müssen sich Tausende Kinder und Jugendliche weltweit fühlen, die Gretas Appell an die Panik übernommen haben und in der genuinen Angst leben, dass sie, zumindest aber ihre Kinder oder Enkel eine Art Apokalypse erleben werden?

Und drittens: Greta Thunberg hat vor allem Widerspruch verdient. Die Probleme der Klimaerwärmung sind nicht dadurch zu lösen, dass alle Menschen in eine panische Askese verfallen. Thunberg hat das Asperger-Syndrom, eine Form von Autismus, die keine Zwischentöne zulässt, sondern auch nach ihren eigenen Worten zu binärem Denken führt: richtig oder falsch, ja oder nein, Umkehr oder Untergang – ein Drittes gibt es nicht. Es sei »ein Schwarz-Weiß-Thema«, sagte sie dem *Spiegel*. »Entweder besteht unsere menschliche Zivilisation fort – oder nicht. Es gibt kein Grau, wenn es um unser Überleben geht. Wir müssen den Ausstoß von Treibhausgasen stoppen.« Die Asperger-Diagnose sei ihr dabei

»eine Hilfe. Sonst hätte ich wohl einfach so weitergelebt, wie viele andere Menschen.«[183]

Als Jugendliche darf man rigoristisch denken, zumal dann, wenn man sich wie die hochintelligente Thunberg in ein Thema so intensiv eingelesen hat. Erwachsene aber wissen, dass relativ wenig in der komplexen Welt nur schwarz oder nur weiß ist, weil in jedes Problem viele Faktoren hineinspielen: ökologische, ökonomische, politische, soziale, psychologische.

Merkels Misstrauen gegenüber Greta

Doch maßgebliche Erwachsene bestärkten Greta in ihrer endzeitlichen Überzeugung. Einige nach anfänglichem Zögern, andere sofort. Angela Merkel hatte noch auf der Münchner Sicherheitskonferenz Mitte Februar 2019 insinuiert, die Schülerbewegung sei ein Werkzeug der »hybriden Kriegsführung«, gesteuert möglicherweise aus Putins Russland: »Aber dass plötzlich alle deutschen Kinder – nach Jahren ohne jeden äußeren Einfluss – auf die Idee kommen, dass man diesen Protest machen muss, das kann man sich auch nicht vorstellen.«[184]

Dafür gab es mediale Schelte, und eine solche Theorie sollte man in der Tat entweder belegen oder für sich behalten. Nur drei Wochen später erklärte die Kanzlerin in ihrem wöchentlichen Podcast, sie »begrüße es sehr, dass junge Menschen, Schülerinnen und Schüler, demonstrieren und uns sozusagen mahnen, schnell etwas für den Klimaschutz zu tun. Ich glaube, dass das eine sehr gute Initiative ist.«[185]

Die Grünen schlossen sich sofort an. »Volle Solidarität!«, versicherte Robert Habeck in Richtung Fridays for Future. Luisa Neubauer, das deutsche Gesicht dieser Generation Panik, ist bei Bündnis 90/Die Grünen aktiv. Jamila Schäfer, stellvertretende Grünen-Vorsitzende und zuvor bis 2017 Sprecherin der Grünen Jugend, bestätigt den engen Austausch. »Viele Leute sind sowohl bei Fridays for Future als auch bei uns aktiv«, sagte sie dem Autor im Juli 2019. »Umgekehrt haben wir viele Neumitglieder, die wegen Fridays for Future zu den Grünen kommen. Und natürlich ist die Grüne Jugend auch immer stark freitags auf den Demonstrationen vertreten.«

Die Fridays-for-Future-Bewegung wird flankiert von Erwachsenen (»Parents for Future«), von Wissenschaftlern (»Scientists for Future«) und von Politikern. Kein Teenager und kein Kind mehr seit Jeanne d'Arc besaß eine Massensuggestionskraft wie Greta. Die Schwedin hat die grüne Zeitenwende vorangetrieben – und unbeschwerte Kids in eine Generation Panik verwandelt. Denn sie bietet keine Lösungen an für das Problem der globalen Erwärmung.

Beim Weltwirtschaftsforum Anfang 2019 in Davos verlangte die damals 16-jährige Schülerin sofortige Maßnahmen gegen den Klimawandel. »Ich will, dass ihr handelt, als wenn euer Haus brennt, denn das tut es.« Und: »Erwachsene sagen immer wieder: Wir sind es den jungen Leuten schuldig, ihnen Hoffnung zu geben. Aber ich will eure Hoffnung nicht. Ich will, dass ihr in Panik geratet, dass ihr die Angst spürt, die ich jeden Tag spüre.«[186] »How dare you!?«, rief sie, wütend und mit Tränen kämpfend, beim UN-Klimagipfel im September des Jahres in New York City den Staats- und Regierungschefs ins Gesicht. Die anwesenden Politiker, unter ihnen Angela Merkel und UN-Generalsekretär António Guterres, agitierte sie rhetorisch meisterhaft: »Wie konntet ihr es wagen, meine Träume und meine Kindheit zu stehlen mit euren leeren Worten? ... Wir stehen am Anfang eines Massenaussterbens und alles, worüber ihr reden könnt, ist Geld und die Märchen von einem für immer anhaltenden wirtschaftlichen Wachstum – wie könnt ihr es wagen?« In Deutschland folgt die Schülerbewegung »Fridays for Future« Thunbergs Beispiel des freitäglichen Schulschwänzens, um in dieser Zeit für »eine bessere Klimapolitik« zu protestieren. Die Jugendlichen begreifen das als Kampf um ihr schieres Überleben. »Wieso sollte ich in die Schule gehen, wenn ich weiß, dass es in ein paar Jahrzehnten keine Schule mehr geben wird, wenn wir jetzt nicht auf die Straße gehen«, sagte ein 18-jähriger Kölner Gymnasiast.[187]

Dass Greta und andere Jugendliche heute eine derartige Zukunftsangst haben, wird gern »der Industrie«, »den Vielfliegern«, »den SUV-Fahrern« angelastet und im Kern allen Menschen, die sich den technologischen Angeboten der Gegenwart in ihrem Konsum, bei ihren Dienst- und

Urlaubsreisen und in ihrem Lebensstil nicht entziehen. »Die Erwachsenen« hätten nichts für den Klimaschutz und die Umwelt getan.

Hieß es zuvor, Angst sei ein schlechter Ratgeber, ist die von Thunberg gepredigte Endzeitstimmung zum Taktgeber der Politik geworden. Der Gesellschaft wird ein halbes Jahrhundert nach der 68er-Verführung zum enthemmten und tabufreien Hedonismus eine neue Schamhaftigkeit verordnet. »Flugscham« steht ganz oben an. Es gibt zusätzlich das Stichwort »Wohnscham«, von der befallen werden soll, wer zu viel Wohnraum gemietet hat oder gar besitzt. In den Medien gibt es anerkennende Berichte über Tiny Houses, in denen sich Menschen in Hütten vom Ausmaß eines besseren Gartenhäuschens einrichten. Fridays-for-Future-Aktivisten stellen SUV-Fahrer zur Rede, fangen vor Schulen »Elterntaxis« ab, um die Eltern aufzufordern, ihre Kinder künftig in öffentliche Verkehrsmittel zu setzen. Flughäfen und Kreuzfahrtschiffe werden blockiert.

Dem neuen Panikzug schlossen sich vereinzelt extremistische Gruppen an, etwa in Garzweiler beim Protest gegen die Kohleförderung von RWE und die Rodung eines Teils des Hambacher Forsts – die ironischerweise von der rot-grünen Landesregierung in Nordrhein-Westfalen beschlossen worden war.

Die Panik kommt den Grünen zugute. Jeder dritte Erst- und Jungwähler bis 29 Jahre stimmte laut Forschungsgruppe Wahlen bei der Europawahl 2019 für sie, so viele wie noch nie – dass die Gaga-Liste »Die PARTEI« mit 14 Prozent den zweiten Platz belegte, ist ebenfalls aufschlussreich.[188] Die Grünen unterstützen die Forderungen der protestierenden Schüler und Studenten nach drastischen Veränderungen in unserem Alltag, in unserer Mobilität und unserem Konsumverhalten: Flugreisen sollen verteuert, Autos auf elektrischen Antrieb umgestellt, Kohle bis 2030 und Erdgas bis spätestens 2050 als Energiequellen ausgemustert werden.

Ist »Sylt statt Malediven« die Lösung?

Ist das Ende wirklich so nah? Nicht einmal das IPCC hält seine bedrohlichen Klimamodelle für bewiesen. Die Autoren sehen lediglich eine

»große Wahrscheinlichkeit«, dass »menschenverursachte globale Erwärmung« (»human-induced global warming«) bereits zu »vielen Veränderungen im Klimasystem geführt hat«. Aber dass dies etwa weltweit zu
verstärkten heftigen Niederschlägen oder zur Trockenheit im mediter-
ranen Raum geführt habe, wird nur mit »mittlerer Zuversicht« vertreten.[189] Im Bericht der Umweltexperten wird zudem die Bedeutung von
Kernkraft zur Reduzierung von CO_2-Emissionen hervorgehoben. Greta
Thunberg hat einmal darauf zu verweisen gewagt und, wenn man es ziel-
gruppengerecht formulieren möchte, Klassenkeile bezogen. Der Rest der
Kids möchte diese Passagen im Report lieber ignorieren.

Das Ziel von Fridays for Future ist löblich. Junge Leute, die es ernst meinen mit persönlichem Konsumverzicht, die auch nach dem 18. Lebens-
jahr keinen Führerschein machen und kein Auto kaufen, die innerhalb
Europas mit der Bahn oder dem Fahrrad auf Urlaubsreisen gehen, anstatt
mit den Eltern nach Miami oder auf die Malediven zu fliegen, sind für
ihre Konsequenz zu loben. Aber insgesamt ist der »Urlaub vor der Haus-
tür« keine Lösung. In Sylt etwa, per Zug und Fähre gut zu erreichen,
verdoppelte sich die Zahl der Touristen seit 1990 von etwa 500 000 pro
Jahr auf eine Million, was die knapp 20 000 Einheimischen keineswegs
nur fröhlich macht. Die Grünen in Sylt erklärten bereits 2018, die Trink-
wasserversorgung sei nur noch für fünf Jahre garantiert, und warnten vor
einer Steigerung des »Overtourism«: »Die insularen Grenzen müssen
erkannt und beachtet werden. Dem haben sich wirtschaftliche Profitin-
teressen Einzelner oder von Gruppen und Verbänden unterzuordnen.«[190]
Das klingt, im Zusammenhang mit der grünen Kritik an Fernreisen, ein
wenig nach: Bitte reist nicht nach Übersee – aber belästigt die Natur auch
nicht daheim.

Vor wenigen Jahren noch galt Weltoffenheit als Garant für Völkerver-
ständigung und die Akzeptanz fremder Kulturen. Jugendliche, die Burger
essen, weil es ihnen schmeckt, und ein Auto besitzen, um flexibler zu
sein, sind nicht schlechtere Menschen als der radfahrende Veganer bei
der freitäglichen Schülerdemo. Greta Thunberg darf so leben, wie sie es
aus tiefster Überzeugung tut, und andere dürfen mit dem gleichen moralischen Anspruch so unbeschwert das Leben genießen, wie es ihre Eltern

taten – »YOLO« hieß es bei den Kids noch gestern, »you only live once«. Selbst Nichtasketen gehen pfleglich mit der Umwelt um, weil neue Autos emissionsärmer sind, sich zunehmend Pfandsysteme durchsetzen und jeder inzwischen so sensibilisiert ist, dass er den CO_2-Fußabdruck möglichst kleinhält.

Der Kardinalfehler des Ökomoralismus liegt in seiner Generalabrechnung: Wenn jeder unter weit über sieben Milliarden Menschen für die Rettung des Weltklimas zuständig sein soll, vor allem aber der sprichwörtliche alte weiße Mann in den kapitalistischen Staaten, ist es niemand mehr. Und selbst wenn alle Deutschen lebten wie Greta, bliebe das Klima unbeeindruckt, weil wir wenigen über eine Reduzierung unserer Annehmlichkeiten diskutieren, während die vielen in Afrika oder Asien mit jedem moralischen Recht nach einem Lebensstandard oberhalb der Grundbedürfnisse streben.

DER CO_2-FUSSABDRUCK DER »GENERATION PANIK«

Al Gore, der amerikanische Fastpräsident und Vorkämpfer gegen den Klimawandel, kam rasch zur Sache:»Wir müssen Angst erzeugen!«, rief er dem schwedischen Medizinprofessor, Arzt, Entwicklungshelfer und Bestsellerautor Hans Rosling bei ihrer ersten Begegnung 2009 zu.

Rosling, der das international erfolgreiche Buch *Factfulness* (Untertitel der deutschen Ausgabe:»Wie wir lernen, die Welt so zu sehen, wie sie wirklich ist«) kurz vor seinem Tod 2017 veröffentlichte, widersprach. Er würde in seinen Grafiken »niemals die Worst-Case-Kurve alleine zeigen, ohne zugleich die wahrscheinliche und die Best-Case-Kurve« darzustellen. Gore habe aber weiter insistiert, man müsse in animierten Präsentationen noch über die Vorhersagen von Experten hinausgehen, schreibt Rosling, der selbst überzeugt ist von der Klimaveränderung und der Notwendigkeit, CO_2-Emissionen so rasch wie möglich zu reduzieren. Dennoch habe er das Gespräch beendet:»Nein, Mister Vizepräsident, keine Ziffern, keine Blasen.«[191]

Auch der Weltklimarat der Vereinten Nationen (IPCC) tendiert dazu, die Entwicklung besonders grell zu zeichnen. So schied der renommierte niederländische Umweltökonom Richard Tol, für den die globale Erwärmung »außer jedem Zweifel steht«, 2014 aus einer Autorengruppe aus, die den Klimareport zusammenfassen sollte. Das Resümee des UN-Berichts »driftet Richtung Alarmismus«, sagte Tol dem *Spiegel*.[192] Nach seiner Darstellung waren in einem unveröffentlichten Entwurf des Weltklimareports die Prognosen deutlich zurückhaltender formuliert worden, während in der Endfassung die Risiken überbetont würden. So gebe es im Report ein »dämliches Statement«, dass Menschen in Kriegsgebieten durch den Klimawandel besonders gefährdet seien. Er vermute hingegen, »dass Leute in Syrien Chemiewaffen mehr fürchten als die Erwärmung«.

Tol selbst, der an der University of Sussex in Großbritannien lehrt, argumentiert, der Klimawandel werde einen positiven Einfluss auf die Weltwirtschaft haben und bei einer Steigerung um 1 Grad Celsius die globale Wirtschaftsleistung um 2 Prozent wachsen lassen.[193] Das ist eine Mindermeinung. Aber die Kapitulation von Tol, der kein »Klimaskeptiker«, sondern überzeugt ist von der Verantwortung der Menschen für die Erwärmung, ist ein Beispiel für den ökomoralistischen Trend, besonnene Stimmen in der Klimadebatte zu isolieren und aus einschlägigen Gremien hinauszutreiben, bis die Gleichgesinnten unter sich sind.

Al Gore und der IPCC dürften sich freuen über die »Panik«, die Greta Thunberg vor allem ihren Altersgenossen verordnen möchte – das ist schließlich mehr als nur »Angst«. Jugendliche in Syrien, in Libyen, im Iran, in Afghanistan, in Hongkong, in Südamerika, in vielen Teilen Afrikas haben mutmaßlich unterschiedliche Ängste. In Deutschland hingegen sorgen sich Jugendliche nicht mehr, wie noch zu Beginn des Millenniums, in erster Linie um ihr individuelles Wohlergehen, um einen Bildungsabschluss, einen Job, später eine Familiengründung, sondern haben »die Zukunft als Thema für sich entdeckt, und zwar nicht mehr nur als persönliche, sondern auch und besonders als gesellschaftliche Zukunft«, heißt es 2019 in der »Shell Jugendstudie«. Die 15- bis 25-Jährigen machen sich die meisten Sorgen »um Umweltverschmutzung und Klimawandel«. Das betrifft vor allem die oberen Schichten, während in den unteren Milieus »sowohl die Angst vor Zuwanderung als auch vor einer zunehmenden Polarisierung in Form von wachsender Ausländerfeindlichkeit« zunehme.[194]

Die Soziologen schreiben allerdings: »Sich umweltbewusst zu verhalten und gleichzeitig das Leben zu genießen, stellt für Jugendliche keinen Widerspruch dar.« Die Kids seien leistungsbereit und karriereorientiert, investierten viele Lebensjahre in Bildung und Ausbildung und »wollen lieber aufsteigen statt aussteigen«. Wenig sei zu beobachten von einer »asketischen Verzichtskultur«, die darin bestehe, sehr viele Dinge nicht zu tun, nämlich »nicht zu fliegen, nicht Auto zu fahren, keine tierischen Produkte zu essen und den anderen mit dem eigenen moralisierenden Auftreten den Spaß zu verderben«.

Fridays for Future wird umsäumt von radikaleren Gruppierungen wie Ende Gelände oder Extinction Rebellion, deren Verhältnis zum Regelverstoß deutlich entspannter ist als das der FFF-Jugendlichen. Auf die Gefahr einer Radikalisierung der grünen Zeitgeistbewegung wird an anderer Stelle des Buchs eingegangen.

Für die Bewegungen der jungen Klimaretter gilt insgesamt, dass sie sich auf einem hohen moralischen Plateau bewegen, ohne ernsthaft zu problematisieren, welchen Anteil am globalen CO$_2$-Ausstoß sie selbst haben. Insbesondere das Internet mit allen seinen Angeboten, von Suchmaschinen über Entertainment bis zur sicheren Lagerung von immer mehr Daten spielt eine wachsende Rolle.

»Die Digitalisierung ist eine Klimakatastrophe«

Um weniger Carbon zu produzieren, müssen wir die Computerisierung zurückdrängen, fordert Ben Tarnoff im *Guardian*. »Die Digitalisierung ist eine Klimakatastrophe: Wenn es Unternehmen und Regierungen gelingt, noch viel mehr von unserer Welt in Daten umzuwandeln, bleibt für uns wenig von der Welt übrig, um darin leben zu können.«[195] Insbesondere die Entwicklung und der Einsatz von Künstlicher Intelligenz (KI) erfordere den Einsatz enormer Datenmengen über entsprechend energiegefräßige Rechner und Server. Um einen virtuellen Cloud-basierten Sprachassistenten wie Alexa hinreichend auszubilden, würden 284 Tonnen CO$_2$ emittiert: »Das entspricht ungefähr der Menge, die produziert wird, wenn man 125-mal zwischen New York und Peking hin und her fliegt.«

Tarnoff fordert einen »Luddismus« für das digitale Zeitalter – es geht um einen nach seinem fiktiven Anführer Ned Ludd benannten blutigen Aufstand von Textilarbeitern Anfang des 19. Jahrhunderts in England gegen fabrikmäßige Baumwollspinnereien, durch die sie ihre Lebensgrundlage bedroht sahen.

Die Kids von Fridays for Future empören sich gern über den Flugverkehr, ignorieren aber, dass der globale IT-Sektor den gleichen CO$_2$-Fußabdruck hat wie sämtliche Flüge eines Jahres in der gesamten Welt.

Beide Segmente sind verantwortlich für jeweils knapp 3 Prozent der globalen CO_2-Emissionen. Aber während der Flugverkehr trotz steigender Weltbevölkerung und Nachfrage langsamer als die Zahl der Passagiere zunimmt und nur etwa in der Größenordnung der jährlichen globalen CO_2-Emissionen (sie erhöhten sich 2018 gegenüber 2017 um 2,7 Prozent) wächst, vergrößert sich der Fußabdruck des Internets aufgrund veränderter User-Gewohnheiten (mehr Datenmengen in Clouds, mehr Streaming von Filmen) deutlich überproportional. Bis 2025 wird der IT-Sektor bereits 20 Prozent aller weltweiten Energie beanspruchen und für 5,5 Prozent der gesamten CO_2-Emissionen verantwortlich sein,[196] falls die Effizienz der Rechner und Server nicht drastisch gesteigert wird. Durch ihr Surfen im Netz, ihre Posts auf Instagram, Facebook und Twitter, das exzessive Streamen von Musik, YouTube-Videos oder Netflix-Filmen haben Kinder, Jugendliche und junge Erwachsene einen überproportional hohen Anteil am CO_2-Ausstoß des Digitalen. Allein das Lagern der ständig wachsenden Datenmengen erfordert einen gigantischen Aufwand an Strom. Facebook hat sich selbst für das Jahr 2016 einen weltweiten CO_2-Fußabdruck von 718 000 Tonnen bescheinigt.[197]

Und die digitale Welt ist ohnehin in vielerlei Hinsicht schmutziger als die analoge. So wurde in einer Studie der University of Glasgow die Umweltbelastung durch die Musikindustrie ausgerechnet, bezogen nur auf die USA. Im Jahr 2000 gingen in Form von unzähligen CDs, nur noch wenigen LPs und anderen Tonträgern 61 Millionen Kilogramm Kunststoff über die Ladentheken der Geschäfte, deutlich mehr als 1977 (58 Millionen Kilogramm). Dann kam das Internet. Musik-Streamingdienste wie Spotify oder Dazn setzten sich durch. 2016 wurden nur noch 8 Millionen Kilogramm Kunststoff als Tonträger gehandelt.

Doch die Glasgower Forscher rechneten den CO_2-Aufwand für die Produktion des Kunstoffs in Klimagasäquivalente um (Greenhouse Gas Equivalents, GHGs). Dabei kamen sie für 1977 auf 140 Millionen Kilogramm GHGs und für 2000 auf 157 Millionen Kilogramm GHGs. Bis 2016 stieg die Zahl auf bis zu 350 Millionen Kilogramm GHGs allein in den USA. Dahinter verbergen sich die CO_2-Emissionen der aufgewendeten Elektrizität für das Speichern und Streamen digitaler Musikdateien.[198]

Ein anderes Beispiel: Wer eine Stunde auf seinem Smartphone Filme schaut, verbraucht bei hoher Übertragungsqualität etwa 1 Gigabyte an Daten. Dafür fällt ein Stromverbrauch von 13 Kilowattstunden an – etwa so viel wie ein Dreipersonenhaushalt an einem Tag verbraucht.

Die Kryptowährung Bitcoin erfordert nach einer Studie der University of Cambridge pro Jahr 58,93 Terawattstunden – das sind rund 0,2 Prozent des globalen Strombedarfs. Der Konsum der gesamten Schweiz (58,46 Terawattstunden) ist geringer und der Tschechiens (62,34 Terawattstunden) nur unmaßgeblich höher. Die aus Gründen der Verschlüsselung und Sicherheit aufwendige, unzählige Server weltweit einbeziehende Abwicklung über sogenannte Blockchains setzt jährlich 22 bis 22,9 Megatonnen CO$_2$ frei. Das ist vergleichbar mit dem Fußabdruck Jordaniens oder einer Halbmillionenstadt wie Kansas City in den USA.[199] Nach dem interaktiven Bitcoin Energy Consumption Index lag der Energiebedarf am 5. Dezember 2019 aufs gesamte Jahr hochgerechnet bei 73,1 Terawattstunden. Das ist vergleichbar mit dem Bedarf ganz Österreichs und würde einen CO$_2$-Fußabdruck von 34,73 Megatonnen bedeuten, was wiederum den Emissionen Dänemarks entspricht. Jede einzelne Bitcoin-Überweisung ist so CO$_2$-lastig wie 740 831 Visacard-Transaktionen oder 49,4 Stunden YouTube-Schauen.

Dabei wickelt das Bitcoin-Netzwerk jährlich weniger als 100 Millionen Finanztransaktionen ab. In der traditionellen Finanzwirtschaft fallen im gleichen Zeitraum bei einem wesentlich geringeren Energiebedarf und CO$_2$-Ausstoß 500 Milliarden Transaktionen an. Sollten Bitcoins in Zukunft eine größere Rolle spielen, wird der Energiebedarf allein für den Finanzsektor weiter steigen. Dies alles aus erneuerbaren Quellen abzudecken, dürfte sich als unmöglich erweisen. Tarnoff schreibt unter Berufung auf Anders S. G. Andrae, einen schwedischen Wissenschaftler in Diensten von Huawei, Datencenter konsumierten derzeit jährlich 200 Terawattstunden an Strom – und dieser Bedarf werde sich bis 2030 vervier- oder verfünffachen.[200]

Flugscham? Kreuzfahrtscham? SUV-Scham? Ebenso logisch wäre der Ruf nach Internetscham, Smartphone-Scham und Cloud-Scham.

DIE GRÜNEN, DER MORALISMUS UND DIE DOPPELMORAL

Ein Flughafenschnappschuss von Robert Habeck am Ende eines Inlandsflugs, verbreitet via Twitter. Der grüne Europaabgeordnete Sven Giegold, der in Straßburg erst für den Klimanotstand stimmt (Twitter-Nachricht: »Wichtiges Zeichen zur richtigen Zeit.«) und direkt anschließend nach Frankfurt und von dort weiter nach Berlin fliegt. Die bayerische Grünen-Chefin Katharina Schulze mit Wegwerfeisbecher samt Plastiklöffel im Kalifornienurlaub. Cem Özdemir bei der Überquerung der Anden. Winfried Kretschmann, der sich per Helikopter 167 Kilometer aus dem Kreis Lörrach zu einer Wanderung zur Bewerbung der Renaturierung des dortigen Moorgebiets nach Bad Würzach fliegen lässt. Luisa Neubauers Instagram-Selfies aus Kanada, China, Namibia, Tansania, Indonesien und vom Skiurlaub in St. Moritz. In Fällen wie diesen wird hämisch eine »Doppelmoral« der Grünen beklagt. Den klimafreundlichen Verzicht predigen und klimateurem Luxus frönen.

Dabei lässt sich jede dieser Situationen überzeugend begründen. Habeck fährt fast immer mit der Bahn, selten mit dem Auto, aber mitunter muss es wegen des Termindrucks schneller gehen. Giegold wäre ohne die beiden Flüge zu einem Termin im Bundesrat nicht rechtzeitig erschienen. Auch Ministerpräsident Kretschmann hatte es an jenem Tag eilig. Özdemir besuchte die Familie seiner argentinischen Ehefrau. Schulze erklärte, sie fordere weiterhin höhere Flugpreise. Neubauers Fotos sind einige Jahre alt, die Fernreisen unternahm sie vor ihrer Zeit als Aktivistin bei Fridays for Future und bei den Grünen.

Eigentlich bedarf es solcher Rechtfertigungen, wie sie von den Betroffenen vorgebracht wurden, gar nicht. Niemand hat Habeck oder Giegold vorzuschreiben, wie sie reisen, oder Schulze und Özdemir, wo sie ihren Urlaub verbringen. Die Geografiestudentin Neubauer soll gern weitere Fähnchen in die Weltkarte stecken. Kretschmanns Staatskanzlei ist für seine Termine verantwortlich.

Wundern über derartige Schelte dürfen sich grüne Politiker gleichwohl nicht. Die moralisierende Partei mahnt ständig den Konsumverzicht, erklärt uns, dass wir alle unseren Lebensstil radikal umstellen müssen. Dabei darf selbstverständlich auch nach Südamerika fliegen, ersatzweise nach Mallorca, wer einen Ehepartner aus Wanne-Eickel oder Gera hat. Wer auf den Snack unterwegs verzichtet, weil er aus Wegwerfbehältern kommt, macht es vorbildlich. Aber selbst die professionelle Kohlendioxid-vermeiderin Greta Thunberg wurde auf dem Rückweg aus Davos, wo sie den Regierungspolitikern dieser Welt gerade die Leviten gelesen hatte, im Zug fotografiert mit Toast aus der Plastiktüte, einem Einwegbecher und einem Wegwerfbehältnis mit (veganem) Salat.

Grüne Politiker agieren in einer hohen moralischen Tonlage, zeigen in der Öffentlichkeit auf SUV-Fahrer und sind doch den Zwängen des Alltags ausgesetzt – und den Verlockungen der Freizeit. Warum auch nicht? Im gültigen Grundsatzprogramm aus dem Jahr 2002 wird keineswegs Verzicht gepredigt. Zwar werden dort »nachhaltige Konsummuster« und eine »Orientierung an der Handlungsmaxime Nachhaltigkeit« gefordert. Dann aber heißt es: »Ökologische Verantwortung und Lebensgenuss passen gut zusammen. Das gilt für die Ernährung ebenso wie für die Architektur und die Art des Wohnens, für die Freizeit, das Reisen oder das Engagement in Initiativen und Verbänden.«[201]

Die grünen Vielflieger

Die meisten Wähler dürften das Grünen-Programm nie gelesen haben. Dennoch leben sie nach dieser frohgemuten Anleitung. »Ich kenne Grünen-Wähler«, schreibt *taz*-Autor Peter Unfried im *Kursbuch*, »die von Frankfurt nach Berlin fliegen, um abends um halb acht statt um halb neun zu Hause zu sein und als guter Vater die Kinder ins Bett bringen zu können. Das gilt in der Peergruppe eben nicht als barbarisch, sondern als vorbildlich und auch normal.«[202]

Im Juni 2019 ermittelte die Forschungsgruppe Wahlen, wer in den letzten zwölf Monaten geflogen sei, und fragte auch die Parteipräferenz ab. Ergebnis: Grünen-Wähler bejahten dies am häufigsten (46 Prozent), vor Wählern von FDP (45 Prozent), Union (40 Prozent), Linke (32 Prozent), SPD (31 Prozent) und AfD (26 Prozent). Im Durchschnitt waren 37 Prozent aller Befragten im vergangenen Jahr geflogen. Das ist nicht erstaunlich: Grünen-Wähler sind oft Akademiker oder Angestellte im öffentlichen Dienst. Viele haben den finanziellen Hintergrund, um regelmäßig in den Urlaub zu fliegen, andere müssen aus beruflichen Gründen häufig reisen. Zur Vervollständigung: Die Grünen-Wähler äußerten gegenüber der Forschungsgruppe Wahlen mit 58 Prozent auch die größte »Flugscham«. Bei den Wählern der beiden anderen Linksparteien SPD (52 Prozent) und Linke (50 Prozent) war das Ergebnis ähnlich. Weniger Flugscham zeigten Wähler von FDP (42 Prozent), CDU/CSU (35 Prozent) und AfD (31 Prozent).

Jeder vierte bis fünfte Deutsche will grün wählen, in Baden-Württemberg eher jeder dritte. Zugleich haben sich die Verkaufszahlen für SUVs seit 2010 verdreifacht auf über eine Million Fahrzeuge 2019.[203] Wurden 2010 knapp 167 Millionen Flugpassagiere in Deutschland gezählt, waren es 2018 bereits 223 Millionen.[204] Der Bioanteil deutscher Lebensmittel gemessen an den Ausgaben der Konsumenten lag 2018 bei 5,2 Prozent, für Fleisch- und Wurstwaren bei 1,5 Prozent.[205]

Derweil schreitet der Ökomoralismus voran – zumindest in den Programmkommissionen der Grünen. Im Grundsatzprogramm von 2020 wird die Idee des Lebensgenusses nicht mehr verteidigt. Die barocken Herren von einst, der schwäbisch-fränkische Genussmensch Rezzo Schlauch etwa und der das gute Leben schätzende Joschka Fischer, schreiben nicht mehr mit. So heißt es im Zwischenbericht, das »Prinzip der Nachhaltigkeit« wolle man »zur Leitlinie politischen Handelns machen«. Und: »Nachhaltigkeit streng verstanden ist ein übergeordneter Maßstab für Wirtschaftsweisen, Technologien und auch für den privaten Verbrauch und Konsum.«

Ob ein neuer Puritanismus hilft? Von Katharina Schulze gab es nach dem Shitstorm wegen des ökologisch unkorrekten Eisgenusses in Kalifornien keine Fotos mehr, die auch nur entfernt mit Hedonismus in Zusammenhang gebracht werden könnten. Aber als die bayerische Politikerin im Mai 2019 zum 74. Jahrestag der Befreiung des KZ Dachau das Foto eines von ihr dort niedergelegten Kranzes mit Sonnenblumen postete, kommentierte dies eine Followerin auf Instagram mit der misstrauischen Frage, »ob man zu dieser Zeit tatsächlich Sonnenblumen aus ökologisch einwandfreiem Anbau und aus lokalem Handel bekommt?«[206]

Merke: Wer möchte, kann in unserer Gesellschaft jede Handlung moralisch aburteilen – auch Oberlehrer müssen jederzeit mit einer Belehrung rechnen.

KAPITEL 14

DIE DROHENDE
ÖKODIKTATUR

Niemand hat die Absicht, eine Ökodiktatur einzurichten! Das versichert Ralf Fücks, einst Grünen-Vorsitzender und heute Chef der von ihm und seiner Frau Marieluise Beck gegründeten Denkfabrik Zentrum Liberale Moderne. Er halte das »für einen kompletten Irrweg«, sagt der auf Modernisierung und Innovationen setzende Fücks nach einer Interview-Unterstellung von *taz*-Autor Peter Unfried, »der alte Traum mancher Ökolinker« sei ja »die Ökodiktatur«.[207]

Niemand?

»Öko-Diktatur? Ja bitte!«, titelte im Januar 2019 die linke Wochenzeitung *Freitag*. Und lockte in der Unterzeile: »Tempolimit, Flugverbot, Kohleausstieg: Hartes Eingreifen rettet den Planeten«.

Der US-Klimaforscher James E. Hansen, langjähriger Direktor des Goddard Institute for Space Studies der Nasa in New York City, äußerte sich schon 2015 enttäuscht über das Pariser Klimaabkommen, die Tatenlosigkeit der westlichen Welt und setzt deshalb ganz auf Präsident Xi Jinping in Peking. »Ich denke, wir werden es schaffen, weil China rational ist«, sagt Hansen dem *Guardian*. »Die dortigen Führungskräfte sind größtenteils ausgebildet als Ingenieure und so, sie bestreiten den Klimawandel nicht und sie haben einen großen Anreiz, nämlich die Luftverschmutzung.«[208]

Von Hans Joachim Schellnhuber, bis 2018 Direktor des von ihm gegründeten Potsdam-Instituts für Klimafolgenforschung und in dieser Zeit wichtigster Klimaberater von Kanzlerin Angela Merkel, stammt der Vorschlag, das Parlament um einen nicht demokratisch gewählten Zukunftsrat zu ergänzen. »Eine Idee wäre, dass man im Parlament eine bestimmte Anzahl von Sitzen vorhält für Menschen als Anwälte künftiger Generationen. Die hätten dann möglicherweise ein Vetorecht bei Gesetzen, die in nachweisbarer Weise Rechte und Chancen unserer Nachkommen betreffen würden«,[209] so Schellnhubers Vorschlag. Der Wissenschaftler hat sicher keine Ökodiktatur im Sinne. Aber die Umsetzung seiner Idee würde eine graduelle Aushebelung der parlamentarischen Demokratie bedeuten. Diese »Anwälte« gingen schließlich nicht aus allgemeinen und gleichen Wahlen hervor, sondern müssten nach bestimmten Kriterien vorausgewählt, mithin positiv diskriminiert werden.

Bernward Gesang, Professor für Philosophie und Wirtschaftsethik an der Universität Mannheim, hat in einem sehr ähnlichen Vorschlag angeregt, »Anwälte der Zukunftsinteressen schon jetzt mit einem Stimmrecht auszustatten und ihnen Mitwirkungsmöglichkeiten in den Entscheidungsgremien zu geben«. Und weiter: »Solch ein Rat sollte sich aus von Nichtregierungsorganisationen und Forschungsinstituten nominierten Kandidaten zusammensetzen und direkt von den Bürgern oder vom Parlament gewählt werden.« Der Rat, für den er auf Vorbilder in Israel und Ungarn verweist, hätte zudem »ein parlamentarisches Rede- und möglicherweise ein aufschiebendes oder vollständiges Vetorecht«.[210]

Der Sachverständigenrat für Umweltfragen, ein auch als Umweltrat bekanntes weiteres Beratungsgremium der Bundesregierung, schlug 2019 in einem Sondergutachten einen zusätzlichen »Rat für Generationengerechtigkeit« vor. Das neue Gremium soll »mit Möglichkeiten zur Stellungnahme« an Gesetzgebungsverfahren beteiligt werden, wenn künftige Generationen betroffen sind. Dazu soll es ein auf drei Monate begrenztes »suspensives Vetorecht in Bezug auf Gesetzentwürfe im Falle schwerwiegender Bedenken« erhalten.[211]

Wenn Regierungsberater das Parlament aushebeln wollen

Wann sind künftige Generationen von Gesetzesmaßnahmen betroffen? Sicher nicht nur bei Maßnahmen zum Umwelt- und Klimaschutz, sondern auch zur Rentenpolitik, zu Steuerfragen, zu Sozialstaatlichkeit, Pflege- und Krankheitswesen, zur Migration, zur EU-Integration, zur

Verteidigungspolitik, zur Außenpolitik. Man muss lange überlegen, um auf Gesetze zu kommen, die ausschließlich für das Hier und Jetzt gelten. Der Rat für Generationengerechtigkeit sollte »idealerweise« eine »verfassungsrechtlich verankerte und demokratisch legitimierte Institution von bedeutendem politischem Gewicht sein, die als parteipolitisch neutral wahrgenommen wird«, so der Umweltrat. »Seine Mitglieder, die Sachverstand in den Bereichen nachhaltiger Umwelt-, Sozial- und Wirtschaftspolitik vereinen, sollten daher unabhängig sein.« Sie könnten je zur Hälfte von Bundestag und Bundesrat »für zwölf Jahre ohne Wiederwahlmöglichkeit gewählt werden«.

Das Gremium, heißt es weiter, würde »über ›Hard Power‹ verfügen, da es die am Gesetzgebungsprozess beteiligten Akteure notfalls zwingen kann, sich mit den Interessen künftiger Generationen im Abwägungsprozess auseinanderzusetzen«. Und: »Bereits die Androhung eines Vetos im laufenden Gesetzgebungsverfahren dürfte regelmäßig zu Änderungen des Gesetzesvorhabens führen.« Im siebenköpfigen Umweltrat, durchweg renommierte Professoren, hatte sich per Minderheitsvotum nur ein einziges Mitglied, Lamia Messari-Becker, Bauingenieurin und Expertin für nachhaltiges Bauen, gegen diese Aushöhlung der Demokratie ausgesprochen. Ein solcher Rat sei »nicht vereinbar mit der parlamentarischen Demokratie, die im Grundgesetz verankert ist«, sagte sie dem Autor.[212]

Hingegen befürwortet Lisa Badum, klimapolitische Sprecherin der Grünen-Bundestagsfraktion, »ausdrücklich die Diskussion darüber, wie wir die Bevölkerung, auch die Klimabewegung und die Mehrheit des Bundestags, enger zusammenbringen. Im Moment klafft da eine riesige Lücke.« Darum, so die oberfränkische Bundestagsabgeordnete, finde sie die »Idee eines Vetos über einen ›Rat für Generationengerechtigkeit‹ gut und bedenkenswert«.[213]

Zur Erinnerung: Bundesregierung, Bundesrat oder mindestens fünf Prozent der Bundestagsabgeordneten können bislang Gesetzentwürfe einbringen. Der Bundestag muss in allen Fällen entscheiden, bei »zustimmungspflichtigen Gesetzen« ist auch das positive Votum des Bundesrats nötig. Dieses bewährte Verfahren soll gekippt, zumindest aber geschwächt werden. Und da es um Gesetze mit Auswirkungen auf künftige Generationen geht, ist faktisch kein Gesetzesbereich davon ausgenommen.

Was, wenn Politik und Wissenschaft in zehn Jahren zu dem Ergebnis kommen sollten, dass nun doch die richtigen Maßnahmen ergriffen seien und man die Klimakrise in den Griff bekomme – aber nun droht plötzlich eine ökonomische Weltkrise. Oder eine sicherheitspolitische. Konsequenterweise müsste das Parlament dann auch offen stehen für weitere Gremien mit Volkswirten oder Generälen – und jeweils mit der Kompetenz, die Gesetze der dafür gewählten Repräsentanten der Bevölkerung, des obersten Souveräns also, zu stoppen oder zu verändern.

»Wir bewegen uns in Richtung Ökodiktatur«, warnte der Ökonom Carl Christian von Weizsäcker bereits 2011.[214] In der *FAZ* schrieb er, der Wissenschaftliche Beirat der Bundesregierung Globale Umweltveränderungen (WBGU), eines von vielen Beratungsgremien des Kabinetts, habe eine »große Transformation« gefordert, die »an Veränderungsumfang der industriellen Revolution oder der ›neolithischen Revolution‹ nicht nachsteht« – also dem Übergang vom nomadischen Leben der Urmenschen zur sesshaften Agrarwirtschaft, der sich über mehrere Jahrtausende hinzog. Weizsäcker sieht nur ein historisches Ereignis, »dessen führende Akteure sich ebenfalls als Träger einer derartig fundamentalen Umwälzung gesehen haben. Es ist dies die russische proletarische Revolution von 1917 unter der Führung des bolschewistischen Flügels der Kommunistischen Partei mit ihrem charismatischen Chef Wladimir Lenin.«[215]

Was Herbert Gruhl wirklich wollte

Dem konservativen Vordenker der Grünen, Herbert Gruhl, wird regelmäßig vorgeworfen, er sei Befürworter einer Ökodiktatur gewesen, weil er keinen anderen Weg zur Rettung der Welt gesehen habe. Das ist falsch. Tatsächlich zitiert der einstige Christdemokrat in seinem Klassiker *Ein Planet wird geplündert*, angesichts der erschöpften Ressourcen und unmittelbar bevorstehenden Verteilungskämpfe sei eine Weltregierung nötig, eine globale Instanz, und sie »müsste tatsächlich, um Erfolg zu haben, die gesamte Verteilung von Rohstoff- und Energiequellen und besonders von Nahrungsmitteln auch gegen den Willen der einzelnen Länder regeln können. Ja, sie müsste auch die erlaubte Kinderzahl für jedes Volk festsetzen und Verstöße ahnden.«[216] Proteste dagegen könne sie nicht dulden, die Menschen müssten »zwangsläufig organisiert werden wie ein Ameisenhaufen oder ein Bienenstock. Dies führt zu weniger Freiheit, und das ist ganz natürlich.« Und weiter: »Diese Diktatur müsste unter Umständen härter sein als die stalinistische es war, da ihr jeder Ausweg auf Kosten der Erde verwehrt ist.«[217]

Aber, so kommt Gruhl endlich zum Punkt, »die ›Eine Welt‹ ist ein typisch menschliches Hirngespinst«. Zu einer Weltregierung werde es »nie kommen«. Es sei sinnlos, lautet Gruhls Fazit, »neue Utopien zu entwickeln, die auf die Entwicklung nicht den geringsten Einfluss haben«.[218]

In seinem späteren Buch, *Himmelfahrt ins Nichts*, zitiert Gruhl den französisch-amerikanischen Umweltaktivisten René Dubos mit der drastischen Prognose, dass eine »Überbevölkerung aller Wahrscheinlichkeit nach psychologische Schäden verursachen werde. Für einige übervölkerte Populationen mag dann Gewalt oder sogar die Atombombe eines Tages keine Drohung mehr sein, sondern eine Befreiung.«[219]

Der zur Ausführlichkeit tendierende Gruhl macht sich die Idee jedoch nicht zu eigen, sondern würgt sie gute 100 Seiten später ab: Er habe zur Idee einer »totalen Weltregierung« schon in seinem ersten Buch gesagt, »dass sie weder realisierbar ist noch wünschenswert wäre«. Und weiter: »Den Vorwurf, ich hätte dort eine Weltdiktatur gefordert, haben sich einige Ignoranten aus ihren roten Fingern gesogen.« Eine Weltregierung müsste nämlich allen Streit in der Welt mit Gewalt unterdrücken: »Ein ökologisches Gleichgewicht entsteht jedoch nur aus einem Gleichgewicht *streitender* Mächte, wie die gesamte Evolutionsgeschichte zeigt.«[220]

Die »roten Finger« dürften eine Anspielung auf die einstige Parteifreundin Jutta Ditfurth gewesen sein, die Gruhl immer wieder »ökofaschistische Positionen« vorgeworfen hat. So habe Gruhl es im *Himmelfahrts*-Buch »für erörterungswert« gehalten, gegen die »zu vielen Menschen in der ›Dritten Welt‹ notfalls die Atombombe einzusetzen«, empörte sich die Ökosozialistin.[221]

Was Gruhl als Überlegung zwar erörterte, aber entschieden verwarf, nämlich die Errichtung einer Ökodiktatur, wird in der Partei heute, soweit zu erkennen, von niemandem erwogen. In der grünen Blase aber, jenem gesellschaftlichen Trend mit dem Anspruch auf eine intellektuelle Hegemonie, wird die Klimadebatte inzwischen ausgesprochen rigoros geführt. Roger Hallam, Gründer und Drahtzieher der auf zivilen Ungehorsam spezialisierten Aktivistengruppe Extinction Rebellion, hält Gesetzesbrüche für völlig legitimiert, wie an anderer Stelle ausführlich dargelegt wird. Der einstige Biobauer aus Wales sagt, möglicherweise sei ein Sturz der Regierung nötig, wobei vielleicht einige sterben würden.[222]

Die Tyrannei der Tugend

Eine Tyrannei der Tugend wird heraufbeschworen, wenn über Verbote für Flüge, für Autos mit fossilem Verbrennungsmotor, für Rindfleisch diskutiert wird, bevor es adäquaten und bezahlbaren Ersatz gibt. So singt der Wirtschaftswissenschaftler Niko Paech, Volkswirt an der Uni Siegen und Verkünder einer »Postwachstumsökonomie«, das Lied eines neuen Calvinismus. Unter anderem in einem Deutschlandfunk-Interview forderte er eine sehr hohe CO_2-Steuer, die »uns die Urlaubsflüge, den Fleischkonsum, den Wohnraum, das Autofahren und den übermäßigen Konsum madig machen« würde, so der Hochschullehrer. Paech fordert einen »Rückbau der Industrie« Würden wir die wöchentliche Arbeitszeit von derzeit 40 Stunden »und damit auch das Einkommen« auf eine »30- oder 20-Stunden-Woche« senken, dann wäre dies ein Beitrag zum Klimaschutz. In der »freigesetzten Zeit« sollten sich die Menschen nützlich machen. Und »ganz wichtig« sei die gemeinsame Nutzung von Autos, von Gärten, von Werkzeugen, um die industrielle Produktion zu reduzieren, verkündet der Vulgär-Rousseauist und Ökosozialist.

Paech fordert einen »Aufstand der Handelnden, der sich dem Steigerungswahn verweigert«, und »tatsächlich im zwischenmenschlichen Bereich wieder ein Regulativ«. Wie das aussehen solle? Er hoffe, dass »Menschen auch wieder untereinander anfangen« zu diskutieren und sich zu kritisieren – »einen Streit beginnen dergestalt, dass ich meinem Nachbarn sage: Hör' mal, warum hast du 'ne Kreuzfahrt gebucht? Wer gibt dir das Recht, 'nen SUV zu fahren? Warum musst du eine Flugreise in den Skiurlaub auch noch tätigen? Das muss in Familien, das muss in Schulen, das muss in allen öffentlichen Institutionen, in allen Gesprächen, in allen Wirtshäusern Thema sein!«[223]

Man sieht ihn bildlich vor sich, den von Paech erhofften postwachstumsökonomischen Stammtisch im Wirtshaus »Zum flinken Radler«, wo SUV-Besitzer und Urlauber Selbstkritik üben. Es sitzen dort Männer und Frauen, allesamt in Jutesäcke gekleidet, man trinkt Wasser vom letzten Regenfall, natürlich nicht erwärmt, und zwischendurch bringt die Köchin eine irdene Schüssel voller Kartoffeln mit Sauerampfersalat aus dem selbst gedüngten kleinen Garten. Löffel und Gabel gehen reihum.

Paech ist kein Grüner, er hält sie für »grenzenlose Opportunisten« – sie sind ihm erkennbar nicht konsequent genug. Der Professor versichert ausdrücklich, er wolle keine Ökodiktatur, alle seine Ziele sollten durch vorbildhafte Aktionen von CO_2-Aktivisten popularisiert und letztlich von der Allgemeinheit übernommen werden. Er gehört damit zu jenen Intellektuellen, die das, was von den Grünen propagiert wird, nämlich eine rasche CO_2-Neutralität, mit radikaler Konsequenz und unter Verzicht auf Wachstum einfordern.

Ähnlich argumentiert der britische Sozialwissenschaftler Andrew Sayer, nach dessen Meinung der Kapitalismus »mit der Rettung des Planeten nicht kompatibel ist«. Der Professor der Lancaster University erklärt ganz offen: »Ja, wir können uns die Reichen nicht leisten, aus Gründen des Umweltschutzes wie der wirtschaftlichen und sozialen Gerechtigkeit. Sobald es aber um Umweltbelange geht, müssen wir nicht nur über die Reichen sprechen, sondern über viele von uns in den reichen Ländern, deren CO_2-Bilanz zu hoch ist.« Die Konsequenz? Weil laut John Urry Öl für »mindestens 95 Prozent« aller Transportenergie genutzt wird,[224] schreibt Sayer: »Ob wir wollen oder nicht – solange nicht eine wundersame neue, kohlenstoffarme Energieform auftaucht, werden künftige Generationen sich mit einer stark eingeschränkten Mobilität abfinden müssen.«[225] Keiner der vorgenannten Denker will eine Tyrannis, vielleicht abgesehen von Roger Hallam. Doch der Weg zur Hölle ist bekanntlich mit guten Vorsätzen gepflastert, und das Ziel scheint stets die Mittel zu rechtfertigen, bei Johannes Calvin ebenso wie bei Niccolò Machiavelli.

Während der Französischen Revolution gab es den Wohlfahrtsausschuss, der der »öffentlichen Wohlfahrt« dienen sollte und von Maximilian de Robespierre in das zentrale Instrument des jakobinischen Terrors umfunktioniert wurde – bevor »der Unbestechliche« selbst unter der Guillotine landete. Im Iran hat der religiöse Wächterrat das Recht, Gesetze des Parlaments auf ihre Übereinstimmung mit den Prinzipien des Islam zu überprüfen und gegebenenfalls zu stoppen. Daneben gibt es im Iran und anderen muslimischen Ländern eine »Religionspolizei«, die unislamische Produkte wie Barbiepuppen konfiszieren, Männer, die sich mit unverheirateten Frauen unterhalten, verhaften und Frauen mit lackierten Fingernägeln auspeitschen darf. In keiner dieser Gesellschaften war eine solche Entwicklung zu Beginn absehbar, auch nicht im Iran, wo Ayatollah Khomeini aus dem Exil in Frankreich eine islamische Republik nach dem Muster der französischen Republik versprach: »Menschen gehen zur Wahl, bestimmen ihre Vertreter und es gibt eine Verfassung.« Von der Scharia, dem Schleierzwang für Frauen oder der Verfolgung von Homosexuellen sprach der Ayatollah nicht.[226]

Zeit-Journalist Bernd Ulrich ruft in seinem Buch über das *Zeitalter der Ökologie* nicht nach einer Diktatur, wohl aber nach dem ordnenden Staat. Er soll der »wissenden Ignoranz« der Gesellschaft endlich Regeln setzen, damit die Belange des Klimaschutzes erreicht werden. »Wir sind nicht radikal genug«, klappentextet Ulrich – doch so richtig rückt der einstige Büroleiter der Grünen dann leider nicht heraus mit der Sprache, wie diese Regeln aussehen sollen. Irgendwo ironisiert er mal, solange man »für 30 Euro nach Rom fliegen kann«, bedürfe es eines »asketischen Heldentums, darauf zu verzichten«. Aber dann spricht er von den Billionen Euro, »die nötig sind, um die Klimawende binnen eines Jahrzehnts zu schaffen«, und das lässt sich kaum durch einen CO_2-Aufschlag auf derartige Tickets erwirtschaften – und durch das Verbot dieser Flüge ebenso wenig.[227]

Der österreichische Sozialphilosoph Friedrich August von Hayek hat die Vorstellung, dass der Mensch »die Welt um sich nach seinen Wünschen formen kann«, als »verhängnisvolle Anmaßung« von Wissen bezeichnet. So sei der Sozialismus als eine der einflussreichsten politischen Bewegungen unserer Zeit von nachweislich falschen Voraussetzungen ausgegangen und habe – entgegen den guten Absichten und trotz der herausragenden Intelligenz mancher seiner Vertreter – den Lebensstandard und sogar das Leben eines Großteils der Menschheit gefährdet.

Die Frage des FDP-Bundestagsabgeordneten Oliver Luksic, ob es bald eine »Grüne Armee Fraktion« geben könne, mag abwegig scheinen. Aber die grüne Bewegung muss sehr aufpassen, nicht die Fehler des wohlmeinenden und Leid verursachenden Sozialismus zu wiederholen.

DIE ANTI-SPD-PARTEI

In Bonn regiert Helmut Schmidt, und der SPD-Kanzler ist nicht sonderlich beeindruckt, als in verschiedenen Bundesländern ökologische Listen entstehen. Die Bewegung der Grünen sei ein Phänomen jener kulturpessimistischen Technikfeindlichkeit, wie sie in wirtschaftlich erfolgreichen Ländern eben vorübergehend modern sei. »Umweltidioten«, nennt Schmidt sie und ist 1979 überzeugt: »Diese Mode ist in zehn Jahren sowieso vorbei.«[228]

Doch die so Gescholtenen sollten bleiben. Die grüne Bewegung entstand, rund drei Jahre vor dem Machtantritt Helmut Kohls, als Kampfansage an die herrschende Sozialdemokratie.

Nicht einmal mehr Willy Brandt, SPD-Vorsitzender und Bundeskanzler, genoss in linken Studentenkreisen noch Ansehen, obwohl er als während der NS-Zeit nach Norwegen emigrierter Widerstandskämpfer »den anderen Deutschen« verkörperte. Doch als Kanzler fasst er zusammen mit den Ministerpräsidenten 1972 den »Extremistenbeschluss«, der später »Radikalenerlass« hieß und nach Ansicht der 68er eigentlich nur politische Handhabe gegen links liefern sollte. Brandt selbst bezeichnete den Beschluss am Ende seiner politischen Karriere als seinen größten politischen Fehler.[229]

Auch Franz Josef Strauß, unter dem sich die CSU für Kernenergie »wie keine andere Partei stark machte« (Winfried Kretschmann),[230] geriet zur Hassfigur der Linken. Auf den damals noch gut besuchten Ostermärschen, einem jährlichen Höhepunkt im Kalender alternativer Protestler, warnten Transparente: »Bekommt der Strauß Atomkanonen, so werden wir bald im Himmel wohnen.«

Aber ihre Initialzündung bezogen die Grünen aus der Politik von Schmidt, der wiederum konterte: »Ich kann diese Oberstudienräte nicht leiden, die ihre Lebensängste auf die Kernenergie projizieren.« Der eins-

tige Wehrmachtsoffizier, spätere Hamburger Innensenator, Bonner Fraktionschef und Verteidigungs- sowie Finanzminister, war in jener Phase so
prägend, dass Daniel Cohn-Bendit später sagen sollte, erst der von Schmidt
initiierte Nato-Doppelbeschluss und sein Engagement für die Atomenergie hätten Anfang der Achtzigerjahre die Menschen in Massen mobili-
siert. Darum seien die Grünen »praktisch die Kinder seiner Politik«.[231]

Ähnlich positionierte sich die gesamte SPD. Bundesgeschäftsführer
Egon Bahr sah in den Grünen eine »Gefahr für die Demokratie«. Erhard
Eppler, der pazifistisch inspirierte Partei-Linke, verglich die Grünen mit
den Marschkolonnen der SA.[232] Noch 1986 legte der für seine Schimpfka-
nonaden berüchtigte vormalige SPD-Fraktionschef Herbert Wehner aus
dem Unruhestand nach. »Grün ist jetzt die Mode, nicht? Vorher gab es
auch schon viele solche – ich scheiß' darauf.« Die Grünen seien »ein Verein, der sich gegründet hat, und der das eine Weile machen und wieder
auseinandergehen wird«, befand Wehner. »Die Grünen werden nur sehr
kurz leben.«[233]

Am linken Flügel der SPD hatte es seit Jahren Widerstand gegen
Atomkraft gegeben. Die SPD-Südhessen etwa war in ihrer Ablehnung
eindeutig. Aber erst der Nürnberger Parteitag 1986 beschloss unter dem
Eindruck von Tschernobyl, dass die Bundesrepublik aus der Atomkraft
aussteigen solle. Doch es ging im Ringen zwischen Grünen und SPD
ursprünglich um mehr als Kernenergie, es ging um die Systemfrage. Grü-
nen-Vorstandssprecher Rainer Trampert erklärte: »Wir stehen in grundsätzlicher Opposition zu einem System, das ökonomisch nur am Leben
gehalten werden kann, wenn es unablässig Kapital anhäuft.«[234] Otto
Schily, grüner Bundestagsabgeordneter und später sozialdemokratischer
Innenminister, schlug hingegen bereits vor, die Grünen sollten »mit der
SPD einen Dialog aufnehmen, in welchem Handlungsrahmen eine rot-
grüne Regierung auf Landes- oder Bundesebene arbeiten könnte«.[235]

Und Joschka Fischer argumentierte im gleichnamigen Sammelband
für das »neue Bündnis« von SPD und Grünen – aber es werde »seine Zeit
brauchen, wohl über 1987 hinaus (wobei ich gerne ein großes ›leider‹
hinzufüge)«.[236] In dem Jahr, da er dies schrieb, wurde er Umweltminister
in Hessen.

»Rumms, das saß«:
Wie Schröder Fischer ausknockte

Der hessischen SPD war die Hinwendung zu den Grünen nicht leichtgefallen. »Wenn die Sozialdemokraten jetzt auf Landesebene den Kontakt mit den Grünen knüpfen, dann ist das nicht weniger als der Versuch, viele der Grünen-Wähler mittelfristig wieder in das parlamentarische System zurückzuführen. Und möglichst wieder zurück zur SPD«, so der Journalist Claus-Jürgen Göpfert.[237]

Bevor es 1998 zur rot-grünen Koalition auf Bundesebene unter maßgeblicher Beteiligung Fischers kam, hatte der spätere Kanzlerkandidat Gerhard Schröder die Verhältnisse klar gerückt. In einem *Stern*-Streitgespräch 1997 hatten die Journalisten eine harmlos klingende Eröffnungsfrage in die Runde geworfen: »Rot-Grün mit Kanzler Schröder und Vizekanzler Fischer: Traumehe, Alptraum oder Traum?« Der vorwitzige Grüne schoss vor: »Über Ehen sollten ausgerechnet wir beide besser nicht reden.« Und Schröder zog nach: »Mir missfällt mehr die Reihenfolge. In einer rot-grünen Konstellation muss klar sein: Der Größere ist Koch, der Kleinere ist Kellner. Dies nicht zu akzeptieren, ist eine typische Form grüner Überheblichkeit.«

Fischer blickte auf die Szene später mit Groll gegen Schröder und noch mehr gegen sich selbst zurück: »Rumms! Das hatte gesessen. Der Rest des Streitgesprächs war dann wirklich nur noch Streit.« Schröders »schwerer rechter Aufwärtshaken« habe ihn »völlig überrascht«, und »obgleich ich der Leidtragende dieser gekonnten Attacke war, musste ich neidlos anerkennen, dass Schröder auf den Punkt getroffen hatte, denn damit hatte er ein Bild gesetzt für die Beziehung zwischen Rot und Grün, das nicht mehr wegzubekommen war.«[238]

Tempi passati: Dass die Grünen »Fleisch vom Fleische der SPD« seien, ist zwar nicht gänzlich gedeckt hinsichtlich der Wählermilieus. Aber beide Parteien bilden, zusammen mit der Partei Die Linke, das linke Lager in Deutschland. Insbesondere nach der Bundestagswahl 2017 ließ sich beobachten, dass die Erfolge der Grünen auf Wählerwanderungen zwar auch aus der Union, vor allem aber von den Sozialdemokraten zurückzuführen sind. So wurde aus dem Projekt Rot-Grün eine vage Aussicht auf Grün-Rot-Rot. Ein Dutzend Jahre nach dem Ende von Rot-Grün ist die SPD gewaltig unter die Räder gekommen. Sie landete, außer 2019 in Bremen und Brandenburg, bei allen Landtagswahlen und der Europawahl zuverlässig hinter den Grünen und blieb in Sachsen gar einstellig (wie die Grünen allerdings auch). Inzwischen kocht der ehemalige Kellner, er heißt heute nicht mehr Fischer, sondern eher »Annabert Habock«. Und dass ein entmachteter Koch namens Norbert Walter-Borjans oder Saskia Esken beim nächsten Gastro-Event auf Bundesebene überhaupt dabei sein wird, ist nicht sonderlich wahrscheinlich – aber wenn, dann trägt er die Speisen nur noch auf, er bereitet sie schon lange nicht mehr zu.

GRÜNEN-PRINZIPIEN: BASISDEMOKRATIE, IMPERATIVES MANDAT, ROTATION UND PROMI-VERBOT

In der Theorie klang es so paradiesisch, in der Praxis ging es den Erfindern rasch auf den Geist: Basisdemokratie, das war der Kern der von den Grünen versprochenen Neuerung der Politik. Aber sie waren noch nicht einmal im Bundestag, da war Ernst Hoplitschek, seit einem Jahr Mitglied des Bundesvorstands, dieser Idee schon überdrüssig. Basisdemokratie sei eine »Schimäre«, klagte der Ökolibertäre im *Spiegel*-Interview. »Echte Basisdemokratie funktioniert nur, wenn die Basis Vertrauen zu ihren eigenen Repräsentanten hat. Das läuft bei uns aber ganz seltsam. Bei uns kann sich die Basis das Recht herausnehmen, von nichts eine Ahnung zu haben. Funktionäre, die abgewichen sind vom Konsens, müssen sich von diesen Graue-Maus-Prototypen an- oder abschießen lassen. Die Guillotine steht immer bereit.«[239]

Das Bekenntnis zur direkten Demokratie war zugleich ein programmatischer Anschlag auf die repräsentative Demokratie, den Kern des Grundgesetzes. Das Misstrauen gegen das »System«, die Forderung nach Abschaffung des Verfassungsschutzes und die Infragestellung der Verfassung selbst, deren institutioneller Kern, die repräsentative Demokratie, man aus »basisdemokratischer« Überzeugung ablehnte, gehörten zu den grünen Gründungsprinzipien. »Die Grünen sind in Parlamente gekommen, ohne diese sonderlich ernst zu nehmen; was in ihnen zu tun sei, dazu gab es kaum Vorstellungen«, schrieb Thomas Schmid, einst Mitglied der linksradikalen Gruppe »Revolutionärer Kampf« und später als bürgerlicher Journalist unter anderem Chefredakteur und Herausgeber der *WELT*.[240]

So sagte die dem gemäßigten Parteiflügel zuzurechnende Marieluise Beck-Oberdorf in ihrer Jungfernrede 1983 im Bundestag: »Wenn dieses Parlament noch einen Sinn haben soll ...« In einer späteren Debatte sprach sie vom »sogenannten Hohen Haus«.[241] Gertrud Schilling, damals hessische Landtags- und später Bundestagsabgeordnete, erklärte 1982 nach einem Sympathietrip zum libyschen Staatspräsidenten Oberst Muammar Gaddafi: »Die Grünen haben sich zum Ziel gesetzt, die Parlamente abzuschaffen, das heißt, direkte Demokratie zu praktizieren.« Gaddafi bedankte sich mit nützlichen Tipps wie dem zu massenhaften Protesten und Demonstrationen gegen die Stationierung von US-Waffen, vor allem auf den US-Basen. Wasser und anderer Nachschub müssten so gestoppt werden.[242]

Misstrauen gegen den Parlamentarismus

Roland Vogt, ein anthroposophischer Gründungs-Grüner, prägte die Formel, die Partei solle »das parlamentarische Spielbein, die außerparlamentarische Bewegung das Standbein« sein. »Wir haben damals nicht genug bedacht, dass irgendwann der Elan der Bewegungen so stark nachlässt, dass am Ende das Standbein schwächer ist als das Spielbein«, bilanzierte Vogt zehn Jahre nach der Gründung.[243]

Noch im Programm zur Bundestagswahl 1987 wurden die Vorbehalte gegen den Parlamentarismus deutlich: »Die Macht liegt nicht in den Händen des Souveräns, der Bevölkerung, sondern bei jenen einflussreichen Gesellschaftsgruppen und Parteien, die auf der Seite der wirtschaftlichen und militärischen Interessen standen und noch heute stehen.«[244] Und im Wahlprogramm 1990 hieß es: »Die Parlamente, die sich durch die undemokratische 5%-Klausel gegen BürgerInnenprotest abschotten wollen, können eine lebendige Demokratie von unten nicht ersetzen.«[245]

Das erste Bundesprogramm der jungen Partei von 1980 gründete auf vier Prinzipien, und jedes Prinzip bedeutete eine Absage an das bestehende System. Man verstand sich, entsprechend einer Formulierung von Petra Kelly, als »Anti-Parteien-Partei« und nahm diesen Anspruch ernst.

Ökologisch wurde antikapitalistisch definiert als »eine umfassende Absage an eine Wirtschaft der Ausbeutung und des Raubbaus an Naturgütern und Rohstoffen sowie zerstörerischer Eingriffe in die Kreisläufe des Naturhaushalts«.

Sozial wurde als Gegenentwurf zum Markt verstanden: »Sowohl aus der Wettbewerbswirtschaft als auch aus der Konzentration wirtschaftlicher Macht in staats- und privatkapitalistischen Monopolen gehen jene ausbeuterischen Wachstumszwänge hervor, in deren Folge die völlige Verseuchung und Verwüstung der menschlichen Lebensbasis droht.«

Gewaltfreiheit wurde »uneingeschränkt und ohne Ausnahme zwischen allen Menschen« eingefordert, jedoch mit einem Spielraum, der illegale Aktionen, Blockaden, auch Gewalt gegen Sachen, mindestens zuließ, wenn nicht gar einforderte: »Gewaltfreiheit schließt aktiven sozialen Widerstand nicht aus, bedeutet also nicht die Passivität der Betroffenen. Der Grundsatz der Gewaltfreiheit bedeutet vielmehr, dass zur Verteidigung lebenserhaltender Interessen von Menschen gegenüber einer sich verselbständigenden Herrschaftsordnung unter Umständen auch Widerstand gegen staatliche Maßnahmen nicht nur legitim, sondern auch erforderlich sein kann (z. B. Sitzstreiks, Wegesperren, Behinderung von Fahrzeugen).«

Basisdemokratie, im Reigen dieser vier programmatischen Grundsätze an dritter Stelle genannt, war das eigentliche Herzstück des grünen Selbstverständnisses: »Wir gehen davon aus, dass der Entscheidung der Basis prinzipiell Vorrang eingeräumt werden muss. Überschaubare, dezentrale Basiseinheiten (Ortsebene, Kreisebene) erhalten weitgehende Autonomie und Selbstverwaltungsrechte zugestanden. Basisdemokratie bedarf jedoch einer zusammenfassenden Organisation und Koordination, wenn ökologische Politik in der öffentlichen Willensbildung gegen starke Widerstände durchgesetzt werden soll.«[246]

Zur Basisdemokratie gehörten das Gebot der Rotation, das Verbot der »Ämterhäufung« und das imperative Mandat: Eine »zeitliche Begrenzung aller politischen Ämter (Rotierendes System)« mit der Möglichkeit der »einmaligen Wiederwahl«; eine Trennung von Amt und Mandat (»gleichzeitige Vorstandstätigkeit auf Kreis-, Landes- und Bundesebene sind untersagt«); und »die ständige Kontrolle aller Amts- und Mandatsinhaber und Institutionen durch die Basis« sowie die »jederzeitige Ablösbarkeit« wurden postuliert.

»Aus der Rätedemokratie«, so schreibt Volmer, hätten die Grünen die leitende Idee des »imperativen Mandats« entlehnt, das Abgeordnete an basisdemokratische Beschlüsse binden sollte. »Diese Idee verletzte massiv das verfassungsmäßig garantierte freie Mandat«, räumt der Parteilinke und spätere Staatsminister im Auswärtigen Amt ein. Aber sie war nicht nur verfassungs-, sondern auch wirklichkeitsfern, wie sich nach dem Einzug in den Bundestag 1983 rasch zeigte.

»Wo ist die Weisung der Basis?, fragten MdBs süffisant, wenn sie an einem Donnerstag im Parlament mehrere Dutzend Abstimmungen zu absolvieren hatten«, so Volmer. Das Entscheidungstempo habe sich als so hoch und die Materie als so komplex erwiesen, dass entsprechende Klärungsprozesse unmöglich waren. Obwohl die Basis und für verschiedene Themen rasch eingerichtete Bundesarbeitsgemeinschaften »oft auf direkter Weisungsbefugnis beharrten, konnten ihre Beschlüsse faktisch nur als Orientierungsrahmen gelten«. [247]

Öffentlich ätzte der gänzlich undogmatische Winfried Kretschmann, das Volk wolle in Ruhe gelassen werden von der Politik und sich nicht um alles scheren müssen; deshalb habe es Stellvertreter gewählt. Mit diesem ersten kämpferischen Plädoyer für die repräsentative Demokratie blieb er laut Volmer »lange allein«. [248]

Nach dem Artikel 38 des Grundgesetzes werden die Bundestagsabgeordneten »in allgemeiner, unmittelbarer, freier, gleicher und geheimer Wahl gewählt«. Sie sind damit »Vertreter des ganzen Volkes, an Aufträge und Weisungen nicht gebunden und nur ihrem Gewissen unterworfen«. Das verträgt sich nicht einmal mit einer schriftlichen Erklärung gegenüber Parteigremien, man werde nach zwei Jahren seinen Platz räumen.

Die Basisdemokratie hat bei den Grünen gleichwohl bis heute ein großes Gewicht, erzählt dem Autor im Herbst 2019 ein prominentes Bundesvorstandsmitglied. Oft schickten Orts- oder Kreisverbände neue und gänzlich unerfahrene Mitglieder, die erst ein paar Wochen zuvor das Beitrittsformular unterschrieben hatten, zu Landes- oder Bundesdelegiertenkonferenzen, gewissermaßen als Belohnung fürs Aktivwerdenwollen und zur Festigung der Bande. Mitunter kommt ein sehr pragmatisches Argument hinzu: Der örtliche Bundestagsabgeordnete kann dank Streckenkarte der Bundesbahn kostenlos anreisen, das interessierte Neumitglied müsste zahlen – also wird es delegiert und kann dann die Fahrt- und Übernachtungskosten abrechnen. Das ist aufregend für die Betroffenen, sorgt in der Parteispitze aber auch für Unmut, weil man es in Abstimmungen über wichtige programmatische Dauerbrenner mit Delegierten zu tun hat, die im Thema überhaupt nicht drin sind. So wurden Ende August 2019 beim Parteitag der hessischen Grünen in Königstein im Taunus unter 400 Delegierten etwa 50 Neumitglieder begrüßt. Jeder achte Delegierte hatte also wenig Ahnung vom Ablauf des Parteitags.

In der Parteispitze wird längst darüber nachgedacht, den Delegiertenschlüssel so zu ändern, dass die Bundestags- und vielleicht auch Landtagsabgeordneten automatisch Stimmrecht haben. Ade, Basis, hieße das – aber die ist von solchen Ideen wenig angetan.

Das Prinzip der Rotation hatten die Grünen schon 1978, knapp zwei Jahre vor der Gründung der Bundespartei, auf kommunaler Ebene eingeführt, und 1983 auch für den Bundestag beschlossen. Bei der ersten Bewährungsprobe zur Mitte der insgesamt vierjährigen Legislaturperiode, 1985, wurde es »weitgehend reibungslos vollzogen«, so Volmer.[249]

»Petra, nach außen müssen wir dich verurteilen«

Wären da nicht die prominenten Ausnahmen gewesen: Bereits bei diesem ersten Praxistest weigerten sich Petra Kelly und Gert Bastian, aus dem Amt zu rotieren. Kellys Argument: Abgeordnete mit reduzierter Amtszeit blieben Amateure und seien in die jeweilige Materie nur oberflächlich eingearbeitet. Dafür bekam sie öffentlich viel Schelte aus der Partei – aber insgeheim Zustimmung. Der Journalist Peter Gatter berichtete aus seinem Gespräch mit Kelly: »... Und schließlich saßen die grünen Prominenten bei ihr im Büro ... und haben gesagt: Petra, das ist toll, dass du das für uns jetzt durchziehst. Aber denke bitte daran, nach außen müssen wir dich natürlich verurteilen.«[250]

1986 wurde die Rotation für die Bundestagsfraktion von zwei auf vier Jahre, also eine volle Legislaturperiode, ausgeweitet. Weil die West-Grünen 1990 nicht in den Bundestag kamen und die weniger ideologisch fixierten Bündnis-Grünen aus dem Osten von diesem Prinzip nichts hielten, wurde es in der verlängerten Form in der Praxis nie eingefordert, sondern 1991 auf dem Parteitag in Neumünster für die Bundesebene abgeschafft.

Die Länder folgten. Kretschmann, schon seit 1980 Abgeordneter im baden-württembergischen Landtag, profitierte als Erster von den wachsenden Zweifeln am Prinzip. Die Südwest-Grünen hatten die Rotation nie formell beschlossen. Als der Kreisverband Freiburg den Landesausschuss 1983 darauf verpflichten wollte, wurde der Antrag abgewiesen und Rotationsgegner Kretschmann gebeten, »wieder zu kandidieren«.[251] Andere Landesverbände waren langsamer. Erst 2003 wurde die Rotation für die niedersächsische Landtagsfraktion beerdigt.

Nicht mehr als »Anti-Parteien-Partei« (Kelly) oder als »Parteiorganisation neuen Typs« (so die Formulierung im Programm von 1980) definierten sich die Grünen seit dem Parteitag in Neumünster 1991, sondern als »ökologische Reformpartei«: Das bis dahin dreiköpfige Sprechergremium wurde gegen eine Doppelspitze als Führung ausgetauscht und die Position eines politischen Geschäftsführers wurde geschaffen.[252] In anderen Parteien heißt er »Generalsekretär«, aber das klingt den Grünen einerseits zu sehr nach kommunistischen Zentralkomitees und andererseits zu militärisch.

Die frühen Grünen wollten keine Stars aufbauen, weil sie verhindern wollten, dass durch mediale Präsenz und Charisma Machtstrukturen jenseits des unverfälschten Basiswillens entstehen würden. Es gab ein »Bilderverbot«, das mit der Entscheidung im Europawahlkampf 1979 begann, nicht die zum Teil bereits sehr bekannten Gesichter der Führungsfiguren und Unterstützer wie Petra Kelly und Herbert Gruhl oder Joseph Beuys und Heinrich Böll zu plakatieren. Stattdessen präsentierten die Plakate symbolische Grafiken wie die Sonnenblume.

Das ist längst Vergangenheit. Spätestens im Wahlkampf 1998 setzten die Grünen auch optisch ganz auf Joschka Fischer, der in der Öffentlichkeit beliebter war als in den eigenen Reihen. Auch einzelne Wahlkreiskandidaten entdeckten die Macht der Visualisierung. Der Berliner Parteilinke Christian Ströbele ließ sich im Wahlkampf 2002 karikieren und ergänzte das Bild als Signal des Unmuts über die Establishment-Politik des Außenministers um den Spruch »Ströbele wählen heißt Fischer quälen«. Im Wahlkampf 2017 dominierten die Konterfeis der Spitzenkandidaten Cem Özdemir und Katrin Göring-Eckardt, beide vom Realo-Flügel. Und im Europawahlkampf 2019 waren Robert Habeck und Annalena Baerbock deutschlandweit mutmaßlich häufiger plakatiert als die Spitzenkandidaten Ska Keller und Sven Giegold, obwohl die Bundesvorsitzenden ja gar nicht zur Wahl standen. »Bloß keine Promis«, das ist Vergangenheit.[253]

1998 gab es erbitterten Streit über die Frage, ob die drei frisch gekürten Bundesminister Joschka Fischer (Außen), Renate Künast (Landwirtschaft, Ernährung und Verbraucherschutz) und Andrea Fischer (Gesundheit) ihre Bundestagsmandate behalten durften. Man gestand es ihnen schließlich zu mit dem Argument, im Falle eines Koalitionsbruchs hätten sie ohne jede berufliche Rückfallposition dagestanden. Das sah die Basis allerdings nicht ein. Im März 2001 wurde auf dem Parteitag in Stuttgart beschlossen, dass grüne Minister im Falle einer Fortsetzung der Koalition mit der SPD ihr Bundestagsmandat zurückgeben müssten – tatsächlich wurde 2002 die rot-grüne Koalition verlängert, aber der Beschluss der Basis ignoriert. Allerdings mussten die amtierenden Parteisprecher Fritz Kuhn und Claudia Roth von einer erneuten Kandidatur für den Parteivorsitz absehen, weil sie nicht auf ihr gerade bestätigtes Bundestagsmandat verzichten wollten.[254] 2003, als die Grünen bereits fünf Jahre im Bund regierten, gab es schließlich eine Urabstimmung unter den Mitgliedern. Zwei von sechs Mitgliedern des Bundesvorstandes dürfen seitdem Abgeordnete sein, nicht aber Minister oder Fraktionsvorsitzende,[255] entschied die Basis mit 66,9 Prozent.

Dass die Idee der Trennung von Amt und Mandat im Januar 2018 bei der erstmaligen Wahl Robert Habecks, damals noch Minister in Kiel, zum Parteivorsitzenden massiv relativiert wurde, haben wir an anderer Stelle gezeigt. Seitdem dürfen für eine Dauer von acht Monaten zugleich Ämter im Bundesvorstand und in einer Regierung wahrgenommen werden.

Wenn die Basis nervt

Und das Primat der Basisdemokratie? Bei diesem Prinzip erlauben sich die Grünen sehr viel Flexibilität. Es gibt offenkundig legitime und weniger legitime Bürgerwünsche. Bürgerinitiativen gegen Atomkraft, gegen Endlagerstätten oder Straßenprojekte waren eine der wichtigsten Wurzeln der Grünen. Von heutigen Initiativen hält die Partei wenig, wenn sie sich gegen Windkraftanlagen oder Trassen zum Transport des Ökostroms durch Deutschland richten.

»Wir haben die gemeinsame Menschheitsaufgabe, unsere eigenen Lebensgrundlagen zu schützen«, argumentierte die stellvertretende Grünen-Bundesvorsitzende Jamila Schäfer im Sommer 2019 im Gespräch mit dem Autor. Man müsse die »Weichen Richtung Klimaschutz« stellen, und »deswegen setzen wir uns natürlich auch mit Bürgerinitiativen auseinander und versuchen, Lösungen zu finden«. Auf den Hinweis, in vielen Fällen klappe das aber nicht und die Bürgerinitiativen blieben bei ihrem Nein, antwortete die eloquente Münchnerin: »Es geht immer darum, den besten Kompromiss zu finden. Aber Politik muss am Ende auch entscheiden.«

Der nie übermäßiger Prinzipienfestigkeit verdächtigte Fischer hatte schon 1999 gefordert, die Grünen müssten sich »endlich als Partei organisieren, mit einem oder einer Vorsitzenden statt Doppelspitze, mit zwei, drei oder meinetwegen auch vier Stellvertretern, mit einem Präsidium oder einem Vorstand, in dem die Landesverbände vertreten sind, mit Geschäftsführerin und Geschäftsführer. Und zwar von der Kreis- bis zur Bundesebene. Sonst verlieren wir unsere Kampagnenfähigkeit.« Die Partei müsse, so der Katholik mit donauschwäbischen Wurzeln, endlich aus der »Zeltmission« heraus und eine »feste Kirche« bauen.[256]

Der Antiparlamentarismus habe eine »lange Tradition in Deutschland«, befand im Rückblick Marieluise Beck, die für die Grünen 1983 erstmals in den Bundestag einzog und zur Wahl 2017 nicht mehr antrat. Sie sei »froh, dass diese Frage heute bei den Grünen geklärt ist, denn auch wir hatten vor Jahrzehnten keine eindeutige Haltung dazu, wie man mit dem Parlament umgehen sollte«. Die Partei hätte damals »an etwas angeknüpft, was durchaus als schwammiger Boden unter unseren Füßen zu bezeichnen ist. Dazu gehört eine gehörige Portion Antiliberalismus.«[257]

GRÜNE UND GEWALT: BRIEFE AN DIE RAF

Die Grünen waren nie eine Partei der Gewalt. Dazu waren zunächst konservative Ökologen wie Herbert Gruhl, linke »Ökopaxe« wie Petra Kelly oder Roland Vogt und später linkspazifistische Christen wie Antje Vollmer und Christa Nickels zu prägend.

Aber die Grünen waren weit über ihre Anfänge hinaus auch keine Partei ganz ohne Befürworter von Gewalt oder ohne Kumpaneien mit gewaltaffinen Gruppen. Die Verletzung von Menschen lehnten sie ab. Doch für die Revolutionsstrategien der K-Gruppen, deren Vertreter seit 1980 vorübergehend die junge Partei dominierten, galten »alle anderen, auch illegalen Aktionen bis hin zu Sabotage, Brandstiftung und Sachbeschädigung jedweder Art als ›gewaltfrei‹ und vom Programm gedeckt«.[258]

Im Bundesprogramm der gerade gegründeten Partei Die Grünen von 1980 las sich das so: »Gewaltfreiheit gilt uneingeschränkt und ohne Ausnahme zwischen allen Menschen.« Dann folgten Einschränkungen: »Das Prinzip der Gewaltfreiheit berührt nicht das fundamentale Recht auf Notwehr und schließt sozialen Widerstand in seinen mannigfachen Varianten ein.«[259]

Dieser Widerspruch zwischen reklamierter Gewaltlosigkeit und selbst definierten Ausnahmen blieb nicht folgenlos für die frühe Parteiphase. So baten im März 1985 die pazifistischen Bundestagsabgeordneten Antje Vollmer, damals Fraktionssprecherin, und Christa Nickels, die viel zu lange politisch ignorierten Terroristen der Roten Armee Fraktion (RAF), Christian Klar und Brigitte Mohnhaupt, »uns die Gelegenheit zu einem Besuch einzuräumen«. Die in Stammheim Inhaftierten wurden im entsprechenden Brief solidarisch geduzt. Die Autorinnen negierten nicht die Verbrechen der RAF und begriffen ihr Schreiben als Geste der Humanität gegenüber Menschen, die man im Dialog von den Vorzügen der Gewaltlosigkeit überzeugen wollte. Aber selbst der damalige grüne Bundestagsabgeordnete und vormalige RAF-Strafverteidiger Otto Schily fragte: »Wie viele Menschen muss man umbringen, um als politischer Gesprächspartner akzeptiert zu werden?«[260]

Völlig überraschend war die Sympathie diverser Grüner für ehemalige Terroristen gleichwohl nicht. In den Landesverbänden hatten einige Mandatsträger selbst eine terroristische Vergangenheit. Dazu gehörte Dieter Kunzelmann, ein linksextremer Antisemit, der gern gegen »Saujuden« hetzte, wegen eines Molotowcocktail-Anschlags auf die Villa eines Journalisten des Axel-Springer-Verlags längere Zeit im Gefängnis verbrachte und von 1983 bis 1985 für die Alternative Liste im Berliner Abgeordnetenhaus saß. Ebenfalls die AL in Berlin wollte 1985 Kunzelmanns Kumpan Gerald Klöpper, einer der Entführer des Berliner CDU-Landesvorsitzenden Peter Lorenz, über die Liste ins Landesparlament wählen lassen. Das scheiterte am Einspruch des Berliner Kammergerichts, das Klöpper die bürgerlichen Ehrenrechte entzogen hatte.[261]

Der RAF-Anwalt als Agentenführer

Persönliche Kontakte zur RAF und anderen europäischen terroristischen Gruppen unterhielt auch Brigitte Heinrich, 1941 in Frankfurt am Main geboren. 1980 wurde die Volkswirtin wegen Waffenschmuggels für ein deutsch-schweizerisch-österreichisches Anarchistennetzwerk zu einer Freiheitsstrafe verurteilt. 1984 boten die Grünen der vormaligen *taz*-Journalistin einen Listenplatz für die Europawahlen an. Heinrich gehörte dem Europäischen Parlament drei Jahre an, bis sie 1987 an einem Herzinfarkt starb. Nach ihrem Tod stellte sich heraus, dass Heinrich seit 1982 als inoffizielle Mitarbeiterin unter dem Decknamen »Beate Schäfer« für das Ministerium für Staatssicherheit (MfS) der DDR spioniert hatte – instruiert von ihrem Lebenspartner, dem RAF-Verteidiger Klaus Croissant, der selbst als »IM Thaler« für die Stasi arbeitete.

Im Juni 1986 organisierte Lars Hennings, Mitglied im schleswig-holsteinischen Grünen-Vorstand und 1987 Kandidat für den Bundestag, eine Demonstration gegen den Bau des Kernkraftwerks in Brokdorf. Zwei Tage vor der Demonstration wurde Hennings, der die Proteste angemeldet hatte, von dpa zitiert: »›Unser Widerstand soll wirkungsvoll sein, ohne dass Menschen gefährdet werden.‹ Die Veranstalter wollten sich aber nicht von vornherein von Steinewerfern distanzieren.«[262] Mit rund 40 000 Anti-Brokdorf-Demonstranten marschierten rund 3000 Autonome, es kam zu massiven Gewalttaten. 80 Polizeibeamte und einige unbeteiligte Passanten wurden zum Teil schwer verletzt. Als die prominenten Grünen Gert Bastian und Petra Kelly die Ausschreitungen kritisierten (»Gewalttäter in unseren Reihen müssen heute wissen, dass sie nicht uns helfen, nicht unserer Sache nützen.«), bezeichnete der Landesvorstand der schleswig-holsteinischen Grünen diese Wortmeldung als »Spaltungsversuch«. Die Nord-Grünen antworteten im August 1986 mit einer »Stellungnahme zur Gewaltdebatte« – bezeichnenderweise im Zentralorgan des Kommunistischen Bundes. »Viele Mitglieder unseres Landesverbandes haben seit '76 an den Kämpfen gegen das AKW-Brokdorf aktiv teilgenommen – an den militanten wie an den gewaltfreien, an den Siegen wie an den Niederlagen ... Ob es uns passt oder nicht: militante Aktionsformen ... sind und bleiben Bestandteil des sozialen Protests in der Bundesrepublik.« Auch Veranstalter Hennings ließ sich nochmals von dpa zitieren: »Es könne ›nicht bestritten werden, dass es Gruppen gibt, die andere Organisationsformen praktizieren‹. Er sei jedoch nicht bereit, sich ›von einzelnen‹ zu distanzieren.«[263]

Jutta Ditfurth, zu jenem Zeitpunkt Vorstandssprecherin der Partei, erklärte 1987 anlässlich des zehnten Jahrestags des Deutschen Herbstes: »Dieser Staat brauchte und braucht immer wieder fast nichts so sehnsüchtig wie den Terror, den Schrecken«, um von seiner angeblich »eigenen tagtäglichen Gewalt abzulenken«.[264] Noch 1996, nur zwei Jahre vor dem Start der rot-grünen Bundesregierung, befürwortete Irene Fröhlich, langjährige Sprecherin des Landesvorstands der Grünen in Schleswig-Holstein und Fraktionsvorsitzende im Landtag, in einer Hörfunksendung »Gewalt gegen Sachen des Atomkraftwerk-Betreibers HEW«.[265]

Längst haben die Grünen ihre Drähte nach Linksaußen gekappt. Ein wenig Revoluzzerfolklore wird indes bis heute gepflegt. Rechtsanwältin

Canan Bayram, die in Berlin 2017 den traditionellen Direktwahlkreis Friedrichshain-Kreuzberg ihres Parteifreundes Hans-Christian Ströbele verteidigen konnte, hegt offen Sympathien für Hausbesetzer und demonstriert auch schon einmal für das verbotene linksextremistische Webportal indymedia.org.[266] Ska Keller, Vorsitzende der Grünen-Fraktion im EU-Parlament, posierte im Brüsseler Plenum mit politischen Freunden unter der Antifa-Fahne und findet nichts dabei. »Ich bin kein Mitglied der Antifa, das ist ja auch kein Verein«, sagte sie dem Autor im Sommer 2019. »Die Leute auf dem Foto sind allesamt Europaabgeordnete, und wir wollen einfach ein Zeichen gegen Rechtsextremismus setzen.«

Das ist allerdings eine sehr schulterzuckende Erklärung. Sich gemein zu machen mit Extremisten an einem Ende des politischen Spektrums, um Flagge zu zeigen gegen Extremisten am anderen Ende, untergräbt den antitotalitären Konsens. Ebenso wenig wie es Neonazis zu Bündnispartnern macht, weil sie gegen Linksextremisten oder Islamisten sind, werden Antifa-Aktivisten zu Alliierten, weil sie Neonazis entschieden ablehnen. Ska Keller lässt derlei Einwände nicht gelten. Dem Autor sagte sie: »Die Bedrohung kommt eindeutig von rechts.«

Dass die Demokratie von rechts attackiert wird, haben die erschütternden Morde des NSU, am hessischen CDU-Kommunalpolitiker Walter Lübcke und eines Antisemiten in Halle gezeigt. Dass die Bedrohung nur aus dieser Richtung komme, ist eine gefährliche Illusion der Grünen.

»BURN CAPITALISM«: FRIDAYS FOR REBELLION

»Millionen von Menschen auf der Erde haben realisiert, dass wir drastische Veränderungen brauchen«, erklärte der einstige Biobauer aus Wales. »Aber es passiert nichts. Das bedeutet, wir müssen Gesetze brechen, damit diese Veränderungen passieren.«[267]

So tönt Roger Hallam, Mitbegründer von Extinction Rebellion, einem Netzwerk von Umweltaktivisten, die das Blockieren des Straßenverkehrs, von Flughäfen oder Automessen als ihren Beitrag zur Rettung der Welt begreifen. Warum sie das tun? »Weil dieses Thema größer ist als die Demokratie, oder wie auch immer Sie das beschreiben wollen, was derzeit noch davon übrig ist. Wenn eine Gesellschaft so unmoralisch handelt, wird Demokratie irrelevant. Dann kann es nur noch direkte Aktionen geben, um das zu stoppen.«[268]

Für Hallam, Jahrgang 1966, sind konventionelle Aktionsformen wie Demos »Schrott, sie haben nicht den nötigen Effekt«. Weil er mit anderen Aktivisten Drohnen aufsteigen lassen wollte, um den Londoner Flughafen Heathrow lahmzulegen, wurde er im Oktober 2019 vorübergehend inhaftiert. Extinction Rebellion, zu übersetzen als »Rebellion gegen das Aussterben«, unterstützte die Aktion nicht, distanzierte sich aber auch nicht. Sie hält erst auf Abstand, nachdem Hallam den nationalsozialistischen Holocaust an den Juden relativiert und als »nur einen weiteren Scheiß in der Menschheitsgeschichte« abgetan hatte.[269]

In einem Kampf auf Leben und Tod sieht Hallam sich und die ihm folgen. »Wir veranstalten keine Konferenzen und Diskussions- und Frage-Antwort-Runden«, sagte er im Februar 2019 bei einer Veranstaltung von Amnesty International. »Wir werden keine E-Mails aussenden mit Spendenbitten. Wir werden die Regierung zwingen zu handeln. Und wenn sie es nicht tun, werden wir sie stürzen und eine passende Demokratie schaffen. Und ja, einige können dabei sterben.«[270] Wer nicht durch den Klimawandel sterben wolle, müsse rebellieren, habe er Studenten am Londoner King's College gesagt. Hallam verließ die Bühne unter freundlichem Beifall der Menschenrechtler auf dem Podium.

Die wenigsten Aktivisten von Extinction Rebellion, abgekürzt als XR, würden wohl so reden wie ihr Gründer. Sie predigen Liebe und Respekt und folgen den Ideen der »gewaltfreien Kommunikation« des US-Psychologen Marshall B. Rosenberg. Wenn sie bei einer Blockade weggetragen werden, bedanken sie sich artig bei den Polizisten.

Was die Gefolgsleute von XR und Fridays for Future (FFF) verbindet, ist die von Selbstzweifeln befreite ökomoralistische Überhöhung des eigenen Standpunkts. Sie wähnen sich im Besitz einer höheren Moral, sehen sich als letzte Hoffnung für einen bewohnbaren Planeten und sind überzeugt, dass die Politiker vor der Aufgabe des Klimaschutzes versagen. Weil demokratisch getroffene Entscheidungen nicht so ausfallen, wie sie es für unbedingt erforderlich halten, demonstrieren sie. Dann blockieren sie. Dann stellen sie den Rechtsstaat in Frage. Und danach?

Laut dem früheren Bundestagspräsidenten Wolfgang Thierse soll Greta Thunberg, die Initiatorin von Fridays for Future, gesagt haben, das Klima vertrage keine Kompromisse. Dieser Satz sei »von erhabener Wichtigkeit und zugleich falsch«, sagte der SPD-Politiker dem Berliner *Tagesspiegel*, denn er enthalte einen »antidemokratischen Affekt«. Demokratische Politik funktioniere »nur Schritt für Schritt, immer auch auf dem Weg von Kompromissen«.[271]

Bundespräsident Frank-Walter Steinmeier warnte davor, in der Debatte über den Klimawandel »die einen gegen die anderen auszuspielen: die Leidenschaft und Entschiedenheit der jungen Menschen auf der Straße gegen die vermeintliche Nüchternheit und Behäbigkeit der demokratischen Verfahren«. Die Enttäuschung über noch nicht Erreichtes dürfe nicht zur Entfremdung von der Demokratie führen.[272]

Die frühere niedersächsische Umweltministerin und Greenpeace-Aktivistin Monika Griefahn (SPD) sagt voraus, dass sich Extinction Rebellion »relativ schnell radikalisieren« werde: »Wer Demokratie ablehnt, lehnt elementare Menschenrechte ab.« Als gefährlich sieht Griefahn Aktionen mit unzähligen Beteiligten, etwa bei Blockaden, an: »Große Gruppen von Menschen sind nicht so gut kontrollierbar. Das war auch einer der Gründe dafür, dass Greenpeace seine Aktionen immer mit einer kleinen Gruppe sehr gut trainierter Leute durchgeführt hat.«[273]

Die Eigendynamik von Bewegungen und Massenprotesten lässt sich kaum unter Kontrolle halten, wenn XR den agitierten Jugendlichen erklärt, es gebe gar keine Alternative zur Rebellion: »Wir weigern uns, zukünftigen Generationen einen sterbenden Planeten zu hinterlassen! Es ist Zeit zu handeln! WIR handeln! Wir können nicht anders!«[274] Ob der direkt angefügte Aufruf zu »friedfertigem« Handeln die Adressaten nach dieser Ausrufung des Ausnahmezustands noch erreicht?

Extinction Rebellion, deren Logo eine fast abgelaufene Sanduhr auf grünem Grund ist, verkündet, »dass die Kinder, die heute geboren werden, in ihrem Leben einen Temperaturanstieg von 2 bis 5 °C erleben werden. Das bedeutet: Überschwemmungen, Wüstenbildungen, Ernteausfälle, die Migration von hundert Millionen bis zu einer Milliarde Menschen etc. – eine Katastrophe. Um es klar zu sagen: Es geht um das Jahr 2050. Gleichzeitig findet ein gigantisches Massensterben statt. Wir sind Zeug*innen des sechsten großen Artensterbens.«

Wer sich im Entscheidungskampf zwischen Richtig und Falsch, Gut und Böse, Klimarettung und Untergang auf der richtigen Seite wähnt, verliert den Respekt vor der anderen Seite. Ist das nicht schon der Feind? In einem Handbuch von Extinction Rebellion heißt es: »Gestützt auf unser Gewissen und unsere Vernunft, erklären wir unseren Regierungen und ihren korrumpierten, untauglichen Institutionen, deren Versagen unsere Zukunft bedroht, die Rebellion!« Und dann versichert diese Basisbewegung der grünen Hegemonie: »Wir handeln friedfertig und mit unbändiger Liebe in unserem Herzen.«[275]

Das Buch wartet auf mit vielen Hinweisen zu »gewaltfreien Störaktionen«, samt Appellen wie: »Festnahmen herausfordern« oder »Ins Gefängnis gehen«. Der Serviceteil empfiehlt: »Informiert euch im Vorfeld, mit welchen Aktionen ihr bestimmte Grenzen überschreitet, überschreitet Grenzen bitte (nur) bewusst, achtsam und entschlossen und klärt, wie ihr euch im Fall einer Festnahme verhalten müsst, um euch und andere

nicht in Bedrängnis zu bringen.« Dass »nur« in Klammern mag ein kleiner Gag sein – oder aber die Aufforderung, den Satz ohne dieses Wort zu
lesen. Und um welche Aktionen und Grenzen es sich handeln soll, muss
wohl jeder junge Aktivist für sich selbst entscheiden.

Die Polizei ist »strukturell rassistisch«

Wackersdorf, Gorleben oder »Hambi« werden wie Stationen eines Kampfes
von Heroen gegen »die Regierenden« uneingeschränkt gefeiert, in einer
martialischen Sprache, auf die sich ein Björn Höcke bei einem anderen
Sujet kaum besser versteht: »Wir müssen aufstehen für diesen Planeten!
Ein Scheitern der Heldinnen ist in dieser Geschichte nicht vorgesehen.«[276]
Was dieses Heldenepos unterschlägt: In Wackersdorf, wo Demonstranten in den Achtzigerjahren eine nukleare Wiederaufbereitungsanlage ver-
hinderten, kämpften mit Zwille und Stahlkugeln bewaffnete Autonome
gegen die Polizei. In Gorleben versuchten Anti-Atom-Demonstranten,
ein Polizeifahrzeug anzuzünden. Und im Hambacher Forst, der für die
Braunkohleförderung gerodet werden sollte, nachdem 2016 die damalige
rot-grüne Landesregierung eine entsprechende »Leitentscheidung« traf,
wurden Polizisten mit Steinen und menschlichem Kot beworfen. Aber das
mag den Aktivisten durchaus logisch erscheinen: »Extinction Rebellion
ist klar, dass die Polizei weiterhin strukturell rassistisch, ungerecht und
gewalttätig ist, vor allem gegenüber unterdrückten Gruppen.«[277]

XR unterhält Kontakte zu Fridays for Future ebenso wie zu den Grünen. Für Luisa Neubauer, das deutsche FFF-Gesicht und aktiv bei den
Grünen, sind Blockaden von Brücken oder Flughäfen legitim. Das bestätigte die Hamburger Studentin des Jahrgangs 1996 in einem *Zeit*-Streit-
gespräch, um hinzuzufügen: »Wir brauchen ein breites Spektrum an
Aktionen, um den Druck auf die Politik zu erhöhen. Dazu gehören ange-
meldete Demonstrationen wie bei ›Fridays for Future‹, aber auch Formen
des zivilen Ungehorsams.« Die Studentin stimmt auch in der Systemkritik mit der radikalen Organisation überein. Gewinnbasiertes Wirtschaften müsse in Frage gestellt werden. »Durch die Art, wie wir wirtschaften,

wird global gesehen die Hälfte der Menschheit ausgebeutet. Ich finde es alles andere als radikal, zu sagen, diese Art zu leben kann nicht Bestand haben«, wiederholt Neubauer uralte klassenkämpferische Legenden. Der »fossile Kapitalismus« könne in seiner jetzigen Form das 21. Jahrhundert nicht überleben.

Im Oktober 2019 diskutierte Neubauer in der ZDF-Talkrunde von Markus Lanz mit dem früheren CDU-Bundesumweltminister Klaus Töpfer. Angesprochen auf Gewalttätigkeiten in London, wo Klimaaktivisten den Nahverkehr blockierten, sagte Neubauer, das eigentliche Problem sei doch, dass sich Menschen zu derartigen Aktionen »genötigt fühlen, offensichtlich aus Angst vor ihrer Zukunft«. Töpfer warf ein: »Dafür haben wir doch eine wunderbare Staatsform. Eine Demokratie.« Neubauer fragte rhetorisch: »Aber hat das in den letzten 30 Jahren gut genug geklappt für die Klimakrise?«[278]

Fridays for Future und die Antikapitalisten

Fridays for Future ist eine freundliche Organisation. Die Anhänger von Greta Thunberg melden ihre Demonstrationen grundsätzlich an. Doch die FFF-Kids ignorieren, zumindest freitags, die gesetzliche Schulpflicht, nach der Eltern sicherstellen müssen, dass der Nachwuchs an allen Schultagen am Unterricht teilnimmt. Mancherorts in Deutschland wird die Schulpflicht so ernst genommen, dass Polizisten an Flughäfen kontrollieren, ob Eltern wegen günstigerer Tickets einen Tag vor den Ferien ohne Genehmigung der Schule mit ihren Kindern in den Urlaub starten wollen.[279]

Bei fast allen größeren FFF-Demonstrationen sind Transparente mit Parolen wie »System Change not Climate Change« oder »Burn Capitalism not Coal« zu sehen. Die Graswurzelbewegung akzeptiert eine antikapitalistische Plattform namens »Change for Future« in den eigenen Reihen. Darin organisieren sich »Sozialist*innen, Kommunist*innen, Anarchist*innen und andere Menschen«, erläuterte einer ihrer Wortführer, ein Student an der FU Berlin, dem *Stern*,[280] und das Magazin druckt die ja eigentlich schwer zu artikulierenden Gendersternchen gleich mit.

Bei Fridays for Future seien »antikapitalistische Perspektiven von Anfang an ein Teil der Bewegung« gewesen, sagte der Aktivist.

Im September 2019 warnte das Hamburger Landesamt für Verfassungsschutz: »Im Gegensatz zu ›Fridays for Future‹ und gleichgelagerten Gruppen geht es linksextremistischen Gruppierungen wie der ›Interventionistischen Linken‹ bei ihren Aktionen nicht um den Klimaschutz, sondern um den Anschluss und die ›Scharnierfunktion‹ linksextremistischer Gruppen an das bürgerliche Spektrum, um dieses anschließend zu radikalisieren.«[281]

Die Gewerkschaft der Polizei (GdP) in der Hansestadt registrierte einerseits die Distanzierung der FFF-Aktivisten von Linksextremisten, aber andererseits davon offenkundig abweichende Aktivitäten der Jugendlichen nach einer Demonstration: »Unter dem Druck diverser, auch bekannter extremistischer Twitter-Accounts klang das anschließend schon ganz anders. Damit haben die Initiatoren der Proteste ihre ›Jungfräulichkeit‹ verloren, und die GdP Hamburg fordert diese Personen auf, sich zum Rechtsstaat und insbesondere zum Versammlungsgesetz zu bekennen.«[282]

In Berlin kam es Ende September 2019, drei Tage nach weltweiten Fridays-for-Future-Protesten und der Verabschiedung des von Umweltverbänden als unzureichend bewerteten »Klimaschutzprogramms 2030« der großen Koalition, zu zwei Brandanschlägen gegen die Stromanlage der S-Bahn. Auf der linksextremen Internetplattform Indymedia bekannte sich eine »Vulkangruppe OK« zu dem Anschlag und verwies auf den von Fridays for Future ausgerufenen »Generalstreik«. Die Jugendlichen von FFF tragen dafür keine Verantwortung. Aber sie bieten derartigen Extremisten eine Deckung.

»Ende Gelände«: Linksextremisten und die Nähe zu den Grünen

Wenig auf Abgrenzung zum organisierten Extremismus achtet die Organisation »Ende Gelände«. Ihr Protest gegen den Braunkohleabbau im Hambacher Forst und gegen RWE wird vom Bundesamt für Verfassungsschutz als »linksextremistisch beeinflusste Kampagne« eingestuft.[283] Ende Gelände werde vor allem von der Interventionistischen Linken (IL) unterstützt, angeblich seit dem Start im Jahr 2014. »Die Einstellung der IL zu Gewalt ist taktisch geprägt, das heißt es wird auf eine offene Propagierung von Militanz verzichtet, Gewalt wird aber auch nicht ausdrücklich abgelehnt«, so die Behörde.[284]

Unter einem »Aufruf 2019« von Ende Gelände zum »sofortigen Kohleausstieg« und zum »Ungehorsam gegen Kapitalismus« finden sich als Unterstützer grüne Bundestagsabgeordnete wie Lisa Badum und Julia Verlinden, Sprecherinnen der Fraktion für Klimapolitik bzw. Energiepolitik, sowie der Haushaltspolitiker Sven-Christian Kindler.[285] Abgeordnete aus dem Europaparlament und verschiedenen Landtagen haben den Appell mit der klassenkämpferischen Rhetorik unterzeichnet: »Wir brauchen nicht nur den Kohleausstieg, sondern auch einen radikalen gesellschaftlichen Wandel. Wir müssen den Kapitalismus mit seinem Wachstumszwang und seinen Ausbeutungsmechanismen überwinden.«

Die Grüne Jugend begreift sich als Teil von Ende Gelände. »Am Wochenende fand im Tagebau Garzweiler die Baggerbesetzung des Bündnis ›Ende Gelände‹ statt. Die Grüne Jugend ist Teil dieses Bündnis und hat auch selbst bei der Besetzung teilgenommen«, vermeldete die Jugendorganisation der Partei auf ihrer Website im Februar 2019.[286]

Renommierte Persönlichkeiten bestärken mitunter die jungen Klimaaktivisten in ihrer Überzeugung, die Politik sei unfähig und verdorben. So fordert der ARD-Wissenschaftsjournalist Harald Lesch im Vorwort für das von jugendlichem Unmut geprägte Büchlein *Ihr habt keinen Plan*,[287] auch »wir Erwachsenen« sollten uns nicht mehr auf den »sozio-ökonomischen Mainstream des politischen Establishments mit seinen Hinterzimmerrunden, die keiner kennt, mit den geheimen Absprachen und wohlorganisierten Einflussnahmen auf Gesetzestexte durch Beratungsbüros und Lobbyistenvereine« einlassen.

Es ist nicht verwunderlich, dass die »Generation Panik« angesichts derartiger Polemik sich bestätigt sieht in der Überzeugung, die Erde stehe unmittelbar vor dem Kollaps. Und die repräsentative Demokratie sei schmutzig.

»NIE WIEDER DEUTSCHLAND«

Im Westen gelten die Grünen als mögliche Kanzlerpartei. Aber in den (nicht mehr allzu) neuen Bundesländern bewegen sie sich bis heute im einstelligen Prozentbereich. Dass Bündnis 90/Die Grünen 2019 in Brandenburg im September 2019 mit 10,8 Prozent erstmals im Osten zweistellig wurde, darf getrost auf Westberliner zurückgeführt werden, die in den Speckgürtel und nach Potsdam umgezogen sind. In Sachsen holten sie am gleichen Wochenende 8,6 Prozent. In Thüringen blieben sie im Oktober mit mageren 5,2 Prozent einen halben Prozentpunkt unter ihrem Ergebnis von 2014. In Sachsen-Anhalt reichte es 2016 ebenfalls nur für 5,2 Prozent, in Mecklenburg-Vorpommern flogen sie 2016 mit 4,8 Prozent aus dem Landtag.

Als die Partei im Westen entstand, spielten weder das Thema deutsche Einheit noch die Idee der Herstellung von Rechtsstaatlichkeit im SED-Staat eine wichtige Rolle. Im Gründungsprogramm von 1980 hieß es immerhin, die Auflösung der »Militärblöcke« Nato und Warschauer Pakt müsse »sofort« beginnen, »um die Teilung Europas und damit auch die deutsche Spaltung zu überwinden«.[288] In dieser allerersten Phase waren noch Konservative wie Herbert Gruhl und Nationalneutralisten wie August Haußleiter und Dieter Burgmann, beide von der AUD, mit an Bord. Rudi Dutschke, der auf ein (sozialistisches) Gesamtdeutschland gehofft hatte, war im Dezember 1979 verstorben.

Nach der Machtübernahme durch die Linken aus den K-Gruppen forderten die Grünen die Streichung des Wiedervereinigungsgebots aus dem Grundgesetz. »In der prinzipiellen Akzeptanz der deutschen Zweistaatlichkeit gab es auch zwischen Realos und Fundis kaum großen Streit«, erinnert sich der einstige hessische Grünen-Chef Hubert Kleinert. »Bei den Haushaltsberatungen des Bundestages brachte die Bundestagsfraktion seit 1983 alljährlich einen Antrag ein, in dem die

Auflösung des innerdeutschen Ministeriums gefordert wurde, bis 1989 blieben die Grünen auch den alljährlich am 17. Juni abgehaltenen Feierstunden im Bundestag fern.«[289]

Von dieser Linie wichen nur wenige ab. Zu ihnen gehörte Rolf Stolz, einst Mitglied der KPD/ML, 1980 bis 1981 Schriftführer im Grünen-Bundesvorstand und von 1984 bis 1990 Sprecher eines Initiativkreises »Linke Deutschlanddiskussion«. Ziel des Kreises, der auf Parteitagen mit einem Schriftenstand vertreten war, aber programmatisch gänzlich einflusslos blieb, war ein blockfreies, denuklearisiertes Gesamtdeutschland.

Ähnliche neutralistische Positionen vertraten der Ex-General Gert Bastian und der Friedensforscher und Ex-CSUler Alfred Mechtersheimer, der 1987 als Parteiloser über die grüne Landesliste Baden-Württemberg in den Bundestag gewählt wurde. Der vormalige Christdemokrat Wilhelm Knabe, von 1982 bis 1984 Bundessprecher der Grünen und von 1987 bis 1990 Bundestagsabgeordneter, habe in einer Fraktionssitzung am 17. Juni 1987, dem Tag der deutschen Einheit, »deutlich zu verstehen« gegeben, dass er das Wiedervereinigungsgebot befürworte, so Kleinert: »Er stand damit in der Partei keineswegs allein, vertrat aber doch eine Minderheitsposition.«[290]

Die Grünen-Europaabgeordnete Eva Quistorp hatte im Mai 1983 ein Memorandum linker Intellektueller um Peter Brandt, Sohn des früheren SPD-Kanzlers, und Herbert Ammon unterzeichnet, in dem für die deutsche und europäische Einheit als Voraussetzung für Abrüstung in Europa plädiert wurde.[291] Petra Kelly, Gert Bastian, Lukas Beckmann und Gabriele Potthast nutzten im gleichen Monat die Teilnahme an einer Konferenz in Ostberlin, um auf dem Alexanderplatz mit Plakatmotiven der Friedensbewegung im Osten (»Schwerter zu Pflugscharen«, »Abrüstung in Ost und West«) gegen Menschenrechtsverletzungen und undemokratische Zustände in der DDR zu protestieren.[292] Im November des Jahres führten die Grünen-Mitbegründerin und Bundestagsabgeordnete Waltraud Schoppe, später Frauenministerin in Niedersachsen, und der als Dissident aus der CSSR emigrierte spätere Europaabgeordnete Milan Horáček eine ähnliche Aktion durch.

»Die DDR-Behörden schritten unverzüglich ein. Die Aktionen wurden unterbunden, die beteiligten West-Politiker über die Grenze abgeschoben«, schreibt Kleinert.[293]

Andere Grüne suchten hingegen die Staatlichkeit der DDR zu bewahren. Sie mochten das dortige System nicht, fürchteten aber um die Stabilität in Europa. Erich Honecker erschien ihnen »als angebliche Mauer gegen rechts«, darum wollten sie »den Dialog mit der SED führen«, so Quistorp.[294]

In dieser Haltung waren die Grünen allerdings nicht isoliert. Auch viele Intellektuelle und Journalisten sowie SPD-Politiker wie Oskar Lafontaine, Kanzlerkandidat des Jahres 1990, hatten sich in den Achtzigerjahren faktisch gegen die Wiedervereinigung positioniert.

Die Stasi war dabei: Inoffizielle Mitarbeiter bei den Grünen

Der Grünen-Bundestagsabgeordnete Dirk Schneider, in der Fraktion gerade zum deutschlandpolitischen Sprecher gewählt, warf der Gruppe um Kelly nach der Protestaktion in Ostberlin 1983 in einem scharfen Artikel in der *taz* vor, sich von der »antikommunistischen Grundstimmung« in der Bundesrepublik treiben zu lassen und damit die »Wirkung eines Schwalls Benzin auf einen Schwelbrand« zu erzielen. Dabei hätten doch »die meisten DDR-Bürger ... bei aller Kritik eine positive Grundeinstellung zu ihrem Staat«.[295]

Bei den Fraktionskollegen galt der Berliner AL-Politiker wegen seiner SED-nahen Positionen als »ständiger Vertreter«, eine ironische Anspielung auf die innerdeutschen diplomatischen Ersatzvertretungen, die mangels völkerrechtlicher Anerkennung der DDR durch die Bundesrepublik nicht als ordentliche Botschaften bezeichnet werden durften. Doch erst nach der Wende stellte sich heraus: Schneider wurde seit 1975 von der Spionageabteilung der Bezirksverwaltung Berlin des Ministeriums für Staatssicherheit als inoffizieller Mitarbeiter »IM Ludwig« geführt – er war tatsächlich der ständige Vertreter.

Bei der Berliner AL gab es weitere IMs des Ministeriums für Staatssicherheit. Darunter waren »IM Messias«, der als Doppelspion zugleich für den südafrikanischen Geheimdienst Oppositionelle vom Afrikanischen Nationalkongress (ANC) bespitzelte; »IM Andrea«, die sich vor allem um die Frauengruppen der AL kümmerte; »IM Martin«, der eine Freundin in Ostberlin hatte; »IM Silvia«, die sich nicht für Politik interessierte, aber den Agentenlohn von 22 000 D-Mark zwischen 1984 und 1989 gut gebrauchen konnte; und »IM Amir«, der sich als 1936 geborener Perser gleich an drei Geheimdienste verdingte, nämlich an das MfS, an den SAVAK, den Geheimdienst des persischen Schahs, und an das Westberliner Landesamt für Verfassungsschutz.[296]

Einblick in die Bundestagsfraktion hatte das MfS bis 1985 über Schneider, der dann aus dem Parlament ausschied und nur noch über die AL berichten konnte, und ab 1987 über namentlich identifizierte Mitarbeiter der Abgeordneten Gertrud Schilling und Christa Vennegerts.[297]

Wegen der grundsätzlichen Ablehnung des real existierenden Sozialismus gab es, wie sich nach dem Fall der Mauer zeigte, nur eine geringe Zahl an Stasi-Spitzeln in den Reihen der West-Grünen. Zwar gab es manche Kumpanei zwischen DDR-treuen Kommunisten und Umweltschützern etwa in der Friedensbewegung. Der vom »grünen General« Gert Bastian und dem DDR-treuen Multifunktionär Josef Weber verfasste Krefelder Appell vom November 1980, der die sozialliberale Bundesregierung aufforderte, sich gegen die Stationierung neuer Nato-Atomwaffen in Mitteleuropa zu stellen, fand in Ostberlin besonders viel Sympathie. »Von Bedeutung ist«, stellte das SED-Politbüro fest, »dass wesentliche Teile der Ökologiebewegung der ›Grünen‹ und der Kernkraftgegner sich der Friedensbewegung angeschlossen haben.«[298]

Die Grünen waren als einzige Partei in der Bundesrepublik bestrebt, die DDR völkerrechtlich anzuerkennen. Das machte sie für Ostberlin interessant. Gleichwohl lehnten die Grünen bis auf wenige Ausnahmen das SED-Regime entschieden ab. Auch die Kommunisten aus den K-Gruppen wollten ja kein System nach dem Vorbild des Ostblocks, sondern, wie die meisten Linken, »den richtigen Sozialismus« begründen.

Die Sehnsucht nach Sozialismus und der Fall Luise Rinser

Diese Sehnsucht der Grünen nach der besseren, weil vom Kapitalismus befreiten Welt mag übrigens zu der seltsamen Entscheidung geführt haben, 1984 Luise Rinser bei der Wahl des Bundespräsidenten gegen Richard von Weizsäcker ins Rennen zu schicken. Mit 23 Jahren hatte die Schriftstellerin 1935 ein Huldigungsgedicht auf Adolf Hitler geschrieben: »Wir, des großen Führers gezeichnet Verschworene / ... Wir jungen Deutschen, wir wachen, siegen oder sterben, denn wir sind treu!«[299]

Als Junglehrerin denunzierte sie ihren eigenen Schuldirektor, einen Juden.[300] Mit 57 Jahren kritisierte sie das Urteil gegen die Kaufhausbrandstifter und späteren RAF-Terroristen Andreas Baader und Gudrun Ensslin: »Gudrun hat in mir eine Freundin fürs Leben gefunden.«[301] Und mit 70 Jahren besang sie in ihrem *Nordkoreanischen Reisetagebuch* den Diktator Kim Il-Sung und seinen totalitären Staat.

Zwar wandelte sich Rinser von einer glühenden Anhängerin zur Kritikerin des Nationalsozialismus und kam deshalb 1944 vorübergehend ins Gefängnis.[302] Aber eine Widerstandskämpferin, deren Vita sie sich später zusammenlog, war sie nicht, wie die Biografie von José Sánchez de Murillo gezeigt hat. Und hätte sie nur einmal geirrt! Spätestens mit der erneuten Bejubelung des Führerkults in Pjöngjang hat Rinser jede moralische Autorität verspielt. Bei ihrem Treffen mit Kim Il-Sung, den »ewigen Präsidenten« und Großvater des aktuellen »großen Führers« Kim Jong-un, sagt sie: »Bei Ihnen zählt nicht Geld und Besitz, sondern der menschliche Wert und das Maß der Opferbereitschaft. Ich erlebe zum ersten Mal, was Sozialismus ist und was in den staatskapitalistischen-sozialistischen Ländern daraus wurde. Ich flehe Sie an, Ihren Weg nicht zu verlassen.« Und Kims »Augen leuchten jetzt ...«[303]

Eine solche verzückte Propagandistin der Diktatur sollte Bundespräsidentin werden? Rinser erhielt am 23. Mai 1984 68 Stimmen (6,5 Prozent), Richard von Weizsäcker wurde mit 832 Stimmen (80 Prozent) Staatsoberhaupt.

Alle reden von Deutschland.
Die Grünen vom Wetter

Zum deutschlandpolitischen Desinteresse der Grünen in den gesamten Achtzigerjahren passte es, dass die Partei in den Bundestagswahlkampf 1990 mit einer persiflierenden Anspielung auf eine Werbung der damals noch als zuverlässig geltenden Bundesbahn (»Alle reden vom Wetter. Wir nicht.«) zog. Auf ihren Plakaten war zu lesen: »Alle reden von Deutschland. Wir reden vom Wetter.«

Ralf Fücks, bis kurz vor der Wiedervereinigung Bundesvorsitzender und mitverantwortlich für diesen Slogan, erinnerte sich 2015: »Als Präsident Reagan zwei Jahre vor dem Kollaps der DDR an der Berliner Mauer ausrief: ›Mr. Gorbatschow, tear down this wall!‹, hielten ihn viele für einen unverbesserlichen Kalten Krieger.« Man habe sich, wie weite Teile der politischen und intellektuellen Öffentlichkeit der Bundesrepublik, mit der »Zwei-Staaten-Realität und mit der Spaltung Europas arrangiert«. Und: »Solange in Leipzig noch gerufen wurde ›Wir sind das Volk!‹, fanden wir das gut. Die Zahl der SED-Fans bei den Grünen war doch sehr überschaubar. Als es dann aber hieß ›Wir sind ein Volk!‹, war das vielen nicht mehr geheuer.« Ausgerechnet die Grünen, »die sich so gern als Partei der Veränderung sehen, wurden in dieser Umbruchsituation zu Verteidigern des Status sic!: Zwei deutsche Staaten sind besser als einer«, so Fücks 2015 auf einer Tagung der Heinrich-Böll-Stiftung.[304]

Ihre Arroganz gegenüber dem Willen der Landsleute in der DDR nach Einheit und Freiheit dokumentierten führende Grüne in der Wendephase mehrfach. Claudia Roth lief im Mai 1990 hinter einem Plakat her mit der Aufschrift »Nie wieder Deutschland«. Die West-Grünen kassierten die Quittung bei der ersten gesamtdeutschen Bundestagswahl im Dezember des Jahres: Mit demoralisierenden 4,8 Prozent in der alten Bundesrepublik, einem Minus von 3,5 Prozentpunkten gegenüber 1987, flogen sie aus dem Bundestag.

Beim späteren Fusionspartner Bündnis 90 im Osten gab es ebenfalls keine Sympathien für eine rasche Wiedervereinigung. Die Thüringerin Göring-Eckardt, die schon kurz vor der Wende mit ihrem Mann nach Kassel reisen durfte, sagt in einer Diskussion mit Maybrit Illner zum 20. Jahrestag der Maueröffnung,[305] der 9. November 1989 sei für sie »kein freudiger Tag« gewesen.

Die Träger der friedlichen Revolution in der untergehenden DDR setzten, anders als die Demonstranten des Jahres 1989 in Plauen, Leipzig und Ostberlin, auf einen »dritten Weg« zwischen Ost und West. Renate Künast, West-Grüne aus dem Ruhrgebiet mit familiären Kontakten nach Weimar und darum vor der Wiedervereinigung mehrfach als Besucherin in der DDR, erinnerte sich im September 2019 bei einem Gespräch mit dem Autor in der Goethe-Stadt, dass viele Oppositionelle diese Idee hatten – und ihre Parteifreunde im Westen ebenfalls. »Aber die haben nicht begriffen«, so Künast, »dass alle DDR-Bürger ja die deutsche Staatsbürgerschaft hatten und darum nach dem Fall der Mauer jederzeit in die Bundesrepublik oder nach Westberlin kommen konnten.« Darum wäre in der DDR alles zusammengebrochen, wenn die Wiedervereinigung hinausgezögert worden wäre.

Immerhin: Die Grüne Partei der DDR, entstanden aus der Bürgerbewegung Bündnis 90 und aus der Umweltbewegung, kam bei der Bundestagswahl 1990 in den neuen Bundesländern auf 6,2 Prozent. Das reichte aufgrund einer damaligen Sonderregelung für den Einzug in den Bundestag.

WARUM DIE GRÜNEN NICHT MEHR AUS DER NATO WOLLEN

Jürgen Trittin ist ein Stratege – bei innerparteilichen Machtkämpfen ebenso wie bei der Betrachtung der Weltpolitik. Der einflussreiche Fraktionslinke ist informiert und sprechfähig zu nahezu jedem Thema der Außenpolitik: Syrien-Konflikt, Türkei-Intervention, Brexit, die Krise der atomaren Abrüstung, die Entwicklung in Italien, die Verfasstheit der EU, Hongkong und China – man mag viele Positionen von Trittin nicht teilen, aber man erlebt ihn selten ohne Sachkunde und noch seltener ohne dezidierte Meinung.

Dabei ist der einstige Bundesumweltminister nicht der einzige Grüne mit außen- oder sicherheitspolitischer Expertise. Cem Özdemir, der Spitzenkandidat bei der Bundestagswahl 2017 war und im Fall einer Jamaikakoalition beste Aussichten auf das Auswärtige Amt gehabt hätte, hat die Bundesregierung immer wieder vor zu viel »Nachgiebigkeit« im Umgang mit dem türkischen Präsidenten Recep Tayyip Erdoğan gewarnt. Im Gespräch mit dem Autor sagte er, aus Ankara gelenkten Verbänden wie Ditib oder Milli Görus und Organisationen, die engste Kontakte zum Iran haben oder zum saudi-arabischen Wahabismus, werde »zu wenig abverlangt«.[306] Mit ihm als Außenminister, so die Botschaft, ginge es anders zu.

Tobias Lindner, ein Volkswirt, der Zivildienst geleistet hat, ist in der Bundestagsfraktion »so ein bisschen wie die Jungfrau zum Kinde zur Verteidigungspolitik gelangt« und sicherheitspolitischer Sprecher geworden. 2019 hat er eine Wehrübung für Abgeordnete beim Heer in Munster absolviert und dafür seine Verweigerung zurückgenommen. Er habe das »durchaus bewusst getan«, denn er sei zu der Auffassung gelangt, dass ihn »Gewissensgründe nicht mehr daran hindern, in der Bundeswehr zu dienen«.[307]

Omid Nouripour, in Teheran geborener Muslim und außenpolitischer Sprecher der Bundestagsfraktion, befürwortet sehr dezidiert militärische Mittel im Kampf gegen Dschihadisten und Luftschläge gegen den IS.[308] Ganz anders klang das noch im ersten Bundesprogramm von 1980. »Der Ausbau einer am Leitwert Frieden ausgerichteten Zivilmacht muss mit der sofort beginnenden Auflösung der Militärblöcke, vor allem der Nato und des Warschauer Paktes einhergehen«,[309] hieß es da. Und noch der Mannheimer Parteitag 1994 hatte den Austritt aus der Nato und die Abschaffung der Bundeswehr verlangt, zumindest »langfristig«. In jenem Jahr war Joschka Fischer schon Transatlantiker. Aber er warnte vor dem *Risiko Deutschland*, das durch die Wiedervereinigung eingetreten sei – mit diesem Sieg des Selbstbestimmungsrechts hatte sich der grüne Realo auch fünf Jahre nach dem Fall der Mauer noch nicht angefreundet. »Denn historisch gesehen fand 1990 die ›falsche Einheit‹, nämlich die nationalstaatliche des 19. Jahrhunderts und nicht die europäische Einheit des 21. Jahrhunderts statt.«[310] Fischer beschwor richtigerweise die Fortsetzung der »innen- und außenpolitischen Westintegration« Deutschlands und schrieb zugleich mit Verweis auf die »ersten Gehversuche der souveränen ›Berliner Republik‹ in der Jugoslawienkrise«, nichts spreche »gegen eine verstärkte außenpolitische Rolle Deutschlands in zivilen Fragen, aber von militärisch gestützter Weltpolitik sollte sich Deutschland fernhalten«.[311]

Kritik an Moskauer Menschenrechtsverletzungen

Ironischerweise sorgte fünf Jahre später ausgerechnet Fischer auf dem Balkan durch sein Werben auf dem Bielefelder Parteitag dafür, dass Bundeswehrsoldaten erstmals in einen bewaffneten Konflikt zogen. Kosovo und danach Afghanistan waren Wendemarken in der Selbstverortung der sich als pazifistisch definierenden Partei der Grünen – und darüber hinaus einer Bundesrepublik, die sich unter dem Stichwort des »Genscherismus« daran gewöhnt hatte, mit allen zu reden, mit vielen zu handeln, aber mit keinem zu kämpfen. Das sollten die anderen machen, allen voran die Amerikaner, und aus Bonn kam dann ein dicker Scheck für die Unannehmlichkeiten.

Die Grünen waren nie russophil. Zu Ostblockzeiten wollte in der deutschen Linken nur die SED-hörige DKP das sowjetische System kopieren. Immerhin gingen die Sozialdemokraten vor und nach Gerhard Schröder mit Russland freundlicher um als die Grünen – wobei der Putin-kritische Außenminister Heiko Maas da eine Ausnahme macht.

Während des Kalten Krieges sprachen die Grünen Menschenrechtsverletzungen in den kommunistischen Regimen an, in der UdSSR ebenso wie in der DDR. Das war kein zentrales Thema der West-Grünen, aber in diesem Punkt waren Politiker wie Petra Kelly, Milan Horáček oder Lukas Beckmann verlässlich. Auch heute kritisieren die Grünen auf ihrer Website mit deutlichen Worten, die »aggressive Großmachtpolitik des russischen Präsidenten Putin, vor allem die völkerrechtswidrige Annexion der Krim, das buchstäbliche Grenzentesten im Asowschen Meer und der anhaltende Krieg im Osten der Ukraine« hätten die europäische Friedensordnung erschüttert.[312]

Aus dieser Logik waren die Grünen »schon immer gegen Nord Stream 2«, wie Katrin Göring-Eckardt im Gespräch mit dem Autor im Februar 2019 die Ablehnung des Projekts einer Pipeline von Russland nach Deutschland durch die Ostsee unter Umgehung von Ländern wie Polen und Ukraine beschrieb: »Es bindet uns mit zusätzlichen Abnahmeverpflichtungen auf Jahrzehnte an noch mehr russisches Gas und ist eine Provokation für unsere europäischen Partner.« Trittin gehört zu den wenigen Grünen, die Nord Stream 2 verteidigen: »Tatsächlich aber steigt der Gasverbrauch der EU weiter. Deshalb könnte es sein, dass die Investition in die zehn Milliarden Euro teure Pipeline sich lohnen könnte.« Vorsichtshalber fügte Trittin hinzu, er sei noch nicht »ganz überzeugt«.[313]

Die Abgeordnete Marieluise Beck fordert unter Betonung historischer Verantwortung Solidarität mit der Ukraine und sagte im Juni 2017 in ihrer letzten Bundestagsrede: »Der Dialog mit Russland muss immer mit dem Blick auf die sogenannten Zwischenländer geführt werden, die sich erst spät aus der ›kolonialen‹ Umklammerung der Sowjetunion befreien konnten.«[314]

Die Grünen sind spätestens seit ihrer Regierungsverantwortung und der Außenpolitik Fischers Atlantiker. Aber die Skepsis gegenüber den USA ist weiterhin groß, und das hat nicht nur zu tun mit der Person von Donald Trump.

So bezeichnete Grünen-Chefin Annalena Baerbock die Nato noch 2018 als »Militärbündnis«, nicht als »Verteidigungsbündnis« – ein Framing, das keine Distanzierung bedeutet, aber Distanz verrät. Man müsse die Rolle der Nato überdenken, hat sie gesagt. »Wollen Sie die Nato auflösen?«, fragte *Spiegel Online*. Baerbock: »So einfach geht das natürlich nicht. Wir müssen aber darüber diskutieren, ob reine Militärbündnisse ohne wirkliche normative Grundlage eine Zukunft haben. Zumal in einer Zeit, in der alte Freund-Feind-Bilder ins Wanken geraten und die Europäische Union eine viel stärkere Rolle in der Außen- und Sicherheitspolitik spielen könnte.«[315]

Trittin möchte die amerikanischen Atomwaffen in Deutschland loswerden, weil sie »eigentlich nur dazu dienen, in einem konventionellen Konflikt nuklearen Selbstmord zu begehen«.[316] Mit gleicher Intention sagte Fraktionschefin Katrin Göring-Eckardt dem Autor im Frühjahr 2019, Deutschland solle dem internationalen Atomwaffenverbotsvertrag beitreten: »Dazu gehört auch der Abzug aller Atomwaffen aus Deutschland.«

»Abzug der US-Atomwaffen aus Deutschland«

In derartige Forderungen spielt vieles hinein. Zur DNA der Grünen gehört der Pazifismus der »Ökopax«-Bewegung ebenso wie die Angst vor einem Atomkrieg aus der Zeit des Kalten Krieges. Doch ein Deutschland ohne amerikanische Atomwaffenpräsenz (deren Beendigung übrigens nahezu wortidentisch auch von der AfD gefordert wird) wäre ein Deutschland ohne nukleare Teilhabe. Würden die rund 20 nuklearen Sprengsätze vom Typ B-61, jeder mit der drei- bis vierfachen Sprengkraft der Hiroshima-Atombombe, vom Luftwaffenstützpunkt im rheinland-pfälzischen Büchel abgezogen, könnte Deutschland in der Nato bei dieser Frage seine Interessen nicht mehr vertreten und wäre von Informationsflüssen abgeschnitten. In den Niederlanden, Belgien und Italien, wo ebenfalls amerikanische Atomwaffen lagern, werden entsprechende Forderungen aus dieser Logik heraus nur von Splitterparteien erhoben; diese Länder wollen ihre nukleare Teilhabe nicht aufgeben. Und in Bezug auf die Türkei, wo dem Vernehmen nach 50 US-Atomsprengköpfe in der Luftwaffenbasis Incirlik magaziniert werden, wurde in Washington nach dem Einmarsch von Erdoğans Truppen in Nordsyrien ein Abzug dieser Waffensysteme diskutiert [317] – als Drohung, wohlgemerkt.

Wer keine Illusionen hat über die Politik Wladimir Putins und zugleich durch die Politik von Donald Trump »das gemeinsame Wertefundament und den Bezugsrahmen für die internationale Politik in Frage« (so die Grünen auf ihrer Website) gestellt sieht, müsste eine Alternative im Blick haben. Die Grünen aber wollen nicht einmal den Bundeswehretat so weit erhöhen, dass die Selbstverpflichtung der Nato-Mitglieder erfüllt wäre, »in Richtung« von zwei Prozent des Bruttoinlandprodukts als Verteidigungsausgaben zu gehen. Als im September 2019 bei einem moderierten Gespräch zwischen Joschka Fischer und Robert Habeck die Rede auf dieses Ziel kam, wich Habeck aus. Es sei aus der Opposition heraus »nicht leicht, dazu eine Haltung aufzubauen«, weil man nicht wisse, wie stark eine besser geführte Bundeswehr wäre. Fischer hingegen, ganz *elder statesman*, unkte: »Wenn man Trump helfen will, muss man die zwei Prozent ablehnen.«[318] Soll heißen: Dann macht man es dem Präsidenten leicht, das Engagement in Europa zu reduzieren mit dem Argument, es gebe weiterhin keine gerechte Lastenverteilung. Die Grünen folgen ihrem einstigen Leitwolf nicht. »Das Zwei-Prozent-Ziel ist weder militärisch oder haushaltspolitisch sinnvoll – es ist sogar gefährlich«, behaupteten die Außen- und Sicherheitsexperten Jürgen Trittin und Tobias Lindner im Oktober 2019 in einer Pressemitteilung der Fraktion.

Führende Grüne sehen ihre Partei weiter als pazifistische Macht und wollen Deutschland nicht in bewaffneten Konflikten sehen. Die »verantwortungslose Politik« Trumps geißelte Claudia Roth, nachdem der US-Präsident 2019 entschieden hatte, die Kurden, zuvor wichtigste Verbündete im Kampf gegen den IS, allein zu lassen und einer Militäroffensive der Türkei auszusetzen. Frage an Roth: »Vor ihrem Abzug haben die USA ja die Bundesrepublik und andere europäische Staaten gebeten, Bodentruppen zur Sicherung des Kurdengebietes in Nordostsyrien zu stellen. Aus Europa kam keine Antwort. War das ein Fehler?« Roths Entgegnung: »Als würde noch mehr militärisches Eingreifen weiterhelfen! Syrien braucht Friedensgespräche und einen verfassungsgebenden Prozess.«[319]

Das ist eine eigentümliche Politik: Roth will kein militärisches Eingreifen und kritisiert die USA zugleich, weil sie ihre Militärintervention beendet haben. Und als die CDU-Vorsitzende und Verteidigungsministerin Annegret Kramp-Karrenbauer ihren schlecht vorbereiteten und rasch versandeten Vorschlag unterbreitete, europäische Nato-Staaten sollten eine Sicherheitszone in Nordsyrien einrichten, sprach Roth von einer »gefährlichen und defizitären« Idee, weil es Deutschlands Rolle »auf militärische Handlung« reduziere.[320]

Wenn Donald Trump sich in einem Punkt nicht gelöst hat von der Politik seines verhassten Vorgängers Barack Obama, der sich als »Amerikas erster pazifischer Präsident« definiert hat,[321] dann war es die Abwendung von Europa als prioritärem Bezugspunkt der US-Außenpolitik. Um dieser »Easternization«, der Ostwendung der Weltpolitik infolge des wachsenden Gewichts Chinas und Asiens etwas entgegenzusetzen, müssen die Europäer ihren Wert für die Amerikaner innerhalb der Nato-Allianz erhöhen. Das kann nur durch eine gerechtere Lastenverteilung erfolgen, sprich: durch eine maßgebliche Erhöhung gerade auch der deutschen Verteidigungsausgaben. Davon wollen die Grünen bislang nichts wissen. Sie bejahen formal die Bundeswehr – aber möchten sie eigentlich nirgends einsetzen und möglichst überall abziehen.

FÜR EUROPA – ZUSAMMEN MIT »PROGRESSIVEN NATIONALISTEN«

Für Erik Marquardt hat Europa viel verändert – vor allem in seinem persönlichen Leben. Der 31-jährige Mecklenburger arbeitete als freier Fotograf, mit all den Unsicherheiten und Knappheiten einer solchen Existenz, als die Grünen am 26. Mai 2019 bei der Europawahl sensationelle 20,5 Prozent holten und auf Bundesebene damit zwar hinter der CDU/ CSU (28,9 Prozent), aber erstmals vor der SPD (15,8 Prozent) landeten. Marquardt, der zuvor ein Chemiestudium an der TU Berlin geschmissen hatte und nun für Politik, Verwaltung und Soziologie an der Fernuniversität Hagen eingeschrieben war, hatte auf Platz 8 der »Kandidierendenliste« gestanden[322] – und ist seit jenem Datum Berufspolitiker als einer der 21 deutschen Abgeordneten in der 75-köpfigen Fraktion der Europäischen Grünen Partei. Dass er sich nun jeden Tag mit Politik beschäftigen könne, seiner großen Leidenschaft, sei für ihn das Beste an dem Mandat, sagt Marquardt dem Autor bei einem Gespräch im Parlament der Europäischen Union im »europäischen Viertel« der belgischen Hauptstadt Brüssel, direkt am Place du Luxembourg. Er findet die »Idee charmant, dass sich über die Arbeit des Parlaments eine europäische Öffentlichkeit so allmählich entwickelt«.

Dabei sind schon die Positionen der grünen Abgeordneten aus 16 EU-Staaten und 26 verschiedenen Parteien ausgesprochen heterogen. Es gibt Ökologen aus Irland, Luxemburg, Lettland und (bis zum Vollzug des Brexit) aus England, aus dem wallonischen und aus dem flämischen Belgien und von der niederländischen Liste GroenLinks, entstanden aus einer Fusion verschiedener Parteien, darunter Kommunisten und Pazifisten. Auch die französischen »Verts« stehen links von den deutschen

Grünen. Eine französische Grüne fragte 2009 entgeistert ihren Fraktionskollegen Reinhard Bütikofer, damals Parlamentsneuling, wie um alles in der Welt die saarländischen Grünen denn mit CDU und FDP eine Jamaikakoalition bilden könnten. Zur Fraktion gehören ferner zwei Ökosozialisten aus Dänemark und zwei katalanische Abgeordnete: Der eine ist Eurokommunist, der andere gehört der separatistischen Linkspartei Kataloniens an und kann sein Mandat nicht wahrnehmen, weil er im Oktober 2019 zu 13 Jahren Haft verurteilt wurde. Zudem Piraten aus Tschechien und Deutschland und noch mehr Deutsche aus anderen Parteien: ein Abgeordneter der Ökologisch-Demokratischen Partei, einer aus der Partei Volt und einer von der Klamauk-Liste Die PARTEI. Schließlich drei Politiker der Scottish National Party (SNP), der größten schottischen Partei, die für die Sezession von Großbritannien eintritt. Als »mitte-links und sozialdemokratisch« bezeichnet sich die SNP, und auf der Webpage heißt es: »Unser Schicksal selbst zu gestalten und unsere Zukunft zu bestimmen, ist ein natürlicher Wunsch. Das ist es, worauf wir alle hoffen und was die SNP als richtig ansieht für Schottland.«[323]

Die SNP, zu deren prominentesten Unterstützern James-Bond-Darsteller Sean Connery gehört, will bis 2030 die Hälfte der Energie für Heizung, Transport und Elektrizität aus erneuerbaren Energien beziehen. Zugleich konstatiert sie, es bestehe »weiterhin eine Nachfrage nach Öl und Gas. Daher ist es wichtig, dass Schottland eine gute Verwaltung unserer Öl- und Gasreserven für die Nation sicherstellt.« Die Nation – das ist Schottland. Die SNP trat für die Loslösung von London lange vor dem Brexit ein.

Warum schottischer Nationalismus okay ist

Vertreten die Schotten nicht eindeutig nationalistische Positionen? Und arbeiten in einer Fraktion mit den deutschen Grünen, deren Jugendorganisation schwarz-rot-goldene Fahnen in Fußballstadien verteufelt? Marquardt, der 2014 selbst Bundessprecher der Grünen Jugend war, lässt das nicht gelten. Bei den SNP-Politikern handele es sich um »progressive Nationalisten«.

Fraktionschefin Ska Keller, Islamwissenschaftlerin aus Brandenburg mit Sympathien für die Antifa, sagt dem Autor in Brüssel, sie setze auf ein Europa, in dem die Nationalstaaten »durch eine föderale Republik zusammengehalten werden«. Dieses Konzept bleibt diffus: Eine Föderation wäre ein Bundesstaat als Nachfolger der verschiedenen Nationalstaaten, während sich souveräne Nationalstaaten nur zu einer Konföderation, einem Staatenbund, zusammenschließen können.

Mit postnationalen Visionen, die in der überschaubaren Zukunft weit entfernt sind von jeder politischen Realisierbarkeit, beschreiben auch die Grünen in Deutschland ihr Europakonzept. »Deutschland und Europa müssen mehr Verantwortung für die Gestaltung einer friedlichen und kooperativen Weltordnung übernehmen«, lautet die Linie. »Die Welt wird nur sicherer werden, wenn wir international enger zusammenarbeiten. Wir Grüne stehen dafür, internationales Recht und eine multilaterale Politik zu stärken. Wir wollen eine wertegeleitete Außen-, Sicherheits- und Entwicklungspolitik aus einem Guss, die fest in den Vereinten Nationen und der Europäischen Union verankert ist.«[324]

Franziska Brantner, EU-Expertin der Bundestagsfraktion, sagte dem Autor, die Grünen seien »überzeugt, dass wir die großen Herausforderungen nicht mehr als einzelner Nationalstaat werden lösen können. Wenn wir handlungsfähig sein wollen, wenn wir über unser eigenes Leben bestimmen wollen, wenn wir so etwas wie Souveränität haben wollen, dann geht das in vielen Bereichen nur europäisch.«[325]

Souveränität gewinnen durch die Aufgabe der Souveränität? Natürlich muss Europa das Ziel sein. Kein Nationalstaat, Deutschland eingeschlossen, kann sich angesichts der Rivalität der beiden Supermächte USA und China und in der Nachbarschaft des neozaristischen und neoimperialen Russlands alleine behaupten. Aber die Hoffnung der Grünen auf eine supranationale Staatlichkeit ist nicht nur am Brexit und an den Visegrád-Staaten gescheitert, sondern auch an einer Renationalisierung in vielen Ländern wie Österreich, Dänemark, Schweden. Letztlich auch in Frankreich, wo der Rassemblement National (zuvor Front National) unter

Marine Le Pen bei der Europawahl 2019 stärkste Partei wurde, knapp vor Emmanuel Macrons La République en Marche. Und im Europa-freundlichen Deutschland, wo die EU-skeptische AfD seit der Migrationskrise 2015 enorm zugelegt hat.

Wenn Großbritannien nicht in der EU und deshalb möglicherweise Schottland nicht in Großbritannien gehalten werden kann, wenn Spanien alle seine Integrationskraft aufbieten muss, um die Katalanen nicht zu verlieren, dann ist die Hoffnung auf die Vereinigten Staaten von Europa als nahes bis mittleres Ziel schlicht illusionär.

Es fehlt bei den Grünen an der Fantasie, die von ihnen immer wieder propagierte »europäische Lösung« für jedes Problem, vom Klimaschutz bis zur außenpolitischen Sicherheit, auszudefinieren. Die CDU-Politiker Wolfgang Schäuble und Karl Lamers entwickelten schon 1994 die Idee eines »Kerneuropa«, eines kleinen Kreises von Staaten, die sich schneller integrieren sollten als die anderen. Neben diesem Konzept des Europas der zwei Geschwindigkeiten gibt es auch die Idee eines Europas etlicher Geschwindigkeiten. Multilateralismus heißt nicht Omnilateralismus – nicht alle Staaten müssen bei allem mitmachen, so wie es auch jetzt schon der Fall ist bei der Währungsunion, beim Schengen-Raum oder bei Pesco, der permanenten strukturierten Kooperation in der Rüstungspolitik.

Es kommt bei Nachbarn, die einst unter dem deutschen Nationalismus gelitten haben, nicht sonderlich gut an, wenn die Enkel und Urenkel der Wehrmachtssoldaten ihnen heute erklären, sie müssten sich diesmal der deutschen Idee von der Auflösung alles Nationalen unterwerfen. Wer Europa ernst meint, darf es nicht bei floskelhaften Bekenntnissen belassen, sondern muss das geostrategisch unverzichtbare Ideal einer immer engeren kontinentalen Vernetzung mit der Realität weiterhin bestehender einzelstaatlicher Interessen aussöhnen.

ÖKO-WIRTSCHAFT UND WOHLFÜHL-BIP: WARUM GRÜNE KEINE LIBERALEN SEIN KÖNNEN

»Ich glaube«, sagt Thomas Gambke, »Sie haben gar keine Vorstellung, wie sich das Straßenbild in unseren Städten verändern wird.« Der grüne Unternehmer und Politiker sitzt im Sommer 2019 an einem kleinen Tisch vor einem Italiener nahe dem Berliner Gendarmenmarkt und zieht mit dem rechten Arm einen weiten Bogen: »In zehn, zwanzig Jahren wird es hier keine parkenden Autos mehr geben. Und keine Autos, die individuell gesteuert sind oder fossile Antriebe haben. Wir werden Shared-Cars sehen, natürlich mit Elektroantrieb, dazu Busse – und viele Räder, E-Scooter und Fußgänger.«

Gambke, 1949 in Bayern geboren als Sohn schlesischer Eltern und aufgewachsen in Bad Godesberg und Hannover, saß für die Grünen von 2009 bis 2017 im Bundestag. Er gehörte den Ausschüssen für Wirtschaft und Finanzen an und war Mittelstandsbeauftragter seiner Partei. Der promovierte Physiker hat unter anderem an der University of California geforscht, war hochrangiger Manager des internationalen Technologiekonzerns Schott AG und gründete ein Hightechunternehmen in der Elektronikindustrie. Gambke hat als Abgeordneter einen »Gesprächskreis Nachhaltige Unternehmen« initiiert. Daraus wurde im Dezember 2018 der Verein »Grüner Wirtschaftsdialog«, der unter seinem Vorsitz den Dialog zwischen Wirtschaftsvertretern und grünen Politikern forciert. Martin Brudermüller, Vorstandsvorsitzender des DAX-Konzerns BASF, und Arnd Köfler, Produktionsvorstand der Stahlsparte von ThyssenKrupp, gehören auf der Wirtschaftsseite dazu, außerdem Mittelständler wie Kristian Evers, Chef der Papierfabrik Varel. Der Kreis unterhält

Kontakte zu europäischen Spitzenmanagern wie Airbus-Chef Guillaume Faury.

Ein ungewöhnlicher Grüner! Oder ist Gambke, trotz seines reifen Alters, ein neuer Grüner? Laut einer Umfrage vom November 2019 unter 2000 deutschen Start-up-Gründern würden 43,6 Prozent von ihnen grün wählen – 2018 waren es nur halb so viele. Der Zuspruch zur FDP sank um knapp 10 Prozentpunkte auf 27,7 Prozent, so der Start-up-Monitor.[326]

In jedem Fall ist Gambke ein ökologischer Überzeugungstäter mit ökonomischem Sachverstand und unternehmerischer Erfahrung. Ob man seine Vision einer autofreien Innenstadt in den Details teilt oder nicht: Der umtriebige Macher hat recht mit dem Hinweis, dass wir Strategien finden müssen, um die durch die wachsende Zahl von Autos zunehmend verstauten Städte wieder erlebbar zu machen. Sind E-Scooter und Fahrräder dazu der richtige Weg? Mautsysteme? Oder intelligente Autos der Generation Automated Driving, die entweder keinen Parkplatz mehr brauchen, weil ohne Fahrer bedarfsgesteuert unterwegs, oder sich den freien Parkplatz selbstständig suchen, anstatt mehrfach um den Block zu kreisen?

Überzeugt ist Gambke, und er versichert, er teile diese Auffassung mit vielen Experten wie BMW-Vorstand Peter Schwarzenbauer, dass »in zehn Jahren kein fossil angetriebenes und individuell gesteuertes Fahrzeug mehr in den Innenstädten von Berlin, Hamburg oder München anzutreffen sein wird«. Fürs Protokoll: Das wäre 2029. Dazu setzt Gambke vor allem auf marktwirtschaftliche Anreize und Innovationen, um Ökologie und Ökonomie, Stadtentwicklung und Mobilität miteinander auszusöhnen. »Viele Entwicklungen lassen sich nicht vorhersagen«, räumt er ein. »Darum müssen wir die Möglichkeiten der technischen Entwicklung konsequent nutzen und in Pilotprojekten praktisch erproben.« Gambke sinniert über kreative Verkehrskonzepte für die Innenstädte und einen angebotsorientierten öffentlichen Nahverkehr, der gerade auf dem Land die Mobilität steigern soll.

Es gibt viele Akademiker in der grünen Bundestagsfraktion (allerdings prozentual auch mehr Studienabbrecher als in jeder anderen Fraktion), viele Naturwissenschaftler, Lehrer, Dozenten, Beamte und Angestellte. Firmenchefs oder Manager, die ihren Lebensunterhalt in der Privatwirtschaft verdienen, sind hingegen rar gesät. Dieser Mangel an ökonomischer Expertise war schon im ersten Grünen-Programm zur Europawahl 1979 zu bestaunen. »Durch den Ausbau der Dienstleistungen, der kulturellen Aufgaben, der dezentralen Freizeit- und Erholungsmöglichkeiten entsteht eine organisch aufgebaute, ökologische und krisensichere Wirtschaft«,[327] hieß es darin ohne jede Reflexion, woher das Geld für die Inanspruchnahme von Dienstleistungen oder die Bereitstellung von Freizeit- und Erholungsmöglichkeiten kommen würde. Neben einer »ökologischen Land- und Forstwirtschaft« solle sich die Wirtschaft auf die »Verarbeitung regenerierbarer Naturprodukte, die Erstellung dauerhafter, reparaturfähiger Güter« und das Recycling von Grundstoffen konzentrieren. Im Zentrum standen die Interessen der Konsumenten und Arbeitnehmer, nie der Arbeitgeber. Das war die Dekade des Club-of-Rome-Berichts über die *Grenzen des Wachstums*, und er prägte die wirtschaftspolitischen Vorstellungen der auf diesem Gebiet wenig kompetenten Gründungsgrünen. Später schienen die Grünen vorübergehend der FDP Konkurrenz machen zu wollen. Im November 2006 legten Fraktionschef Fritz Kuhn und wirtschaftsliberale Abgeordnete wie Christine Scheel und Anja Hajduk ein recht freiheitliches Konzept zur »Grünen Marktwirtschaft« vor. Darin wandten sie sich mit Seitenblick auf eine vom SPD-Chef Franz Müntefering angestoßene Diskussion gegen »pauschalisierte Heuschreckendebatten« und kritisierten den »Umverteilungsstaat«.[328]

Seitdem sind die Grünen, die nach der Wahl von Habeck und Baerbock gefeiert wurden wegen ihres vermeintlichen Abschieds von Ideologien, programmatisch wieder nach links gerückt. Sie bekannten sich beim Bielefelder Parteitag im November 2019 formal zu einer »sozialen und ökologischen Marktwirtschaft« und stellen sie durch etliche Auflagen und Regulierungen zugleich in Frage.

Wohlfühlindex statt BIP

So fordern sie die Abkehr vom Prinzip des Bruttoinlandsprodukts (BIP) als international anerkanntem Vergleichsmaßstab für die Leistung einer

Volkswirtschaft. Addiert werden bislang für das BIP, dessen Grundlagen bis ins 18. Jahrhundert reichen, alle inländisch hergestellten Waren und Dienstleistungen. Das soll anders werden. »Wir können nicht Klimaschutz betreiben und an dem bisherigen Wirtschaftsmodell, das vor allem auf die Ausbeutung von Ressourcen setzt, weiter festhalten«, sagte Parteichefin Annalena Baerbock vor dem Bielefelder Parteitag. In einem von den Delegierten angenommenen Vorstandsantrag zur Wirtschaftspolitik heißt es, das BIP sei »schon heute ein schlechter Indikator für Wohlstand und Lebensqualität, es ist blind für die sozialen Folgen und die ökologischen Schäden unseres Wirtschaftens«. So würde die »unbezahlte Sorgearbeit, die vor allem von Frauen geleistet wird und eine unverzichtbare Grundlage unseres Wohlstands bildet, derzeit bei der Wohlstandsmessung nicht berücksichtigt«. Deshalb schlagen die Grünen ein »neues Wohlstandsmaß und eine neue Form der Wirtschaftsberichterstattung vor, um neben den ökonomischen auch ökologische, soziale und gesellschaftliche Entwicklungen zu messen und Indikatoren dafür festzulegen«. Berücksichtigt werden sollen »auch das Natur- und Sozialkapital, dessen Verfügbarkeit natürlich ein Wert an sich, aber auch elementar für den wirtschaftlichen Erfolg ist«.[329]

Die Idee wurde 2009 als Nationaler Wohlfahrtsindex von den Ökonomen Hans Diefenbacher und Roland Zieschank entwickelt. Dieses alternative Wachstums- und Wohlfahrtskonzept versteht sich als »Korrektur und Erweiterung des BIP«.[330] Positiv sollen in diese neue Bilanzierung wirtschaftlicher Stärken Punkte wie der Wert der Hausarbeit und der Wert ehrenamtlicher Arbeit einfließen, jeweils berechnet laut statistisch aufgewendeter Zeit für derartige Tätigkeiten zum Nettolohn eines Hauswirtschafters. Allein die Hausarbeit entspricht nach Schätzung mancher Ökonomen 40 Prozent des BIP – wir könnten also sehr viele Branchen und Arbeitsplätze verlieren, bevor sich der bisherige Indikator für die Leistungsfähigkeit der Volkswirtschaft verschlechtern würde. Außerdem sollen, anders als bislang, öffentliche Ausgaben für das Gesundheits- und Bildungswesen eingerechnet werden, weil sie wohlfahrtssteigernd seien.

Konsumgüter sollen nach einer Kosten-Nutzen-Rechnung positiv oder negativ veranschlagt werden, je nach der Frage ihrer Haltbarkeit. Und negativ gewertet würden auch Kosten durch Kriminalität, Kosten durch Verkehrsunfälle, Kosten für Fahrten zwischen Wohnungs- und Arbeitsstätten (»verlorene Lebenszeit«), Kosten des Alkohol-, Tabak- und Drogenkonsums oder Kosten durch Umwelt- und Luftverschmutzung.

Etliche dieser Kriterien sind nur sehr grob zu quantifizieren. Wie misst man die eigens aufgelisteten »Schäden durch Lärm«? Ist der Schaden geringer, wenn er auf einer Baustelle vor einem von Schwerhörigen bewohnten Haus entsteht? Ein Städter, der aus Liebe zur Natur aufs Land zieht und täglich eine Stunde zur Arbeit pendelt, beispielsweise mit dem Zug, verschlechtert den Index, weil er »Lebenszeit verschwendet«? Ändert sich das, wenn er im Zug schon arbeitet? Wertet er den Wohlfahrtsindex auf, wenn er sich einen schnellen SUV kauft und die Strecke zum Büro in 30 Minuten zurücklegt? Oder sollte er gar auf ein Homeoffice bestehen und nur noch aus seinen eigenen vier Wänden tätig sein? In ihren Anfangsjahren waren die Grünen allerdings noch ganz gegen »Telearbeit« von zu Hause, weil sie fürchteten, dadurch würden Arbeitnehmer, insbesondere Frauen, ihrer sozialen Kontakte beraubt.

Andere Sozialökonomen wollen in einem neuen BIP auch den Grad der Vermögensungleichheit (Gini-Koeffizient) als Negativum erfassen. Dann ginge der Index hoch, wenn ein Milliardär ins Ausland abwandert.

Wer Kinder in Freizeiten betreut, sich um Tierschutz kümmert oder Kleinkunstpräsentationen organisiert, leistet etwas für die Gesellschaft. Aber dieses ehrenamtliche Engagement ins Inlandsprodukt einzurechnen, wie es die Grünen vorschlagen, würde zu einem Wohlfühl-BIP führen, der wenig aussagen, aber viel verschleiern würde. Und warum soll das kommen? Weil BIP allein nicht glücklich macht? Fast zeitgleich mit dem Bielefelder Grünen-Parteitag zeigte sich, dass die Deutschen »so zufrieden sind wie noch nie mit ihrem Leben«. Im »Glücksatlas 2019«, der das Lebensglück der Menschen misst, wurde ein neues »Allzeithoch« der Zufriedenheit ermittelt mit einer durchschnittlichen Selbsteinstufung von 7,14 Punkten auf einer Skala von 0 bis 10 – nach 7,05 Punkten 2018.[331] Die gute Lage am Arbeitsmarkt trage dazu bei, sagte Hauptautor Bernd Raffelhüschen, Professor für Finanzwirtschaft an der Uni Freiburg. Zudem gebe es eine »solide Robustheit der Bevölkerung gegenüber medialen Schlechtwettermeldungen«. Mit anderen Worten: Es ist der Arbeitsplatz, der glücklich macht. Wer für sichere Jobs sorgt, erhöht das Wohlbefinden eher als derjenige, der einen artifiziellen Index erdenkt.

Marktwirtschaft und Wieselwörter

Die meisten grünen Politiker stehen dem Begriff einer sozial-ökologischen Marktwirtschaft positiv gegenüber. Kompetenz auf diesem Gebiet besitzen Bundestagsabgeordnete wie Cem Özdemir, die Mittelstandsbeauftragte Claudia Müller, die Wettbewerbspolitikerin Katharina Dröge oder Danyal Bayaz, Leiter des grünen Wirtschaftsbeirats. Auch Katharina Fegebank in Hamburg, Winfried Kretschmann in Stuttgart und Tarek Al-Wazir, stellvertretender Ministerpräsident in Wiesbaden, gehören dazu. Aber bei einer Partei, die sich selbst weiterhin im linken bis linksmittigen Lager einstuft, kann es nicht verwundern, dass sie die von ihr befürwortete »Marktwirtschaft« durch die Adjektive »sozial« und natürlich »ökologisch« eskortieren lässt. Es sind »Wieselwörter«, wie der Ökonom und Nobelpreisträger Friedrich August von Hayek einmal am Beispiel von »sozial« sagte: »Was ›sozial‹ eigentlich heißt, weiß niemand. Wahr ist nur, dass eine soziale Marktwirtschaft keine Marktwirtschaft ... ist.«[332]

Und nun sind es schon zwei Wieselwörter: Baerbock und Habeck haben den Grünen das Gerede vom »Abbau wachstumstreibender Kräfte« weitgehend ausgetrieben. Sie werben für einen Green New Deal und grünes Wachstum. Aber ihre sozial-ökologische Marktwirtschaft soll stark reglementiert sein – etwa durch eine Erhöhung des Mindestlohns auf 12 Euro, die Einführung eines Mindesthonorars für Selbstständige, die stärkere Regulierung und höhere Vergütung von Leiharbeit, verbindliche Frauenquoten für Aufsichtsräte wie Vorstände und die Ausweitung der betrieblichen Mitbestimmung auf Personalangelegenheiten. All das und noch viel mehr steht in dem von vielen Medien als »Bekenntnis zur Marktwirtschaft« gerühmten Bielefelder Beschluss.[333]

So wollen die Grünen mit einer »Divestmentstrategie« dafür sorgen, »dass Anlagekapital zukünftig Klimaschutz statt Klimazerstörung finanziert«. Im Papier heißt es: »Öffentliche Banken und Versicherungen sollen Investitionen in die Dekarbonisierung der Wirtschaft umlenken und umgehend aus klimaschädlichen Wirtschaftsproduktionen wie Kohle- oder Erdölindustrie aussteigen.« Nun investieren Banken und Versicherungen aber in möglichst gewinnträchtige Unternehmen, weil sie das Geld und im Zweifel die Alterssicherung ihrer Kunden und Anleger im Rahmen der Gesetze so gewinnbringend wie möglich gestalten wollen. Wer soll nach Ansicht der Grünen dafür geradestehen, wenn nur noch in ökologische Vorzeigeprojekte investiert wird, die leider nach kurzer Zeit Pleite gehen?

Im Text ist vom Marktversagen die Rede und die alte Mär von der wachsenden »Ungleichheit« wird wiederholt – obwohl dies in Deutschland für die Einkommen nicht zutrifft. Automobil-, Chemieindustrie und Maschinenbau sollen nicht Innovationen entwickeln, sondern sich gleich »neu erfinden«. Auf »alle größeren privaten Unternehmen« kommt mehr Bürokratie zu, weil sie im Jahresabschluss künftig »über Nachhaltigkeitsindikatoren wie CO_2-Emissionen berichten« sollen.

Habeck persönlich warf in Bielefeld seine ganze Autorität in die Waagschale, um einen Antrag der Kreuzberg-Linken nach einem Bundesgesetz zur »Vergesellschaftung« von Wohnraum zu verhindern. »Enteignung ist ein scharfes Schwert, es darf nicht durch dauernde Nutzung stumpf gemacht werden«, argumentierte er. Die schließlich verabschiedete Version spricht lediglich von »Enteignungen im Einzelfall«.[334] Und doch hat es der Beschluss in sich: Ein »Recht auf Wohnen« soll ins Grundgesetz. Mieter sollen Mietverträge untereinander tauschen dürfen. Dieser »Rechtsanspruch« soll »zunächst« nur für Wohnungsgesellschaften gelten.[335]

In einem gesonderten Beschluss für eine »Bauwende« wird deutlich, dass die Grünen dem Eigenheim im Grünen nicht mehr grün sind. Darum sollen »Privilegien für Flächenverbrauch wie das erleichterte Baurecht im Außenbereich« gestrichen und das Bauen durch die CO_2-Bepreisung von Baustoffen verteuert werden. Denn: »Einfamilienhäuser verbrauchen besonders viele Ressourcen, da im Vergleich zum Mehrfamilienhaus der Außenhautanteil sehr groß ist, zudem verschleißen sie extrem viel Bauland und Infrastruktur. Immer neue Einfamilien-hausgebiete auf der grünen Wiese treiben den Flächenverbrauch weiter an und führen vielerorts gleichzeitig zu leerfallenden und öden Orts-kernen.«[336] Für ein Einfamilienwohnhaus seien nämlich durchschnitt-lich etwa 200 Tonnen Kies und Sand nötig: »Das können wir uns nicht mehr leisten!«

Was im Antrag nicht steht und auf dem Parteitag nicht kritisiert wurde: Das Fundament einer einzigen Windkraftanlage beinhaltet bei tragfähi-gem Baugrund rund 300 Kubikmeter Stahlbeton. Diese Masse wiegt etwa 750 Tonnen. Bei Tiefgründungen ist es deutlich mehr.[337]

Die Grünen haben sich in der Wirtschafts- und Finanzpolitik nicht sehr weit von ihren Anfängen entfernt. Echte Marktwirtschafter, die auf den Wettbewerb vertrauen und die Rolle des Staats minimieren möch-ten, gibt es in ihren Reihen kaum. Die wenigen, die es in der Partei ver-suchten, haben ihr den Rücken gekehrt: Der Ex-Bundesvorsitzende Ralf Fücks gründete das »Zentrum Liberale Moderne« und möchte nicht mehr auf den Begriff eines »grünen Vordenkers« reduziert werden. Der Publizist Oswald Metzger (»Tichys Einblick«) kam von der SPD, probierte es seit 1987 bei den Grünen und zog 2008 weiter zur CDU. Die Grün-dungs-Grüne und langjährige Bundestagsabgeordnete Margareta Wolf trat 2008 aus, weil es opportunistisch sei, Kohle abzulehnen »und gleich-zeitig die Kernkraft abschalten zu wollen«. Der einstige Fraktionschef und parlamentarische Wirtschaftsstaatssekretär Rezzo Schlauch ging nach seinem Abschied von der Politik 2005 in den Beirat des Kernkraft-werksbetreibers EnBW. Matthias Berninger, ehemals Parlamentarischer Staatssekretär im Bundesministerium für Ernährung und Landwirt-schaft, wurde Cheflobbyist des Chemiekonzerns Bayer und verteidigt das von seinen alten Parteifreunden als »Pflanzenkiller« bezeichnete Insekti-zid Glyphosat. Joschka Fischer berät als Chef von JF&C (Joschka Fischer & Company) unter anderem RWE, BMW, Siemens und Rewe. Und zum Jahresbeginn 2020 heuerte Daimler den einstigen hessischen Landtags-abgeordneten Daniel Mack als Lobbyisten an.

Man kann diesen Ex-Grünen unterstellen, sie hätten sich verkauft. Aber mehr spricht dafür, dass sie die Überlegenheit des (wirklich!) freien

Marktes gegenüber staatlich gegängelten Systemen begriffen haben. In jedem Fall war für sie in ihrer Partei kein Platz mehr.

Und das mag einen Grund haben: Als eine programmatische, nicht pragmatische Partei können die Grünen schlicht nicht auf den Markt setzen, auf Angebot und Nachfrage, auf Investitionen und Fehlinvestitionen. Denn sie predigen die unbedingte Notwendigkeit ökologischer, planetarischer Grenzen für Wirtschaft und Politik. Wer überzeugt ist, dass keine oder zu niedrige CO_2-Bepreisungen in Deutschland zum Untergang der Welt führen, wird die wesentlichen Entscheidungen nicht dem Markt überlassen. Er muss, wie es die Grünen fordern, die Verschuldungsbremse »reformieren«, mit anderen Worten lösen. Er muss Steuern und Abgaben einführen oder erhöhen, im Fall der Grünen Finanztransaktionssteuern, Digitalsteuern, CO_2-Steuern und »eine gerechtere Besteuerung von Vermögen«. Er muss einen von ihm gelenkten Staat die Dinge in die Hand nehmen lassen, und zwar nicht nur beim Klimaschutz. So fordert Habeck anstelle von Hartz IV eine »Garantiesicherung« in Abhängigkeit von Einkommen, Vermögen und Bedarf – sanktionsfrei und ohne den Zwang, sich um Arbeit zu bemühen oder angebotene Stellen anzunehmen.

Die verbalen Bekenntnisse der Grünen zum Markt erinnern an Touristen am schroffen Atlantik, die einander sagen: »Sieht interessant aus – aber wir gehen erst schwimmen, wenn die Wellen weg sind.«

DAS GRÜNE PANIKORCHESTER UND DIE ATOMKRAFT

»Herz auf, Angst raus«, so lautete ein Slogan der sächsischen Grünen um Katja Meier und Wolfram Günther im Landtagswahlkampf 2019. Zur Bundestagswahl 2017 war die Partei, angeführt von den Spitzenkandidaten Cem Özdemir und Katrin Göring-Eckardt, mit dem Motto »Zukunft wird aus Mut gemacht« angetreten. Bei der bayerischen Landtagswahl 2018 posierten die Spitzenkandidaten Katharina Schulze und Ludwig Hartmann mit dem Appell: »Mut geben statt Angst machen.« Und der Entwurf zum neuen Grundsatzprogramm 2020 trägt den Titel »Veränderung in Zuversicht«.

Optimisten leben länger, haben Mediziner der Boston University ausgerechnet, ihre Lebenserwartung ist um 15 Prozent höher als die der pessimistischen Zeitgenossen. Doch tatsächlich spielen die Grünen seit ihrer Gründung auf der Klaviatur der Ängste. Routiniert versichern sie, dass Fortschritt gefährlich sei. In ihrem ersten Bundesprogramm von 1980 sprachen sich die Umweltschützer gegen Privatfernsehen, ISDN, den Ausbau von Kabelnetzen, gegen Volkszählung und Bildschirmtext aus. Und um die Menschheit vor den Strahlen des Mobilfunks zu schützen, verlangten die niedersächsischen Grünen 2001, dass der »Wildwuchs« bei der Errichtung von Mobilfunkstationen »unterbunden wird«. Laut ihrem Gesetzentwurf wollte die Landtagsfraktion von Bündnis 90/Grüne auch die Errichtung von Mobilfunkmasten, die kleiner als zehn Meter sind, künftig über ein Baugenehmigungsverfahren regeln lassen. Heute klagen dieselben Grünen, wie langsam die Digitalisierung voranschreite.

Aus grüner Sicht lauert das Böse immer und überall. Kohlendioxid, Atomkrieg, Atomkraft, Artensterben, Neofaschismus, Waldsterben, Dürresommer, Eisbärensterben, Klimawandel – viel Platz für Zuversicht bleibt da nicht. Die Grünen hauen immer wieder als Panikorchester der Republik auf die apokalyptische Pauke. Sie zitterten am Anfang, im Juni 1981, mit nahezu hunderttausend Demonstranten gegen den Nato-Doppelbeschluss beim Evangelischen Kirchentag in Hamburg unter dem Motto »Fürchtet euch, der Atomtod bedroht uns alle. Wehrt euch!« Und sie finden heute keine mäßigenden, optimistischen Töne, wenn sich die Jugendlichen von Fridays for Future ganz dem Appell Greta Thunbergs ergeben, man müsse »Panik« fühlen und verbreiten.

Wenngleich die Themen variieren, ähnelt sich ihre Symbolkraft bis heute. So erklärten sich Anfang der Achtzigerjahre Städte, Kommunen, Schulen oder Universitäten unter linker oder grüner Ägide als »atomwaffenfrei«. Seit 2019 gibt es eine ähnliche Entwicklung in Form der Ausrufung des »Klimanotstandes« durch etliche Kommunen. Bis 20. November 2019 hatten bereits 43 deutsche Städte und Gemeinden und weltweit gar 1195 Gebietskörperschaften eine entsprechende Erklärung abgegeben.[338] Am 28. November rief auch noch das EU-Parlament den Klimanotstand aus. In Deutschland hatte Konstanz am Bodensee am 2. Mai 2019 den Anfang gemacht, übrigens unter einem Bürgermeister, der Christdemokrat ist, als Unabhängiger kandidierte, außer im CDU-Wirtschaftsrat auch Mitglied des globalisierungsfeindlichen Netzwerks Attac ist und eine grüne Agenda verfolgt. Er habe auf einen Dienstwagen verzichtet, sagte dieser Oberbürgermeister, Uli Burchardt, dem Autor im September 2019, die Stadt habe eine Solarpflicht für alle Neubauten beschlossen, einen Mobilitätsmanager eingestellt und er »glaube schon, dass es etwas teurer wird« für die Bürger der Bodenseestadt. Es folgten Städte und Gemeinden wie Kiel, Köln, Ludwigslust, Tönisvorst, Herford oder Münster. Schließlich noch das Land Berlin. Oft kamen die Initiatoren von den Grünen, in vielen Fällen aber auch aus anderen Parteien. Auch auf diesem Feld bestätigt sich die grüne Hegemonie – eine rein symbolische Maßnahme mit ökomoralischem Anspruch wird von Christ- oder Sozialdemokraten kopiert. Das Umweltbundesamt stellt klar: »Eine rechtliche Wirkung per se ist mit der Ausrufung nicht verbunden.«

So beruhigen die Initiatoren ihr Gewissen, während bei betroffenen Bürgern, für die sich das Leben verteuert, der Eindruck entsteht, dauerhaft im Schützengraben eines Krieges gegen den Weltuntergang zu leben. Aber welche Logik bleibt für die Ausrufung eines kommunalen Notstands, nachdem dieser seit der entsprechenden Erklärung des Europaparlaments für den ganzen Kontinent gilt? Und angesichts der IPCC-Berichte im Kern für die gesamte Welt?

Atomenergie und Rationalität

Es war eine Bombe, die Hubert Kleinert da explodieren ließ, fast schon ein nuklearer Sprengsatz. »Eine Verlängerung der Laufzeiten für moderne Atomkraftwerke scheint mir bei rationaler Risikoabwägung durchaus diskutabel«, sagte der frühere Grünen-Bundestagsabgeordnete und hessische Landesvorsitzende 2008 im Interview mit dem *Spiegel*. Seiner Partei riet Kleinert, inzwischen Politikwissenschaftler an der Hessischen Hochschule für Polizei und Verwaltung, sie solle »bei der Nutzung vorhandener Atomanlagen zu einer verantwortungsethischen und rationalen Bewertung kommen«. Die zu erwartenden Milliardengewinne aus dem Weiterbetrieb der Kernkraftwerke sollten in erneuerbare Energien investiert werden.[339]

Man muss sich die Wirkung so vorstellen, als würde bei der Jahreskonferenz der Veganer-Gesellschaft Spanferkel gereicht. Die damalige Grünen-Fraktionschefin Renate Künast nannte Kleinerts Position »naiv«. Die Äußerung zeige, dass auch ein Politikprofessor grüner Herkunft Dinge sagen könne, »ohne Sachkenntnis zu haben«. Reinhard Bütikofer, zu dem Zeitpunkt Grünen-Chef, tat Kleinerts Einlassungen als »Ratschläge eines ehemaligen grünen Granden aus dem politischen Off« ab: »Das muss man vielleicht aushalten, aber nicht zu ernst nehmen.« Die Grüne Jugend reagierte in einem Offenen Brief »mit Entsetzen«. Kleinerts Äußerungen seien eine »offene Kapitulation vor der Atomlobby«. Er habe den Grünen durch die Äußerung seiner Meinung »massiv geschadet«.[340] Cem Özdemir sagte: »Der Ausstieg aus der Atomkraft ist mittlerweile gesellschaftlicher Konsens. Zu teuer, zu unberechenbar und zu gefährlich ist diese Form der Energieerzeugung.«[341]

Ausgesprochen teuer war in jedem Fall der Ausstieg aus der Kernenergie, der sich bereits in den Achtzigerjahren abzeichnete. 1985 war in Kalkar am Niederrhein ein neuer Reaktor mit der Schnellen-Brüter-Technologie fertiggestellt worden. »Der zu Baubeginn herrschende Konsens«, schreibt Rainer Knauber in seinem Büchlein über das deutsche *Neinsagerland*, »hatte sich bis zur Fertigstellung verflüchtigt. Übrig blieb eine Investitionsruine, in die am Ende mehr als 7 Milliarden D-Mark versenkt worden waren.« In die Wiederaufbereitungsanlage Wackersdorf wurden bis zur Einstellung des Projekts 1989 rund 10 Milliarden D-Mark gesteckt – dann zogen die Investoren die Reißleine, weil ihnen klar geworden war, dass im ergrünten Deutschland ein solches Projekt nicht mehr zu realisieren war.[342]

Atomtechnik sei gefährlich, lautete von Beginn an die Warnung der jungen Partei. Doch diese angebliche Gefährlichkeit wird von grünen Politikern immer wieder mit falschen Fakten zu belegen versucht. Am 11. März 2013, dem Jahrestag des Tōhoku-Erdbebens, verlautbarte Grünen-Chefin Claudia Roth auf Facebook: »Heute vor zwei Jahren ereignete sich die verheerende Atom-Katastrophe von Fukushima, die nach Tschernobyl ein weiteres Mal eine ganze Region und mit ihr die ganze Welt in den atomaren Abgrund blicken ließ. Insgesamt starben bei der Katastrophe in Japan 16 000 Menschen, mehr als 2700 gelten immer noch als vermisst.« Und weiter: »Die Katastrophe von Fukushima hat uns einmal mehr gezeigt, wie unkontrollierbar und tödlich die Hochrisikotechnologie Atom ist. Wir müssen deshalb alles daransetzen, den Atomausstieg in Deutschland, aber auch in Europa und weltweit so schnell wie möglich umzusetzen und die Energiewende voranzubringen, anstatt sie wie Schwarz-Gelb immer wieder zu hintertreiben. Fukushima mahnt.«

Die Reaktionen auf diesen Eintrag waren heftig, aber anders, als von Roth wohl erwartet. Ihr Eintrag wurde über 1500-mal kommentiert – zumeist ausgesprochen kritisch. Denn Roth hatte den falschen Eindruck erweckt, die mindestens 15 895 Todesopfer und 2539 Vermissten seien auf die Havarie von sechs Reaktorblöcken im Daiichi-Atomkraftwerk im japanischen Fukushima am 11. März 2011 zurückzuführen. Tatsächlich starb kein einziger Mensch durch die Reaktorunfälle, die sich vor allem in Überflutungen, einer Knallgasentwicklung samt Explosion und der Zerstörung der äußeren Hülle eines Reaktorgebäudes infolge ausgefallener Kühlsysteme äußerten. Eine dadurch entstandene radioaktive Wolke wurde zum größten Teil auf den Pazifik hinausgetrieben. Die Strahlung im Innern der Reaktorgebäude blieb als Folge der Kernschmelze über Jahre sehr hoch. Aber bis heute sind keine strahlenbedingten Todesfälle oder auch nur Erkrankungen infolge der Reaktorhavarien festgestellt worden.

Die Menschen fielen dem mächtigen Tōhoku-Erdbeben der Stärke 9,1 und einen dadurch ausgelösten Tsunami zum Opfer. 470 000 Menschen mussten aus der Region evakuiert werden, teilweise wegen zerstörter oder einsturzgefährdeter Häuser, teilweise zum Schutz gegen radioaktive Strahlung. Bis Februar 2017 war die Zahl der Evakuierten auf 79 500 zurückgegangen. Unabhängig von Radioaktivität verunglückten bei den späteren Aufräumarbeiten an den Reaktoren vier Menschen tödlich, darunter ein Kranführer, dessen Fahrzeug kippte.

»Im September 2012 wurden erstmals wieder Frischprodukte aus der Präfektur Fukushima ins Ausland exportiert. Im Jahr 2016 hat die Präfektur Fukushima sogar mehr Pfirsiche ins Ausland exportiert als im Jahr vor dem Unfall. Am 9. Januar 2016 hat die EU – im Unterschied etwa zu Südkorea, Hongkong und Taiwan – zahlreiche Restriktionen beim Import von Lebensmitteln aus der Unfallregion aufgehoben. Bei Fischen und Meeresfrüchten wurden seit dem vierten Quartal 2014 außerhalb der Gewässer vor der Präfektur Fukushima keine Grenzwertüberschreitung mehr festgestellt«, vermeldete das Schweizer Nuklearforum in einem Bericht vom März 2017.

Deutschland spielte in der Post-Fukushima-Bewegung eine Sonderrolle. Die in den USA sprichwörtliche »German angst« führte nach dem Unglück zu Reaktionen, die im internationalen Vergleich irrationale Züge aufwiesen. Sie trugen den Widerstand gegen die Kernkraft aus ihrem ursprünglich grünen Umfeld in die Mitte der Gesellschaft.

Fukushima bedeutete für die Grünen einen massiven Schub – zumindest in Deutschland. In vier Bundesländern wurde im zeitlichen Umfeld des Erdbebens und daraus resultierenden Reaktorunfalls im März 2011 gewählt, nämlich in Sachsen-Anhalt (20. März), Rheinland-Pfalz, Baden-Württemberg (beide 27. März) und Bremen (22. Mai). Dabei erreichten die Grünen im Durchschnitt 20 Prozent der gültigen Stimmen, während sie bei der Bundestagswahl im September 2009 in diesen vier Ländern auf durchschnittlich 11,8 Prozent kamen. Das sei »ein prozentualer Zuwachs von 70 Prozent«, schrieb der Demoskop Manfred Güllner. Auch auf der Basis der absoluten Stimmen habe die Zuwachsrate der Grünen in diesen vier Ländern 50 Prozent betragen – von 1 082 000 auf 1 625 000 Stimmen. In Bremen holten die Grünen 22,5 Prozent und zogen erstmals an der CDU vorbei.

In Baden-Württemberg war den Grünen ein Zuwachs wegen des Streits um das Bahnhofsprojekt »Stuttgart 21« vorausgesagt worden. Aber dass sie sich gegenüber 2006 von 11,7 Prozent auf 24,2 Prozent mehr als verdoppelten und die SPD (23,1 Prozent) hinter sich ließen, hatte vor Fukushima niemand erwartet. Zwar blieb die CDU mit 39 Prozent weit vorne, aber Ministerpräsident Stefan Mappus war angesichts eines Verlustes von gut 5 Prozent so eingeschüchtert, dass er auf das Mandat zur Regierungsbildung verzichtete. So wurde Winfried Kretschmann mit der SPD als Koalitionspartner zum ersten grünen Ministerpräsidenten Deutschlands.

Zum Vergleich: In sechs Bürgerschafts-, Landtags- und Abgeordnetenhauswahlen, die 2011 vor oder im Frühjahr 2012 deutlich nach Fukushima stattfanden, konnten die Grünen ihr Ergebnis gegenüber der Bundestagswahl 2009 nur geringfügig steigern, nämlich in der Summe all dieser Länder von 11,1 auf 12,4 Prozent (plus 12 Prozent). Im Saarland und in Nordrhein-Westfalen verloren die Bündnis-Grünen im Frühjahr 2012 gar jeweils knapp unter einem Prozentpunkt gegenüber den vorigen Landtagswahlen. Der Fukushima-Effekt war verflogen.

Angela Merkels Ausstieg

Es war schließlich Angela Merkel, die sich an die Spitze der Antiatomkraftbewegung setzte und den zuerst von Rot-Grün beschlossenen und später von Schwarz-Gelb wieder aufgehobenen Atomausstieg »beschleunigt« bestätigte. Die Naturwissenschaftlerin im Kanzleramt, die noch kurz zuvor im kleinen Kreis wie in der Öffentlichkeit ihr Vertrauen in die Nuklearenergie kundgetan hatte, wurde zur Atomkraft-nein-danke-Aktivistin. Allenfalls in Italien, dessen Bevölkerung im Juni 2011 einen potenziellen Wiedereinstieg in die Atomkraft mit großer Mehrheit per Referendum ablehnte, war eine ähnlich hektische Betriebsamkeit wie in Deutschland zu beobachten, analysiert der Bamberger Politikwissenschaftler Marco Meyer: »Im Gegensatz dazu waren die politischen Reaktionen in Großbritannien und den USA relativ verhalten. Die politische Kommunikation zeichnete sich dadurch aus, dass die Umstände, die zum Unfall führten, etwa die Kombination aus Erdbebenstärke, Tsunami und dem Standort des Fukushima-Kernkraftwerks, als ein unglücklicher Sonderfall dargestellt wurden.« So seien in den USA ein halbes Jahr nach Fukushima die Zustimmungsraten zur Kernkraft ähnlich wie vor der Katastrophe gewesen. Chile vereinbarte im März 2011, im unmittelbaren Kontext von Fukushima, eine Kooperation mit den USA zur zivilen Nutzung von Kernkraft.[343] In Großbritannien sind weitere Kernkraftwerke geplant. In Frankreich, wo einer schwachen Antiatomkraftbewegung »die herausragende Bedeutung der Technologie im nationalen Energiemix« gegenübersteht, blieb es bei einer »vornehmlich unkritischen, atomkraftfreundlichen Stimmung«. In Finnland kam ein »Diskurs über einen potentiellen Ausstieg niemals auf«.[344]

In Deutschland wird hingegen bis heute in der Regel von der »Reaktorkatastrophe« von Fukushima gesprochen, selten über die »Tsunamikatastrophe« – was den Eindruck erweckt, der Reaktorunfall sei die Ursache des Desasters gewesen, nicht seine Folge.

So verlas *Tagesschau*-Sprecher Thorsten Schröder am zweiten Jahrestag der Katastrophe: »Ein Erdbeben der Stärke neun hatte damals den Nordosten des Landes erschüttert und eine bis zu zwanzig Meter hohe Tsunamiwelle ausgelöst. In der Folge kam es zu einem Reaktorunfall im Kernkraftwerk Fukushima. Dabei kamen ungefähr 16 000 Menschen ums Leben.«

Und wie war es in Tschernobyl? Der GAU (größter anzunehmender Unfall) am 26. April 1986 in der damals noch sowjetischen Ukraine war nicht durch äußere Einwirkungen wie ein Erdbeben ausgelöst worden und hatte ungleich dramatischere Folgen. Nach einem Bericht des wissenschaftlichen Komitees der Vereinten Nationen aus dem Jahr 2008 starben in Tschernobyl 54 Menschen unmittelbar und 4000 durch zeitnahe Krebserkrankungen.[345] Das ist bedrückend. Und doch bleibt die Zahl von Opfern der Atomkraft gering. Setzt man die doppelte Ziffer von 8000 Toten an, weil in der UdSSR geringes Interesse an einer Kommunikation den tatsächlichen Folgeschäden bestand, kommen auf 10 Milliarden Kilowattstunden an Energieerzeugung durch Kernkraft 1,2 Todesopfer – eine deutlich schlimmere Bilanz als in einer Berechnung ohne Tschernobyl, in der diese Energieform nach einer Analyse des renommierten Wissenschaftsperiodikums *New Scientist* nur 0,2 Menschenleben fordern würde.[346] Die meisten Todesfälle, die der Atomenergie zugeschrieben werden, sind übrigens nicht auf Unfälle mit Strahlung oder radioaktiven Brennelementen zurückzuführen, sondern ereignen sich bei der Uranförderung in Bergwerken.

Kohle, Wasserkraft, Windkraft: Alles ist gefährlicher als Atomenergie

Zum Vergleich: An Kohle sterben laut *New Scientist* 2,8 Menschen pro 10 Milliarden Kilowattstunden. Bei Addition der Opfer durch Feinstaub, das laut der in Boston ansässigen Clean Air Task Force allein in den USA jährlich 13 200 Menschen das Leben kostet, seien es gar 32,7 Tote – wobei derartige epidemiologische Studien zu Feinstaubtoten mit Skepsis zu betrachten sind, wie der renommierte Lungenarzt Professor Dieter Köhler 2019 in seiner intensiv diskutierten Kritik der in Deutschland gültigen, nach seiner Meinung viel zu niedrigen Feinstaubgrenzwerte wiederholt dargelegt hat.[347]

Und weiter zu der Statistik, für die sich *New Scientist* auf Daten der Internationalen Atomenergiebehörde (IAEA) beruft: An Erdgas sterben je nach Berechnung zwischen 0,3 und 1,6 Menschen. Bei Wasserkraft sind es zwischen 1,0 und 1,6 Menschen. Rechnet man die 230 000 Opfer besonders verheerender Dammbruchkatastrophen 1975 und 1976 in China hinzu, ist Wasserkraft gar die tödlichste Energieform überhaupt – mit 54,7 Toten pro 10 Milliarden Kilowattstunden. Und bevor das Missverständnis aufkommt, so etwas sei nur im kommunistischen Reich der Mitte denkbar: Auch im Westen kam es wiederholt zu folgenreichen Dammbrüchen oder Stauseeüberläufen, so beispielsweise 1959 im Fall des Malpasset-Staudamms nahe dem französischen Frejus (423 Tote), 1963 im italienischen Longarone (2000 Tote), 1979 nahe dem indischen Morvi beim Machhu-Staudamm (bis zu 15 000 Tote) oder 2019 beim Brumadinho-Damm in Brasilien (270 Tote) – die Liste ist keineswegs vollständig.

Bleibt also Photovoltaik? Die Montage und Wartung von Dachpaneelen ist keineswegs risikolos. Auf 10 Milliarden Kilowattstunden kommen in den USA 4,4 Tote.[348] 2011 berichtete die ARD-Sendung *Plusminus* über die Brandgefahr, die durch den Betrieb von Photovoltaik-Anlagen bei großer Hitzeeinstrahlung entstehe. »Schon kleinste Schäden wie Marderbisse an den Leitungen, Montagepfusch oder wetterbedingte Abnutzung können einen Brand auslösen. Denn an defekten und damit unterbrochenen Leitungen sucht sich der von den Paneelen produzierte Gleichstrom weiter seinen Weg. Dabei können sich mehrere Tausend Grad heiße Lichtbögen bilden«, so die Redaktion dazu. »Die Politik greift nicht ein. Eine Brandgefahr würde nicht in das Bild der sauberen Solarenergie passen.«[349]

Ist Windenergie gefahrlos? 2011 starben in Großbritannien 14 Menschen insbesondere bei Wartungsarbeiten an den Turbinen.[350] Zwischen 2003 und 2016 kam es in Brandenburg zu vier Todesfällen.[351] Und Biomasse? Nach einem Bericht der Weltgesundheitsorganisation WHO nutzen »die vergessenen drei Milliarden« Menschen auf der Welt erneuerbare Brennstoffe wie Holz, Ernteabfälle, Holzkohle oder Dung, um zu kochen oder ihre oft schlecht ventilierten Hütten zu beheizen. Dadurch sterben insbesondere in Entwicklungsländern jährlich 3,6 Millionen Menschen.[352]

»Wie tödlich ist dein Kilowatt?«, überschrieb *Forbes* 2011 einen Artikel des Energieexperten James Conca. Auch er kam zu dem Ergebnis, dass Kohle am gefährlichsten sei, vor Öl, Biomasse, Solar und Wind liege – und Atomenergie den geringsten »Killerfaktor« habe.[353]

Ungeachtet dieser Fakten hat das Bundesverfassungsgericht im Dezember 2016 den »beschleunigten Atomausstieg« von 2011 als mit dem Grundgesetz vereinbar erklärt und dabei das Fukushima-ändert-alles-Argument der Bundesregierung bestätigt. Bei Kernenergie handele es sich um eine »Hochrisikotechnologie«, entschieden die Karlsruher Richter ohne nähere Erläuterung.[354]

Dabei nehmen die in Wirklichkeit geringen Risiken ständig weiter ab: Eine Gruppe von Physikern der Technischen Universität München und des Instituts für Festkörper-Kernphysik in Berlin hält ein Patent für einen Flüssigsalzreaktor, der nach dem Dual-Fluid-System arbeiten und als Brennstoff Atommüll verwenden würde. Allein in deutschen Zwischenlagern stünden 20 000 Tonnen des strahlenden Materials zur Verfügung, von denen nach dem Recycling im Dual-Fluid-Reaktor nur kleine Mengen radioaktiver Isotope übrig blieben mit Halbwertszeiten von zumeist deutlich unter 100 und maximal rund 300 Jahren. Man hätte also eine sichere Energiequelle – und benötigt keine Endlagerstätte mehr.

»Das ist realisierbar«, sagt der Kernphysiker Götz Ruprecht, der den Reaktor mitentwickelt hat, im April 2019 im Gespräch mit dem Autor. »Leider zeigt die Politik keinerlei Interesse an der Umsetzung.« Darum könnte es passieren, dass wir die in Deutschland entwickelte Technik eines Tages aus China importieren müssen.

Norbert Lossau, Wissenschaftsexperte der WELT, fordert eine sachliche Diskussion über diese neue Technologie: »Am Ende könnte man auch zu der Erkenntnis gelangen, dass hierzulande zwar ein Einstieg in die neue Reaktortechnik nicht machbar ist, sie aber andernorts sinnvoll genutzt werden könnte.« Denn eines sei gewiss: »In vielen Ländern werden auch künftig neue Kernkraftwerke gebaut.«[355]

Greta Thunbergs Plädoyer für Atomenergie

Es gibt Argumente gegen Kernkraft – aber vor dem Hintergrund des zur »Menschheitsherausforderung« (Merkel) erklärten Kampfes gegen CO_2-Emissionen deutliche bessere Argumente dafür. Der sonst von den

Grünen als oberste Instanz gefeierte Weltklimarat IPCC bestätigt das. »Die Kernenergie könnte einen wachsenden Beitrag leisten zu einer kohlenstoffarmen Energieversorgung«, schrieben die Wissenschaftler im Weltklimabericht 2018.[356] Greta Thunberg griff das Argument auf. Kernenergie könnte »ein kleiner Teil einer sehr großen neuen kohlenstofffreien Energielösung sein, insbesondere in Ländern und Regionen, in denen die Möglichkeit einer umfassenden Versorgung mit erneuerbaren Energien fehlt«, schrieb die zu diesem Zeitpunkt 16-jährige Schwedin am 15. März 2019 auf Facebook. Wütender Protest aus dem eigenen Lager und von den Fridays-for-Future-Kids prasselte auf das Mädchen ein, das es gewagt hatte, den IPCC-Bericht nicht nur in genehmen Ausschnitten zu lesen. »Persönlich bin ich gegen Kernenergie«,[357] ergänzte Thunberg rasch ihren Facebook-Eintrag. Kernkraft sei extrem gefährlich und teuer.

Anne Will fragte die Schülerin zwei Tage später, ob man nach ihrem Verständnis auf Kernenergie verzichten könne, wenn man CO_2-Emissionen stoppen wolle. Thunberg, die in dem Interview nur eine Minute zuvor versichert hatte, »ich sehe Fakten ... ich weiß, was getan werden muss, und dann tue ich es einfach, ich habe keine Zweifel und muss es nicht überdenken«, wurde plötzlich zögerlich: »Fragen Sie Wissenschaftler. Dazu kann ich nichts sagen, weil ich nicht über diese wissenschaftliche Ausbildung verfüge. Das ist eine so große Entscheidung, dass wir wissenschaftliche Beweise und wissenschaftlich fundierte Empfehlungen brauchen, was wir tun sollen. Darum kann ich nicht sagen, was wir tun sollen.«[358] Die Schwedin, deren Schulstreik die größte Jugendbewegung der Welt ausgelöst hatte, war zurückgekehrt in die grüne Marschordnung.

Unter der Überschrift »Die dümmste Energiepolitik der Welt« ließ im Januar 2019 das *Wall Street Journal* kein gutes Haar an der deutschen Entscheidung, zuerst aus der Kernkraft und bis 2038 auch aus der Kohle auszusteigen. »Nach der Verschwendung unzähliger Milliarden Euro für erneuerbare Energien, wodurch deutschen Haushalten und Unternehmen mit die höchsten Strompreise in Europa entstanden sind, verspricht Berlin nun, die letzte zuverlässige Energiequelle zu killen, die Deutschland noch geblieben ist«,[359] schreibt nicht etwa ein auf Provokationen geeichter Gastautor, sondern das »Editorial Board« des weltweit geachteten amerikanischen Wirtschaftsblattes, also die Chefredaktion höchstselbst. Und der US-Journalist David Wallace-Wells hält zwar den Neubau von Kernkraftwerken aus Kostengründen für schwer begründbar, kritisiert aber, dass in den USA bestehende Anlagen wie Three Mile Island und Indian Point abgeschaltet werden und in Deutschland »so viel Nuklearenergie in letzter Zeit stillgelegt wurde, dass die CO_2-Emissionen des Landes trotz eines weltweit führenden Programms für grüne Energie steigen. Dafür wurde Angela Merkel als ›Klima-Kanzlerin‹ bezeichnet.«[360]

Vielleicht ist David Wallace-Wells grüner als die deutschen Grünen?

DIE UNTAUGLICHE VERKEHRSWENDE

Berlin, Potsdamer Platz, zentraler geht es in der Hauptstadt kaum, ein Mittwoch im Oktober 2019, morgens, kurz nach 9 Uhr, es ist trocken, der Tag wird spätsommerlich schön. Die U2 in Richtung Pankow, mit Waggons von einem Ende der Plattform bis zum anderen, ist eng gefüllt, es drängen sich noch zwei Frauen mit Kinderwagen und zwei Radfahrer samt ihrem Gefährt hinein. Wer es nicht mehr schafft, muss warten bis zur nächsten Bahn. Was wäre hier jetzt wohl los, wenn nicht gerade Schulferien wären? Oder wenn es draußen regnen und noch mehr Radler einen trockenen Transit suchen würden. Oder die Verkehrswende wäre vollzogen, die Innenstadt für den Autoverkehr weitgehend gesperrt und alles drängte in die öffentlichen Verkehrsmittel. Um dann festzustellen, dass in der Bahn kein Platz mehr ist.

Das Problem lässt sich übrigens nicht lösen: Mehr Waggons geht nicht, weil in Stoßzeiten schon die gesamte Länge des Bahnsteigs ausgenutzt wird. Und kürzere Frequenzen sind bei mitunter jetzt schon nur dreiminütigen Taktzeiten aus Sicherheitsgründen kaum möglich.

Die Grünen versprechen eine weitgehend autofreie Stadt. Fußgänger, U-Bahn, Busse, Tram und Fahrräder, entweder mit Elektromotor oder, noch besser, mit Muskelkraft betrieben (Motto: »Fett verbrennen, nicht fossile Brennstoffe.«), so soll der Verkehr staufrei, stressfrei, CO_2-arm funktionieren. Und wo es doch nicht ohne das Auto geht, soll es einen Elektromotor haben und nach Möglichkeit geshared werden. Die Mobilitätswende soll Deutschlands Städte gewissermaßen neu erschaffen.

Aber haben die Deutschen das Auto erfunden und das Auto perfektioniert, um es jetzt gegen einen batteriebetriebenen Wiedergänger des Trabi einzutauschen? Busse, U- oder S-Bahnen sind jetzt schon überfüllt, da passen die heutigen Autoinsassen nicht mehr zusätzlich hinein. Bei der Verkehrswende geht es darum, fast im wörtlichen Sinne, das Rad neu zu erfinden. Aber, siehe da, was nicht rund ist, kann auch nicht rund laufen.

Die Grünen waren schon immer gern mit dem Radl da. Christian Ströbele, Ex-RAF-Anwalt und später der erste grüne Bundestagsabgeordnete mit einem Direktmandat, ließ sich in seinem Kreuzberger Kiez gern auf seinem Zweirad fotografieren – und startete eine private Fahndung, als ihm das Gefährt 2013 geklaut wurde. Dem Talkmaster Markus Lanz erzählte Ströbele später, er habe nicht die Polizei eingeschaltet, sondern ein Foto des gestohlenen Rads unter Fahrradkurieren verteilt. Drei Tage später meldete sich einer von ihnen, der das Diebesgut auf einem Flohmarkt in Kreuzberg entdeckt hatte.[361] Dort kaufte Ströbele es zurück – inzwischen ist er, Jahrgang 1939, auf den Rollator angewiesen.

Natürlich sind Fahrräder prima. In Städten mit Hügeln und Tälern sind E-Bikes zu empfehlen. Und die schnelleren Pedelecs eignen sich für eilige Verkehrsteilnehmer. Eine Entlastung der Städte und Straßen in Deutschland vom wachsenden Autobestand ist notwendig, schon um die CO_2-Emissionen des Verkehrs zu senken. Dabei muss betont werden, dass sie entgegen anderslautenden Behauptungen in den letzten 30 Jahren dank immer effizienterer Motoren in Deutschland massiv abgenommen haben. 1990 wurden hierzulande 940,3 Millionen Tonnen CO_2 durch das Verbrennen von Kraftstoff freigesetzt – 2015 waren es nur 729,8 Millionen Tonnen.[362] Weltweit nahmen die CO_2-Emssionen durch Kraftstoffverbrennung hingegen von 20 Milliarden auf 32 Milliarden Tonnen zu. Diese Zahlen bestätigen die Faktenchecker von Correctiv.[363]

Das ist ein beachtlicher Ingenieurserfolg, weil die Autos im Durchschnitt größer und wegen zusätzlicher Airbags und anderer Sicherheitsauflagen schwerer geworden sind. Vor allem aber: Ihre Zahl hat kontinuierlich zugenommen. Zum 1. Januar 2019 waren in Deutschland 47,1 Millionen Pkw zugelassen, bei einer Rekordeinwohnerzahl von knapp über 83 Millionen Menschen. Es gibt mehr Klein- oder gar Einpersonenhaushalte, Autos können darum seltener geteilt werden. Die Menschen bleiben länger fit, auch viele 90-Jährige bestehen auf individuelle Mobilität.[364]

Tägliche Superstaus – und wie wir sie loswerden

Kein Wunder, dass in den Metropolen, aber auch auf den Autobahnen Zahl und Dauer von Verkehrsstaus zunehmen. Erfasste der ADAC 2012 noch 285 000 Staus mit einer Gesamtlänge von 595 000 Kilometern, waren es 2018 bereits 745 000 Staus mit insgesamt 1 582 000 Kilometern.[365] Würde ein einzelner Fahrer alle Staustunden absitzen, bliebe er 52 Jahre hinter dem Steuer. Im ständigen Verkehrsstillstand werden Lebenszeit, Arbeitszeit und Bruttosozialprodukt vernichtet. Nordrhein-Westfalen, Bayern und Baden-Württemberg liegen regelmäßig vorne in der Staustatistik. Würde man alle Staus des Jahres nur in Deutschland miteinander koppeln, reichte er knapp 40-mal um die Erde.

Also müsste das Straßennetz in Deutschland ausgebaut werden und gerade auf viel befahrenen Autobahnen um eine Fahrspur erweitert werden. Stattdessen schrumpft es geringfügig: Verzeichnete das Bundesverkehrsministerium für 2009 ein Straßennetz für den überörtlichen Verkehr von über 231 000 Kilometer Länge,[366] waren es zehn Jahre später 229 903 Kilometer.[367] Und in Städten werden Fahrspuren umgewidmet in Fahrradwege – was durchaus gerechtfertigt ist. Denn auch der Fahrradbestand nimmt in Deutschland zu, von 68 Millionen im Jahr 2007 auf 76 Millionen 2018. Folglich beanspruchen auch Radfahrer mehr Raum.

»Wir brauchen deutlich weniger Autos auf den Straßen«, sagt mir Cem Özdemir, populärer Grünen-Politiker aus dem Ländle und Vorsitzender des Verkehrsausschusses im Bundestag. Es gehe nicht nur um die Ersetzung von fossilen Antrieben durch emissionsfreie oder aber zumindest emissionsarme Motoren, sondern auch um eine Ausdünnung der Fahrzeugflotte.

Özdemir, einst als der »junge Milde« bezeichnet, plädiert nicht für eine Politik mit der Brechstange, sondern für Überzeugungsarbeit durch vernünftige Konzepte. Manche seiner Parteifreunde verfolgen eine härtere Gangart. Der grüne »Krieg gegen das Auto« hat eine lange Tradition. Als die Bundesbürger im März 1998 für den Liter Benzin 81,2 Pfennige zahlten,[368] forderte der Magdeburger Bundesparteitag der Grünen einen »Spritpreis von 5 Mark« innerhalb von zehn Jahren.

Autofahrer schikanieren

Anton Hofreiter blickte im Februar 2012 im *WELT*-Interview recht offen zurück auf den allgemein als provokant und »fundamentalistisch« empfundenen Parteitagsbeschluss. Da hätten »viele gedacht, wir wollten die Autofahrer drangsalieren, und vielleicht hatte das mancher Grüne auch im Hinterkopf.«[369]

Der bayerische Abgeordnete, der 2013 vom Vorsitzenden des Verkehrsausschusses zum Fraktionschef aufstieg, fügte hinzu, »der Plan als solcher« habe aber darin bestanden, »die Industrie zur Entwicklung sparsamer und umweltschonender Autos zu motivieren und somit Technologiepfade aufzuzeigen, auf denen das Autofahren bezahlbar bleibt«. Dann folgte der Satz: »Das Benzin ist offenbar immer noch zu billig. Man muss bei uns für den Kauf eines Liters Benzin kaum länger arbeiten als in den 50er-Jahren.« Auf die Diskussion, wie teuer das Benzin nach den Vorstellungen der Grünen werden solle, ließ sich Hofreiter nicht ein.

Bis heute wollen die Grünen das Autofahren teurer, unerfreulicher und langsamer machen, um es massiv einzuschränken. Mit besonders offenem Visier kämpfen sie dafür in Berlin. Dort werden Tempo-30-Zonen mit der Begründung »Luftqualität« von solchen abgelöst mit der Erläuterung »Lärmschutz«. Irgendeinen Grund findet man immer. Florian Schmidt, Berliner Bezirksstadtrat der Grünen in Friedrichshain-Kreuzberg, räumt freiherzig ein, er wolle das Autofahren unbequem machen.

Der wirksamste Hebel gegen den Autoverkehr sei es, »das individuelle Autofahren unbequem zu machen, so hart das klingt«, sagte er dem Autor. Er besitze kein Auto, sei aber einmal morgens um 9 Uhr mit einem Mietwagen ins Büro gefahren – und ärgerte sich maßlos: »Plötzlich war ich doppelt so schnell im Büro wie sonst mit öffentlichen Verkehrsmitteln«. Das könne »ja wohl nicht wahr sein, was ist denn das für eine Verkehrsplanung«, schäumte Schmidt in unserem Gespräch im Juni 2019, »da läuft was falsch«. Der grüne Stadtrat dürfte zu den sehr wenigen Menschen gehören, die sich mehr Staus wünschen.

Immerhin ist Schmidt ausgesprochen ehrlich. Die Unterstellung des Autors: »Erkennbar geht es Ihnen um die Zurückdrängung des Autoverkehrs«, bestätigte er mit einem klaren »Ja.« Und schloss an: »Autos verstopfen die Stadt an so vielen Stellen. Sie nehmen so viel Raum ein, dass andere Verkehrsformen, aber auch Aufenthalt und Begegnung im öffentlichen Straßenland zu wenig Platz haben.« Darum sei es sinnvoll, »dass die Menschen nur noch selten Autos benutzen und wenn, dann ein Carsharing-System«.

Er habe Freunde mit Auto, die ein Landhaus in der Uckermark besäßen: »Und so richtig schmeckt denen meine Vorstellung vom Leben ohne ihr Privatauto nicht. Aber wenn es ein kleines bisschen weniger bequem wäre, würden sie am Wochenende trotzdem rausfahren. Und ich fahre am Wochenende mit dem Zug in die Uckermark und steige dann in den Bus um.«

In der Kreuzberger Bergmannstraße ließ Schmidt sogenannte »Parklets«, klobige, festmontierte Sitzgruppen auf einer niedrigen Bühne, auf die Straße wuchten, um Parkbuchten zu blockieren. Es gab Proteste, die Bezirksverordneten ordneten die Entfernung der Sitzgruppen an – weil sie aber nicht zugleich festlegten, dass die Parkräume frei bleiben sollten, ließ der Grüne Stadtrat im September 2019 große Findlinge an gleicher Stelle abladen. Und weil nachts Radfahrer gegen die dunklen »Kreuzbergrocks« hätten prallen können, wurden sie umzäunt mit rot-weißen Baustellenbaken. Viel hässlicher geht es nicht. Autofahrer ärgern sich, ganz wie gewünscht, und dass manchen Gastronomen und Einzelhändlern in der Gegend nun Kunden fehlten, wird im Sinne der ökologischen Erziehung in Kauf genommen.

Was also sind die Alternativen, wenn es zu viel Autoverkehr in den Innenstädten gibt, aber der öffentliche Nahverkehr seine Kapazitätsgrenze mitunter schon erreicht hat? E-Scooter gehören inzwischen in vielen Großstädten zum Stadtbild und werden von jungen Leuten, insbesondere Touristen, trotz hoher Unfallzahlen gern genutzt. Aber Kohlendioxid wird durch sie nicht eingespart, sondern es wird mehr Energie verbraucht. Eine Umfrage in Paris ergab, dass 85 Prozent der Nutzer ohne Roller zu Fuß gegangen wären oder die U-Bahn oder das Rad genutzt hätten.[370] Vom Materialeinsatz ganz zu schweigen. Viele E-Scooter sind nach wenigen Monaten schrottreif. Wo landen die Akkus? Eine Kreislaufwirtschaft, bei denen die Batterien von Fahrrädern, Rollern oder Autos recycelt werden, versprechen nur wenige der Anbieter.

»Dass jetzt Touristen vom Brandenburger Tor zum Alexanderplatz nicht mehr laufen, sondern mit dem Scooter fahren – ehrlich gesagt, das war das Risiko nicht wert«, seufzte bereits im Juli 2019 Siegfried Brockmann, Leiter des Instituts für Unfallforschung des Gesamtverbandes der Deutschen Versicherungswirtschaft (GDV), im Interview mit der *taz*. Und die ihn befragende Journalistin hatte auch eine Zahl aus den USA parat für die hohe Unfallgefährdung von E-Scooter-Fahrern: »Auf 100 000 Kilometern gab es zwölf verletzte Scooter-Fahrer. Beim Auto kam ein Unfall auf 250 000.«[371]

Und der Charme des Rollens oder auch Radelns auf zwei Rädern nimmt an regnerischen und kalten Tagen massiv ab. Menschen jenseits des Renteneintrittsalters erliegen ihm ohnehin selten.

Die Grünen fordern ein Verbot der Neuzulassung von fossilen Verbrennungsmotoren ab 2030. Es wäre zum ersten Mal, dass sich ein technologischer Quantensprung den Ingenieuren und Wissenschaftlern mit konkretem Lieferdatum befehligen ließe. Als John F. Kennedy unter dem Eindruck des Sputnik-Schocks am 25. Mai 1961 vor dem US-Kongress verkündete, noch vor dem Ende des Jahrzehnts werde ein Amerikaner den Mond betreten und gesund zur Erde zurückkehren, hatte er sich zuvor bei den führenden NASA-Wissenschaftlern um Wernher von Braun die Expertise und ihr zustimmendes Votum eingeholt.[372] Am 20. Juli 1969 setzte mit Neil Armstrong der erste Mensch seinen Fuß auf den Mond.

Die Wahrheit über Elektroautos

Kann die Autoindustrie beim E-Antrieb das halten, was die Grünen fordern? VW will nicht ab 2030, aber ab 2040 kein Benzin- oder Dieselauto mehr produzieren. Die Industrie stellt niedrigere Preise (bisher liegen E-Autos um mindestens 50 Prozent über den Anschaffungskosten vergleichbarer Verbrenner) und höhere Kilometerleistungen pro Akkuladung in Aussicht. 2018 lag sie angeblich im Durchschnitt bereits bei

330 Kilometern – auch wenn die Hersteller oft nur einen ganz bestimmten Außentemperaturkorridor zugrunde legen, und die Nutzung von Klimaanlage, MP3-Player oder das Überschreiten von 110 Stundenkilometern die Reichweite der üblichen Lithium-Ionen-Akkus bereits massiv reduzieren kann. Zudem lässt eine belastbare Ladeinfrastruktur weiter auf sich warten. Wie viel Akzeptanz findet die Mobilitätswende, wenn Autofahrer an der Tankstelle (die heißt dann vielleicht Ladestelle) zur Immobilität gezwungen werden, weil bereits drei E-Autos vor ihm warten, von denen jedes mindestens eine halbe Stunde ans Elektrokabel muss? Es werden kürzere Ladezeiten versprochen. Doch da sind die Gesetze der Physik unausweichlich. Schnelleres Aufladen geht immer zulasten der Batterielebensdauer.[373]

Die Installation von Steckdosen in den Tiefgaragen von Mehrfamilienhäusern ist kompliziert genug, weil der Widerspruch eines einzigen Mitbesitzers das Projekt aushebeln kann. Und was macht die Masse der Stadtbewohner, die abends durchs Viertel kurven auf der Suche nach einer freien Parkbucht? Da, wo sie endlich fündig werden, erwartet sie kaum eine Steckdose.

Eine Lösung wäre es, wenn genormte Akkus an einstigen Tank- und nunmehrigen Ladestellen nicht mehr nachgeladen, sondern ausgetauscht würden. Das ist kompliziert, weil sich dafür alle oder aber doch möglichst viele Autokonzerne auf den gleichen Standard einigen müssten. Größer noch ist die technische Herausforderung, die in der Autobatterie im Betrieb entstehende große Wärmemenge abzuführen. Darum verfügen die Batterien aller Elektrofahrzeuge über Flüssig-Kühlkreisläufe. »Wenn man eine modulare Batterie austauschen will, muss die mechanische Verbindung zur kühlenden Umgebung zwangsläufig unterbrochen und dann neu hergestellt werden«, erläutert mein Kollege Norbert Lossau. »Das ist keine simple Angelegenheit, schon gar nicht für einen Routinebetrieb.«[374]

Batterien mit hoher Reichweite sind entsprechend großvolumig, schwer und teuer. Darum können sie nur in großen Autos, vor allem, horribile dictu, in der SUV-Klasse eingesetzt werden. In diesem Premiumsegment stört es den Kunden wenig, ob er 80 000 oder 88 000 Euro zahlt. Für einen VW Up hingegen zahlt niemand statt 12 000 künftig 20 000 Euro, damit er einen Akku eingebaut bekommt, der 400 Kilometer reichen soll – aber so viel Volumen schluckt, dass aus dem Viersitzer ein Dreisitzer ohne Kofferraum würde.

Ist also die Mobilitäts- und Verkehrswende unrealistisch? Akzeptieren wir Superstaus und lindern den Verkehrsinfarkt in den Innenstädten allenfalls durch Mautsysteme und Parkgebühren von 20 Euro pro Stunde, so wie sie in New York City oder Barcelona seit Langem Usus sind? Selbstfahrende Autos, von der Google-Tochter Waymo, von Tesla, BMW, Mercedes, VW oder aus China, sind eine Alternative. Wenn heute mindestens 30 Prozent des Innenstadtverkehrs erzeugt wird von Autofahrern, die einen Parkplatz suchen und dafür mehrfach den Block umkreisen, werden intelligente Autos durch das Internet of Things den nächsten freien Platz im Parkhaus automatisch und auf schnellstem Weg ansteuern. Der Fahrer kann derweil auf seinem Smartphone chatten, mit den Kindern auf dem Rücksitz albern oder ein Bier trinken. Der Computer hinterm Steuer rührt keinen Tropfen an, er lässt sich von den lachenden Kindern nicht ablenken, er verliert nicht die Geduld, wenn er irgendwo doch einmal warten muss, und er sieht den Radfahrer, der ihn beim Abbiegen nach rechts dort überholen soll, auch im Halbdunkel. Automated Driving wird mit weniger Kilometerleistung auskommen, darum weniger CO_2 erzeugen, die Unfallzahlen verringern und die Lebenszeitverschwendung beim Sitzen hinterm Steuerrad beenden. Und nicht mehr jeder besitzt ein Auto. Die Fahrzeuge stehen heute die meiste Zeit des Tages irgendwo herum und sind darum wenig effizient – eher immobil als automobil. Ein autonomes Auto aus einer Fahrdienstflotte, das man per App verlässlich und pünktlich vor die Haus- oder Bürotür bestellen kann, wird häufiger und besser genutzt.

Ein paar Jahre später wird es Flugtaxis geben, die als Großdrohnen Menschen in die Innenstädte bringen oder Güter zum Kunden transportieren, ohne Zeit zu verlieren an Ampeln oder Baustellen oder jene Staus, die es auch beim Automated Driving noch geben wird. Allerdings: Ein E-Auto wird erst dann klimafreundlich, wenn es mit Strom aus erneuerbaren Quellen geladen werden kann. Heute stammt der Strom zu deutlich über 50 Prozent aus fossilen Quellen. Wenn nach der Verkehrs-wende alle Fahrzeuge mit Akkus laufen, wird der Bedarf gigantisch stei-gen. Darum sollten auch die Grünen das Offensichtliche zugeben: Die gesamte künftig in Deutschland benötigte Elektrizität und zusätzlich die komplette übrige Energie etwa zum Heizen unserer Wohnungen und Häuser wird sich niemals allein aus Wind, Sonne, Wasserkraft und Erd-wärme generieren lassen.

Entwicklungen lassen sich nicht übers Knie brechen. Anfang Okto-ber 2019 hob der neu ins Amt gewählte Madrider Bürgermeister José Luis Martínez von der konservativen Partido Popular in Erfüllung eines Wahlversprechens die restriktive Verkehrspolitik »Madrid Central« seiner linksalternativen Vorgängerin Manuela Carmena auf. Nun dürfen nicht mehr nur Anwohner oder Elektro- und Hybridfahrzeuge die Innenstadt befahren, sondern auch Dieselfahrzeuge ab Baujahr 2014 und Benziner ab 2006 – wenn mindestens zwei Passagiere an Bord sind. Parkhäuser werden wieder preiswerter und Fahrradspuren zurückgedrängt. Zugleich will Martínez einige zentrale Plätze zu Fußgängerzonen machen und zwei kostenlose Buslinien einführen.[375]

Disruption löst nicht alle Probleme. Wer die Bürger überfordert, wird erleben, dass sie auch bei der Verkehrswende den Rückwärtsgang einlegen.

KÖNNEN GRÜNE REGIEREN? VON ROT-GRÜN IM BUND ÜBER R2G IN BERLIN BIS ZUM »KRETSCH« IN STUTTGART

»Am Anfang war das Chaos« – so beschreibt der Parteilinke und Regierungsrealo Ludger Volmer den Beginn der rot-grünen Bundesregierung im Jahr 1998.[376] Später hat die Koalition unter Bundeskanzler Gerhard Schröder (SPD) und seinem Vizekanzler Joschka Fischer (Grüne) Deutschland innen- und außenpolitisch modernisiert. Zwischen 1998 und 2005 vollzog die Politik die wohl wichtigste Sozialreform seit den Zeiten Ludwig Erhards – und die Rückkehr Deutschlands in den Kreis jener Nationen, die militärische Kapazitäten nicht als Widerspruch zur, sondern als häufigen Garanten für die Stabilisierung der internationalen Ordnung sehen.

Das anfängliche Chaos war denn auch weniger den Grünen anzulasten als der SPD. Bei Ersteren war die Zahl der Fundamentalisten, die sich einer Verantwortungsübernahme widersetzten, seit der Wiedervereinigung geschrumpft. Die K-Gruppen-Linken hatten die Partei verlassen. Gleichwohl gab es weiterhin zwei dominante Flügel, die Realos (heute Reformer) und die Fundis (heute Linke). Aber beide wollten endlich auf die Regierungsbank. Die Linken waren zu »Regierungsrealos« geworden, die, wie Volmer, wussten, dass sie ihre Vorstellungen nicht aus einer permanenten Opposition zum politischen Establishment würden durchsetzen können, sondern nur durch Teilhabe an der Macht. Die eigentlichen Realos wie Fischer waren gemäßigte Linke, die recht wenig vom linken Flügel der SPD unterschied.

Die Sozialdemokraten bestanden hingegen aus zwei Parteien: den Modernisierern um Gerhard Schröder, die Sozialdemokratie und Wirtschaft miteinander aussöhnen wollten, und den Traditionalisten um Oskar Lafontaine, die sich vor allem als Umverteiler verstanden. In den Koalitionsverhandlungen 1998 setzte sich zunächst der designierte Finanzminister und SPD-Vorsitzende Lafontaine durch. Erst als Lafontaine nach einem vorangegangenen Streit im Kabinett völlig überraschend am 11. März 1999 vom Amt des SPD-Vorsitzenden und des Bundesfinanzministers zurücktrat und in sein saarländisches Domizil flüchtete,[377] fanden die Sozialdemokraten Tritt. Sie folgten Schröders Idee des beim britischen Premier Tony Blair abgeschauten »dritten Wegs« zu einer »neuen Mitte«, um den Etatismus zurückstutzen und die Selbstverantwortung des Einzelnen zu stärken. Dieser Mut zum Aufbruch war vor allem deshalb bemerkenswert, weil Schröder, Sohn einer Fabrikarbeiterin und eines im Krieg gefallenen Wehrmachtssoldaten, selbst aus ärmlichsten Verhältnissen kam und soziale Demütigung am eigenen Leib erfahren hatte.[378] Zwischen Schröder und den Grünen, insbesondere Umweltminister Jürgen Trittin, kam es in den folgenden Jahren zu regelmäßigen Reibereien. Doch koalitionsgefährdend waren sie nie. Schröder und Fischer entwickelten gar eine belastbare »Männerfreundschaft«.

Inzwischen haben die Grünen in acht unterschiedlichen Konstellationen als Juniorpartner mitregiert. Mit der SPD sowieso. Aber sie koalierten, erstmals 2008 in Hamburg, auch als schwarz-grünes Duo mit der CDU. Mit der SPD und der zunächst in PDS, dann in Die Linke umbenannten SED regierten sie rot-rot-grün in Berlin und in Thüringen. Zuvor war es in Sachsen-Anhalt (»Magdeburger Modell«) und später auch in Berlin zu einer von der PDS tolerierten rot-grünen Minderheitsregierung gekommen. Sachsen-Anhalt und Brandenburg sahen schwarz-rot-grüne und rot-schwarz-grüne Koalitionsvereinbarungen.

Zu Jamaikaregierungen schlossen sich Union, Grüne und FDP 2009 im Saarland und 2017 in Schleswig-Holstein zusammen. In Bremen kam es 2019 erstmals zu einem rot-grün-roten Bündnis im Westen. In Baden-Württemberg stellen die Grünen mit Winfried Kretschmann ihren ersten Ministerpräsidenten, zunächst ab 2011 mit der SPD als Juniorpartner und seit 2016 mit einer auf Platz zwei zurückgestutzten CDU.

In der Kommunalpolitik regieren grüne Oberbürgermeister bereits in zwei Landeshauptstädten, nämlich Fritz Kuhn in Stuttgart (2012–2020) und Belit Onay (seit 2019) in Hannover. Parteichef Robert Habeck wollte Onay am Montag nach dem Wahlsonntag im November 2019 in Berlin vor der Hauptstadtpresse feiern lassen – der Wahlsieger lehnte ab, weil er sich zunächst den Mitarbeitern im Rathaus vorstellen wollte. Universitätsstädte sind eine Domäne grüner Kommunalpolitiker. Die Geschicke von Freiburg i. Br. bestimmte Dieter Salomon (2002–2018), von Tübingen Boris Palmer (seit 2007), von Darmstadt Jochen Partsch (seit 2011) und von Greifswald Stefan Fassbinder (seit 2015). Auf das Hamburger Rathaus nahmen die Grünen für die Wahlen im Februar 2020 Kurs mit Katharina Fegebank als Spitzenkandidatin.

Von »hessischen Verhältnissen« zum Turnschuhminister

Dass die Grünen für die Sozialdemokraten als Regierungspartner in Frage kämen, hatte der SPD-Vorsitzende Willy Brandt erstmals im September 1982 am Abend der Landtagswahl in Hessen angedeutet, bei der die SPD auf 42,8 Prozent kam und mit 1,5 Prozentpunkten vergleichsweise wenig verloren hatte. Aber sie lag hinter Alfred Dreggers CDU (45,6 Prozent). Die Grünen hatten um 6 Punkte auf 8 Prozent zulegen können. In der »Bonner Runde« der Parteivorsitzenden am Wahlabend sagte Brandt: »Es gibt an diesem Abend der hessischen Wahl die Mehrheit diesseits der Union.«[379] So regierte der sozialdemokratische Ministerpräsident Holger Börner in einer von den Grünen unterstützten Minderheitsregierung weiter.

Diese sogenannten »hessischen Verhältnisse« lieferten der Union Wahlkampfmunition. Brandt habe »im Klartext das Konzept einer anderen Republik auf den Tisch gelegt«, sagte Helmut Kohl schon in jener »Bonner Runde«.[380] Die Minderheitsregierung erwies sich als instabil. Ein Jahr später gab es Neuwahlen, diesmal landete die SPD vor der CDU. Die Grünen verloren 2 Prozentpunkte, setzten aber zunächst die Tolerierung Börners fort – bis es am 12. Dezember 1985 zur offiziellen Koalition kam und der Ex-Bundestagsabgeordnete Joschka Fischer als einziger Grüner Mitglied im Kabinett wurde, zuständig für Umweltpolitik.

Der 37-jährige Fischer wurde über Deutschland hinaus als »Turnschuh-Minister« bekannt, weil er zur Vereidigung weiße Nike-Treter zu Jeans und einem saloppen Sakko ohne Krawatte trug. Das sei ihm peinlich gewesen, erzählte Fischer später, er habe eigentlich mit seriösen Lederschuhen auftreten wollen. Aber die Fraktion habe darauf bestanden, dass er »ein Protestsymbol« setzte. »Dem hab' ich mich gebeugt«, sagte der einstige Straßenkämpfer, Steinewerfer und spätere Außenminister 2017 in der ZDF-Sendung *Zeugen des Jahrhunderts* im Gespräch mit Marietta Slomka.

Der ersten rot-grünen Landesregierung war kein langes Leben beschieden, das Experiment platzte nach 16 Monaten am Streit um eine Plutoniumfabrik in Hanau, die nach Meinung der Grünen umgehend geschlossen gehörte.[381]

Das ist Geschichte: In Hessen wurde im Herbst 2018 die schwarzgrüne Koalition unter Volker Bouffier (CDU) und Tarek Al-Wazir (Grüne) im Amt bestätigt – die Christdemokraten mit starkem Verlust, die Umweltpartei mit sattem Gewinn. Im Land der ersten rot-grünen Koalition zogen die Grünen diesmal an der SPD vorbei – mit einem Vorsprung von exakt 66 Stimmen. Al-Wazir hat übrigens »den Begriff von der Ausschließeritis als politische Krankheit vor zehn Jahren geprägt«, sagte er dem Autor im Herbst 2018: »Über Wunschkonstellationen und vor allem über die Frage, mit wem man nicht redet, sind wir hinaus. Immer wenn man damit beginnt, machen das die anderen Parteien auch, und am Ende bleibt dann nur noch eine große Koalition übrig.«

1998 bis 2005: Bilanz der ersten rot-grünen Bundesregierung

»Kneif mich«, flüsterte der frisch vereidigte Außenminister dem neben ihm stehenden Ministerkollegen und einstigen Parteifreund zu. »Ich kann es einfach nicht glauben. Sag mir, dass es kein Traum ist.«

So wandte sich Joschka Fischer am 27. Oktober 1998 in der ehrwürdigen Bonner Villa Hammerschmidt an Innenminister Otto Schily (SPD). Gerade hatte ihnen Bundespräsident Roman Herzog die Ernennungsurkunden überreicht. »Wir – die SPD und Die Grünen, die Generation der 68er – waren angekommen im Zentrum der politischen Macht«, erinnert sich Fischer.[382]

Der Machtwechsel, bei dem erstmals in der bundesdeutschen Geschichte eine Regierungskoalition komplett abgewählt worden war und durch eine andere ersetzt wurde, kam nicht aus heiterem Himmel. Deutschland galt Ende der Neunzigerjahre als »kranker Mann Europas«. Die Sozialkosten uferten aus, es mangelte an Reformbereitschaft, der verdienstvolle Bundeskanzler Helmut Kohl erschöpfte sich inzwischen in einem »Weiter so«. Gerhard Schröder trat mit dem klaren Ziel an, die notwendige Modernisierung einzuleiten, auch wenn er damit etliche Prinzipien insbesondere seiner Partei, durchaus aber auch der Grünen in Frage stellte.[383]

Der sozialdemokratische Bundeskanzler verpflichtete Deutschland sozialpolitisch auf das neue Prinzip »Fordern und Fördern«. In einer 90-minütigen Regierungserklärung beschrieb Gerhard Schröder die Kernpunkte: »Wir werden Leistungen des Staates kürzen, Eigenverantwortung fördern und mehr Eigenleistung von jedem Einzelnen abfordern müssen.«[384] Im Bundesvorstand der SPD opponierte die spätere glücklose Parteichefin Andrea Nahles gegen den neuen Kurs, in der Fraktion waren es Abgeordnete wie Ottmar Schreiner und Gernot Erler. Die Gewerkschaften gingen auf die Barrikaden. Oskar Lafontaine, der zwei Jahre später in Richtung PDS/Linkspartei aufbrechen sollte, schoss via *Bild*-Interview dazwischen.[385]

Die Maßnahmen deregulierten den Arbeitsmarkt und lösten eine Gründerwelle aus – für Schröder selbst sollten die Früchte seiner Hartz-Reformen allerdings zu spät kommen. Erst seine Nachfolgerin Angela Merkel (CDU) hat von ihnen profitiert.

Der grüne Koalitionspartner blieb bei der Agenda 2010 nahezu widerspruchslos an Schröders Seite und war leichter zu kontrollieren als die SPD-Linke. Zwar setzte sich der grüne Fraktionsvize Reinhard Loske »für eine Agenda 2010 mit ökologischer Ausrichtung« ein, aber das klang eher nach Kosmetik an einem Papier, dessen Inhalt nicht in Frage gestellt wurde. Auf einem Sonderparteitag im Juni 2003 in Cottbus stimmten die Bündnis-Grünen mit rund 90 Prozent der Agenda 2010 zu.[386]

Heute wollen Grüne wie SPD Hartz IV abschaffen. Nach einem Konzept von Robert Habeck soll die an Bedingungen geknüpfte Sozialleistung durch eine staatlich garantierte Grundsicherung ohne Sanktionen ersetzt werden, die neben Arbeitslosen auch Beziehern kleinerer und mittlerer Einkommen zustünde.[387]

Zurück zur rot-grünen Bundesregierung: Mit der Ökosteuer folgte Deutschland dem Beispiel von Ländern wie Finnland, Dänemark, Schweden und den Niederlanden. Die Grünen, allen voran die finanzpolitische Sprecherin Christine Scheel, verlangten schon in den Koalitionsverhandlungen einen hohen Öko-Aufschlag auf den Benzinpreis, mindestens 26 Pfennig. Der wirtschaftsfreundliche Schröder blieb hart – mehr als 6 Pfennig seien nicht drin.[388] So geschah es formal auch – obwohl sich das Benzin wegen der Entwicklung des Weltmarktes zur Enttäuschung der Wähler deutlich stärker verteuern sollte.

Zum 1. Januar 2003 wurde in Deutschland eine Pfandpflicht auf Einwegverpackungen von Getränken eingeführt, die traditionell auch in Mehrwegflaschen angeboten wurden. Damit sollte die zunehmende Vermüllung durch weggeworfene Plastik- oder Glasflaschen gestoppt und ein Weg zum nachhaltigen Recycling wertvoller Materialien geschaffen werden. Den »Einwegpfand« oder »Dosenpfand« kämpfte Umweltminister Jürgen Trittin gegen den Widerstand von Handel und Getränkeindustrie durch. Die Bilanz der Pfandeinführung ist durchmischt. Wurden 2002, im Jahr vor der Pfandeinführung, 7,5 Milliarden Dosen verkauft, ging diese Zahl in den Jahren 2003 (300 Millionen), 2004 (200 Millionen) und 2005 (100 Millionen) drastisch zurück. Seitdem stieg sie aber wieder deutlich an. 2018 wurden 351 Millionen Dosen abgesetzt.[389] Mehrwegverpackungen sanken von einem Marktanteil von 67 Prozent (2004) auf 42,8 Prozent (2016). Trittin hatte eine Mehrwegquote von 80 Prozent angestrebt. Tatsächlich wird nicht einmal jede zweite verkaufte Flasche wiederverwendet.

Besonders wichtig für die Grünen war das ebenfalls von Trittin betreute Projekt des Atomausstiegs. Die SPD, die sich nach Tschernobyl endgültig von der Kernenergie losgesagt hatte, bejahte das Ziel. Aber Schröder und sein parteiloser Wirtschaftsminister Werner Müller, ein ehemaliger RWE-Manager, sorgten sich um die Machbarkeit und bremsten das vom Umweltminister eingeforderte Tempo. Er wünsche sich »mehr Fischer und weniger Trittin«, sagte der Kanzler im Februar 1999 der *Süddeutschen Zeitung*.[390] Im Juni 2000 stellte Schröder einen »Energiekompromiss« vor, erzielt zwischen der Bundesregierung und den Energiekonzernen. Danach durften die deutschen AKWs noch 2623 Terawattstunden an Strom erzeugen, was zum Abschalten des letzten Kraftwerks zwischen 2022 und 2025 geführt hätte.[391]

Nicht nur in der Atompolitik mussten die Grünen Kröten schlucken. Bereits zuvor hatte die vermeintlich grundpazifistische Partei dem von Schröder befürworteten ersten Kriegseinsatz der Bundeswehr im Kosovokrieg zugestimmt. Am 24. März 1999 hatte die Nato mit Kampfjets und Marschflugkörpern Angriffe auf Serbien gestartet. Schröder sah Deutschland verpflichtet, die Verbündeten zu unterstützen. Außenminister Fischer unterstützte ihn vorbehaltlos. Erst fünf Monate im Amt, entsorgten Sozialdemokraten und Grüne ein bisheriges Tabu der bundesdeutschen Politik. »Ich bin überzeugt, dass eine Kohl-Regierung diesen Beschluss damals nicht gefasst hätte«, sagt Hans-Christian Ströbele, Grünen-Bundestagsabgeordneter und Repräsentant des Fundi-Flügels der Grünen. Noch im Jahr zuvor, auf dem Magdeburger Parteitag im März 1998, hatte Ströbele als Wortführer der Parteilinken Fischers (auch von Jürgen Trittin unterstützten) Antrag knapp scheitern lassen, friedenserhaltende SFOR-Einsätze der Bundeswehr in Bosnien zu ermöglichen.[392]

Der Gießener Politikwissenschaftler und frühere grüne Bundestagsabgeordnete Hubert Kleinert analysiert: »Für die Grünen war das, glaube ich, die schwierigste Frage auf dem Weg zu einer pragmatischen politischen Partei, zu der dann auch gehört, dass man in der Außenpolitik auch letzte Mittel für legitim halten kann.«[393]

Fischer wurde wegen seines Eintretens für eine Bundeswehrbeteiligung am Kosovokrieg von großen Teilen der Grünen-Basis und im linken Milieu heftig angefeindet. Auf einem Parteitag im Mai 1999 in Bielefeld schleuderte ein 37-jähriger Linksautonomer einen roten Farbbeutel gegen die Schläfe des Außenministers. Der Minister erlitt einen Riss im Trommelfell und musste in einer Klinik behandelt werden. Die Bilder eines vermeintlich blutüberströmten Fischers flimmerten durch die Nachrichtensendungen. Fischer mag das geholfen haben. »Nach der Farbbeutelattacke hat sich die Stimmung sehr gedreht«, sagte Ströbele später. »Ich glaube, der Effekt, der sich bei vielen Delegierten dann eingestellt hat, war: Also so lassen wir unseren Sprecher, unseren Außenminister, unseren Vizekanzler nicht behandeln.« Er glaube, das habe »dazu beigetragen, dass der Parteitag dann mit Mehrheit dem Kosovo-Einsatz zugestimmt hat«.[394] Und Ströbele fügte noch eine dosierte Gehässigkeit gegen den Realo Fischer an: »Fischer hatte ja auch gedroht, er macht nicht weiter – aber ich bin nicht überzeugt davon, dass er das durchgehalten hätte.«

War die Zustimmung zur sozialpolitischen Modernisierung der Republik und zur außenpolitischen Realpolitik nicht der Beweis grüner Politikfähigkeit? Eine Partei, die eine wichtige, im linken Milieu als »neoliberal« geschmähte Sozialreform mitträgt! Dazu der damals tonangebende grüne Politiker, der Opfer einer Körperverletzung wurde, weil er seine Partei zur Befürwortung bis dahin strengstens tabuisierter militärischer Gewalt bringen wollte. Fischer tat dies vor den Delegierten mit den Worten: »Nie wieder Krieg, nie wieder Auschwitz; nie wieder Völkermord, nie wieder Faschismus: Beides gehört bei mir zusammen.«[395] So geriet in Fischers Diktion der erste Militäreinsatz der Bundeswehr zu einer antifaschistischen Aktion. Das immerhin kam bei den überwiegend pazifistischen Parteifreunden gut an, auch wenn es weiterhin Widerstand gab, angeführt von Claudia Roth. Im Sicherheitsrat der Vereinten Nationen verweigerten die Vetomächte Russland und China der Militäraktion der Nato gegen Serbien später ihre Zustimmung. Der einstige SPD-Kanzler Helmut Schmidt sprach von einem »völkerrechtswidrigen Krieg«.[396]

In der rot-grünen Bundesregierung haben sich die Grünen als eine verantwortungsbewusste Partei des linken Lagers bewährt, mit der

Fähigkeit zu weitreichenden Zugeständnissen und zur Überprüfung eigener Prinzipien – das ist die positive Lesart der sieben Jahre an der Seite der SPD.

Die negative Bilanz würde lauten, dass die Grünen sich als genügend wendig erwiesen, um zur Sicherung der Teilhabe an der Macht viele ihrer Grundsätze umzudeuten. Kompromisse gehören nun einmal zur Politik und sind in Koalitionen unvermeidlich. Wie kompromissbereit aber wären die Grünen, wenn sie selbst das Kanzleramt innehätten und die Richtlinien der Politik definieren könnten?

Schutzräume für Dealer, nicht für Investoren: Rot-Rot-Grün in Berlin

Seit 2016 regiert eine rot-rot-grüne Landesregierung die Hauptstadt. Dem Senat von Berlin unter dem Regierenden Bürgermeister Michael Müller (SPD) gehören vier Sozialdemokraten und jeweils drei Senatoren der Linken und der Grünen an. Die Grünen zeichnen in der an großen Unternehmen armen und von studentischen, alternativen und kreativen Milieus, aber auch von Arbeitslosen und hoher Kriminalität geprägten Metropole verantwortlich für Wirtschaft (Ramona Pop), Justiz und Verbraucherschutz (Dirk Behrendt) sowie für Umwelt, Verkehr und Klimaschutz (Regine Günther).

Friedrichshain-Kreuzberg ist gewissermaßen das Wohnzimmer der Grünen. Hier holte und verteidigte früher Christian Ströbele seit 2002 das erste Bundestagsdirektmandat für die Grünen mit Erststimmenergebnissen von bis zu 46,7 Prozent (2009). Als er 2017 nicht mehr antrat, sicherte sich seine ebenso linke Parteifreundin, die Rechtsanwältin Canan Bayram (26,3 Prozent der Erststimmen), das Direktmandat.

In dem ausgesprochen jungen und multikulturellen Bezirk beiderseits der einstigen Mauer, geprägt von alternativer Subkultur und hippen Partymeilen, wurde im Juni 2013 die Grüne Monika Herrmann zur Bezirksbürgermeisterin gewählt. Die 1964 geborene Tochter zweier Berliner CDU-Politiker wollte 2015 einen Modellversuch zur legalen

Abgabe von Cannabis starten. Als das Bundesinstitut für Arzneimittel und Medizinprodukte den Antrag ablehnte, zeigte sich die Politologin mit dem arbeitsplatznahen Diplomthema »Einführung eines Personalmanagements im Zuge der Berliner Verwaltungsreform: Chancen und Grenzen am Beispiel des Bezirksamts Kreuzberg von Berlin« enttäuscht. Dabei gibt es in ihrem Bezirk seit Jahren einen de facto legalen Drogenumschlagplatz, 14 Hektar groß und sogar rund um die Uhr geöffnet: Im Görlitzer Park werden Szenegänger wie Schulkinder, Anwohner wie Touristen von unermüdlichen Dealern zumeist afrikanischer Herkunft angesprochen.

Die Polizei müssen die etwa 200 Drogenhändler im »Görli« (in ganz Kreuzberg dürften es 800 bis 1000 sein) kaum fürchten, denn in Berlin gilt im Bundesländervergleich die größte Menge an Cannabis, bis zu 15 Gramm, als »Eigenbedarf«. So viel haben die Dealer in der Tasche, meist aufgeteilt auf fünf Verkaufstüten. Den Rest verstecken sie im Gebüsch, hinter einem Mäuerchen oder im Papierkorb. Zwar kommt es nahezu täglich zu einem Polizeieinsatz. Aber die Beamten müssen die Dealer laufen lassen, weil ihnen praktisch nie nachzuweisen ist, dass sie mit den jeweils 15 Gramm handeln wollten. Nach wenigen Stunden sind sie wieder im Park unterwegs. Und dies keineswegs nur innerhalb eines der mit rosa Farbe von einem Parkmanager im Sommer 2019 auf die Wege gesprühten Rechtecke, mit denen die Claims definiert werden sollten. Im Angebot der vor allem afrikanischen Dealer, die Asylanträge vielfach in anderen Bundesländern gestellt haben und sich daher gar nicht in Berlin aufhalten dürften, sind Drogen aller Art: neben Haschisch und Marihuana auch Ecstasy, Crystal Meth, LSD, Kokain und Heroin. Es kommt zu Eigentumsdelikten und Gewalttaten. Laut dem ARD-Magazin *Kontraste* stieg die Zahl der schweren Körperverletzungen im und um den Görlitzer Park in den ersten vier Monaten 2019 im Vergleich zum Vorjahr um 50 Prozent. Raub nahm im gleichen Zeitraum um 31 Prozent zu, Widerstand gegen die Staatsgewalt um 30 Prozent.[397]

Die Bezirksbürgermeisterin findet zwar die Zustände im Park »unhaltbar«. Aber an der Dauerpräsenz der Drogenhändler im »Görli« will sie nichts ändern. Das sei den »Anwohnerinnen und der Nachbarschaft ... sehr, sehr wichtig«, erläuterte Herrmann den *Kontraste*-Journalisten: »Dass sie sagen, okay, keine Gruppe soll ausgeschlossen werden.« Die Leute hätten gesagt: »Okay, heute sind es die Dealer, die Dealergruppe, die rausgeschickt wird. Was ist morgen? Wer darf morgen und übermorgen und wer bestimmt das eigentlich?«[398] Darum setze man sich »für einen Park für alle ein. Keine Gruppe darf diskriminiert werden, keine den Park dominieren«, heißt es im »Handlungskonzept« des Bezirksamts.[399] Dass selbst 13-jährige Kinder auf dem Schulweg von Dealern angesprochen werden, nimmt das Amt hin.

Die Grünen-Politikerin Catherina Pieroth, drogen- und gesundheitspolitische Sprecherin der Fraktion im Berliner Abgeordnetenhaus, möchte die Legalisierung übrigens auf harte Drogen ausweiten. Pieroth sagte dem Sender RBB: »In Berlin haben wir die Möglichkeit, den Eigenbedarf für härtere Drogen wie Kokain oder Heroin bewusst zu regeln. Dieser könnte bei 3 Gramm liegen.« Die Tochter eines früheren CDU-Senators verweist auf Schleswig-Holstein, wo bei einem Besitz von 1 Gramm Heroin von einer Strafverfolgung abgesehen werden könne. Allerdings will Pieroth noch weiter gehen: »Was die harten Drogen betrifft, ist das Endziel auch eine Legalisierung, das ist der einzige Weg, den Schwarzmarkt trocken zu legen.«[400]

Wer sich übrigens bei den Kreuzbergern im Umfeld des Görlitzer Parks umhört, bekommt sehr häufig das Echo, gegen die Dealer müsse endlich vorgegangen werden, die Kriminalität mache den Kiez mehr und mehr zum Albtraum. Auch die *Kontraste*-Journalisten stießen auf diese Reaktion. Und auf den Görli-Aktivisten Lorenz Rollhäuser, der Hörfunk-Features vor allem für die ARD schreibt. Rollhäuser, Mitglied des demokratisch nicht legitimierten elfköpfigen »Parkrats«, fordert »eine Kreuzberger Lösung«. Sie müsse »in Rechnung stellen, dass in Kreuzberg bestimmte Dinge auch anders gesehen werden, als sie vielleicht in anderen Teilen der Republik gesehen werden, dass Migration, Drogen, Gentrifizierung, Reichtum, Armut, dass viele Leute da eine eigene Sicht drauf haben und das muss ich irgendwie berücksichtigen, wenn ich hier Politik machen will.«

Mit der Linkspartei Hand in Hand
gegen Vermieter

Die Grünen im Berliner Abgeordnetenhaus unterstützten einen Gesetz-entwurf von Stadtentwicklungssenatorin Katrin Lompscher (Linke), nach dem nicht nur Mieten straff gedeckelt, sondern bestehende Mieten abge-senkt worden wären, falls diese mehr als 30 Prozent des Gesamteinkom-mens eines Mieterhaushalts betragen. Fraktionschefin Antje Kapek sagte, es reiche keinesfalls, Mieten nur einzufrieren. »Dann bestrafe ich alle fairen Vermieter, die zuletzt nur moderat erhöht haben, und belohne die-jenigen, die das Maximale aus ihren Mietern rausgequetscht haben.«[401]

Klare Unterstützung kam von der grünen Bundestagsabgeordneten Canan Bayram. »Rechtlich ist es selbstverständlich möglich, entspre-chend dem Entwurf des geplanten Mietendeckels auch bereits bestehende Mieten abzusenken, wenn sie mehr als 30 Prozent des Einkommens des Mieters betragen«, sagte sie dem Verfasser im Oktober 2019 unter Berufung auf den Wissenschaftlichen Dienst des Bundestags. Bayram ging noch einen großen Schritt weiter: Wie die Linkspartei und einzelne Sozialdemokraten, darunter Juso-Chef Kevin Kühnert, unterstützt sie die Idee einer Enteignung aller Immobilienunternehmen mit mehr als 3000 Wohnungen: »Wenn wir jetzt die Mieten deckeln, wird später das Enteig-nen leichter – unter der Voraussetzung, dass der entsprechende Volksent-scheid die notwendige Zustimmung bekommt.«

Dabei ist unter Rot-Rot-Grün die Bautätigkeit in Berlin zurückgegan-gen. Statt der 30 000 im Koalitionsvertrag vereinbarten neuen Woh-nungen werden die städtischen Wohngesellschaften bis 2021 allenfalls 25 000 bauen.[402] Lompscher bremse insbesondere private Investoren aus, ist selbst aus der SPD zu hören. Der Regierende Bürgermeister Michael Müller unterband immerhin Lompschers Plan der rückwirkenden Miet-senkung. Die Koalition erarbeitete jedoch ein ausgesprochen vermieter-unfreundliches Gesetz, nach dem zunächst auf fünf Jahre die Mieten eingefroren werden – falls die Gerichte diese partielle Enteignung von Eigentümerinteressen mitmachen. Das Signal ist eindeutig. Hieß es zu Zeiten des Regierenden Bürgermeisters Ernst Reuter: »Ihr Völker der

Welt, schaut auf diese Stadt«, klingt es aus der rot-rot-grünen Koalition: »Ihr Investoren aus aller Welt, pfeift auf diese Stadt.«

Als der damals noch rot-rote Senat 2008 den innerstädtischen Flughafen Tempelhof schließen ließ, um dem entstehenden Flughafen BER Konkurrenz zu ersparen, sagte der Regierende Bürgermeister Klaus Wowereit (SPD), auf dem großen Freigelände würden sich »neue Möglichkeiten einer zukunftsträchtigen, innenstadtnahen Stadtgestaltung ergeben«. Doch als sich in einem Volksentscheid 2014 nicht einmal 30 Prozent der wahlberechtigten Berliner dafür aussprachen, das Feld unbebaut zu lassen (Slogan der Kampagne: »Vögeln lauschen«), folgte die Landespolitik. Dabei dürfen sich die nur ihrem Gewissen unterworfenen Abgeordneten über das Votum hinwegsetzen und die riesige, zentrale Brache bebauen lassen. Mit dem gleichen Recht ignoriert der inzwischen rot-rot-grüne Senat unter Michael Müller auch einen anderen Volksentscheid, in dem sich 2017 die Berliner für ein Offenhalten des Flughafens Tegel ausgesprochen hatten.[403] Dort sollen Tausende von Wohnungen, eine Hochschule und Unternehmen entstehen – irgendwann.

Besonders heftig bekämpft R2G, wie die Koalition in Berlin gekürzt wird, die Autofahrer. Die Praktiken, mit denen der Grünen-Politiker und Bezirksstadtrat in Friedrichshain-Kreuzberg, Florian Schmidt, den Autoverkehr verlangsamen und »unbequem« zu machen versucht, wurden an anderer Stelle des Buches beschrieben.

Die grüne Wirtschaftssenatorin Ramona Pop, zugleich Stellvertreterin des Regierenden Bürgermeisters, gehört zum eher marktwirtschaftlichen Flügel ihrer Partei. Sie steht den Enteignungsfantasien der Linkspartei und vieler ihrer Parteifreunde skeptisch gegenüber und möchte den Radverkehr fördern, ohne Autofahrer zu bekämpfen. Aber als Google wegen der szenetypischen Warnungen vor einer Gentrifizierung und höheren Mieten im Herbst 2018 Pläne aufgab, in Kreuzberg einen Start-up-Campus einzurichten, freute sich Pop. Hätte die Wirtschaftssenatorin des hoch verschuldeten Bundeslandes mit einer nur noch von Bremen übertroffenen Arbeitslosenquote nicht bedauern sollen, wie viele Jobs nun nicht zustande kommen würden?

Um die Bestätigung ihrer Regierung müssen sich die drei linken Regierungsparteien in Berlin gleichwohl nicht sorgen. Nach den regelmäßig erhobenen Sonntagsfragen würden die Hauptstädter sie weiterhin mit der Senatsbildung beauftragen. Seit geraumer Zeit sehen die Demoskopen dabei die Berliner Grünen deutlich vor Linkspartei und SPD.

Die gern als Experimentallabor bezeichnete Dreieinhalb-Millionen-Metropole ist schon wegen der DDR-Vergangenheit linker als andere deutsche Großstädte. Zudem sind die Berliner Grünen, die als Alternative Liste mit starken Verbindungen ins autonome und anarchistische Lager starteten und vor allem in Kreuzberg und Friedrichshain ihre Basis haben, innerhalb der Bundespartei am linken Rand angesiedelt. Von den Berliner Grünen gehen bis heute keinerlei bürgerliche Signale aus. Sie sind in ihrer Politik deutlich näher bei der Linkspartei als bei der SPD.

Der anders als alle anderen ist: Kretschmanns Ländle

Nein, sagt Winfried Kretschmann, die Grünen seien keine linke Partei. »Die Antwort geht zurück zur Gründung der Grünen«, erklärt der erste grüne Ministerpräsident. »Nicht links, nicht rechts, sondern vorn – das war unsere Blickrichtung. Wir wollten die Ökologie ins Zentrum der Politik stellen.« Das gehe »jeden an – unabhängig vom politischen Standort«. Darum würde er auch »eher von progressiven als von linken Werten sprechen«.[404]

Kretschmann regiert seit 2011 Baden-Württemberg, er wurde 2016 bestätigt und ist damit der bislang erfolgreichste Politiker seiner Partei. Der in Spaichingen im Regierungsbezirk Freiburg geborene Sohn von Vertriebenen aus dem ostpreußischen Ermland wirkt allerdings mitunter wie eine Ein-Mann-Partei. Er war kein langhaariger Aussteigertyp, man traut ihm kaum einen Joint zu. Der Lehrersohn, der selbst als Gymnasiallehrer das Fach Ethik unterrichtete, hat nach Auskunft von Weggefährten, die ihn von früher kennen, die Manieren eines wohlerzogenen Akademikersohns und zugleich das Bodenständige des alltäglichen Schwaben. Als

Schüler war er Ministrant mit dem Berufsziel Priester, als Student Maoist beim KBW mit dem politischen Ziel Klassenkampf, als Ministerpräsident bleibt er Mitglied im Schützenverein von Laiz bei Sigmaringen, seinem Wohnort.

In vielen Fragen liegt »der Kretsch« mit seinen Parteifreunden über Kreuz. Bei den Grünen war er zusammen mit Thomas Schmid, Wolf-Dieter Hasenclever und Gisela Erler Vordenker der originellen, aber einflusslosen »Ökolibertären«, die schon in den frühen Achtzigerjahren Koalitionen mit der CDU befürworteten und dafür auf Parteitagen Pfiffe für die Redebeiträge und Niederlagen für ihre Anträge kassierten. »Man kann sich heute gar nicht mehr vorstellen, was für eine Provokation das damals im grünen Milieu war«, blickt Schmid zurück.[405] Helmut Kohl sei, so analysierte Kretschmann damals mit äquidistanter Häme, »im Unterschied zum arroganten Helmut Schmidt ein wirklich demokratischer Kanzler: Wir sind irgendwie alle so blöd wie der.«[406]

Ein aktuelles Büchlein aus der Feder des liberalen Katholiken trägt den Untertitel »Für eine neue Idee des Konservativen«. Kretschmann schreibt darin Sätze, die einen Robert Habeck irritieren und eine Annalena Baerbock verstören würden: »Der Nationalstaat ist aus Sicht eines neuen Konservatismus auch künftig eine entscheidende Größe als gesellschaftlicher und politischer Bezugsraum.« Denn, so argumentiert der Autor unter Berufung auf Ralf Dahrendorf, dieser Nationalstaat sei das »einzige Domizil der repräsentativen Demokratie, das bisher funktioniert hat«, und er »stiftet auch heute noch Identität und Zugehörigkeit«.[407] Es habe »auch Brüche in meinem Leben gegeben«, lässt Kretschmann auf seiner Website über sich wissen: »Gerade als ich mich während meiner Studentenzeit in linksradikalen Gruppen verirrt habe. Die Philosophie von Hannah Arendt hat mir geholfen, mich aus diesem engen Denken zu lösen.«[408]

Hannah Arendt zitiert Kretschmann sehr gern, die jüdisch-deutsch-amerikanische Theoretikerin der totalen Herrschaft präge seine politischen Anschauungen »wie niemand sonst«.[409] Jürgen Trittin, der wie Kretschmann von ganz links kommt, sich aber möglicherweise nie als Irrenden gesehen hat, spöttelt generös, vielleicht habe »den Winfried doch schon eher Martin Heidegger selbst« geprägt, der Lehrer und Liebhaber der jungen Studentin, der sich 1933 der NSDAP anschloss.

Unter der Ägide des mit bundespräsidialem Gestus auftretenden Kretschmann wurden die Südwest-Grünen im September 2019 von Infratest/Dimap auf 38 Prozent taxiert. Die FDP kam in dieser Erhebung auf immerhin 8 Prozent. Grün-Gelb lag gleichauf mit CDU, AfD und SPD zusammen. Falls aus den Prognosen Realität wird, muss es nach der Landtagswahl im Frühjahr 2021, bei der Kretschmann nochmals kandidieren will, keine Fortsetzung der grün-schwarzen Koalition geben. Denkbar wird sogar Grün-Gelb, und FDP-Landeschef Michael Theurer flirtet mit dieser Konstellation. Eine Brasilien-Koalition in Stuttgart? Das wäre eine Premiere für Deutschland. Allerdings ist die nächste Landtagswahl noch längst nicht gewonnen. Trübt sich die Wirtschaft ein und nehmen Massenentlassungen zu, wird ein Teil der Wählerschaft das dem Ministerpräsidenten anlasten.

Dass Kretschmann laut Umfragen der beliebteste Ministerpräsident Deutschlands ist, darf die Grünen freuen. Dass er aber in ganz vielen Fragen, und eben nicht nur bei der Bewertung des Nationalstaats oder des Konservatismus, anders denkt oder handelt als seine Partei, sollte sie auch nachdenklich machen.

Beispiel Asylpolitik: Dass die Bundesregierung die drei Maghreb-Staaten Algerien, Tunesien und Marokko plus Georgien als sichere Herkunftsstaaten einstufen will, stößt seit geraumer Zeit auf den Widerstand der Grünen. Kretschmann hat im Bundesrat schon einmal zugestimmt. Ein erneutes Votum wird dort kommen. Jürgen Trittin, der Wortführer des linken Flügels, schimpft: Wer die Erweiterung der Liste der sicheren Herkunftsstaaten akzeptiere, »hat den Schuss nicht gehört«. In den Maghreb-Staaten gebe es »Folter, institutionelle Diskriminierung von Schwulen und Lesben und Unterdrückung von Minderheiten«. Das »sollte auch Baden-Württemberg nachdenklich machen«.[410]

Beispiel Integration: Vor dem Hintergrund krimineller Gangs jugendlicher Migranten bezeichnete Kretschmann 2018 »junge Männerhorden« als »das Gefährlichste, was die menschliche Evolution hervorgebracht hat«. Der Gedanke, einige von ihnen »in die Pampa« zu schicken, sei darum nicht falsch. Er hätte eine »staatstragendere Sprache« empfohlen, rüffelte daraufhin Bundesgeschäftsführer Michael Kellner: »Das ist nicht unsere Sprache, diese radikale Sprache.« Kretschmann gelobte Besserung – zumal »Parteifreunde vom linken Flügel mich auch dazu ermahnt haben, staatstragender zu formulieren, was mich ja freut«. Die Ironie verstand nicht jeder.

Beispiel Dieseltechnik: Ein Fahrverbot für Dieselautos der Abgasnorm 5 forderte monatelang der grüne Verkehrsminister Winfried Hermann mit Blick auf den Luftreinhalteplan für Stuttgart. Davon hielt der Ministerpräsident im Autoländle gar nichts. Er entzog dem Parteifreund die interministerielle Arbeitsgruppe, die Luftreinhaltungsmaßnahmen umsetzen soll, und unterstellte das Gremium seiner Staatskanzlei.[411] Die einschlägig profilierte Deutsche Umwelthilfe (DUH) des Jürgen Resch beantragte daraufhin Beugehaft gegen Kretschmann. Keine Chance – und die Dieselautos fahren weiter.

Dass es seit 2017 zum Forderungskatalog der Grünen gehört, ab 2030 keine Autos mehr mit fossilem Verbrennungsmotor zuzulassen, hält Kretschmann für »Schwachsinn«. »Dann seid mit sechs oder acht Prozent zufrieden«, schimpfte Kretschmann in einem Vieraugengespräch mit dem Bundestagsabgeordneten Matthias Gastel, nicht wissend, dass er dabei gefilmt wurde. Aber »jammert nicht rum und lasst mich zufrieden«.[412]

Zu einer Aussage von Habeck, wenn Besitzer von Brachen in Ballungsräumen und Großstädten dort trotz der massiven Wohnungsnot schlicht nicht bauen wollten, »muss notfalls die Enteignung folgen«,[413] sagte Kretschmann: »Unsinn.« Die Debatten um Enteignung von Wohnungsbaugesellschaften »führen wir mit Sicherheit nicht. Die sind unsinnig meiner Meinung nach.« Wenn man Wohnungsbaugesellschaften enteigne, müsse man sie entschädigen. »Das sind gigantische Summen.« Das Geld stecke man besser in den Bau neuer Wohnungen.[414]

Beispiel Grün-Rot-Rot: Eine linke Koalition, gar unter eigener Führung, ist an der grünen Basis immer noch das Lieblingsszenario, populärer als Jamaika oder auch Schwarz-Grün. Darum verärgerte Kretschmann schon im Vorfeld des Bundestagswahlkampfs 2017 seine Parteifreunde gehörig, als er immer wieder Lobreden auf Angela Merkel schwang und damit nicht gerade Rückenwind gab für eine damals keineswegs ausgeschlossene rot-rot-grüne Mehrheit. Er bete »jeden Tag dafür, dass die Bundeskanzlerin gesund bleibt«, sagt er im Februar 2016 dem *Tagesspiegel*, und im November schob er bei *Maischberger* nach, eine Koalition mit der Linken sei »in einem Industrieland schwer vorstellbar«.

Der Journalist und einstige Weggefährte Thomas Schmid sagt über Kretschmann: »Die ach so aufgeklärten Realpolitiker um den Leitwolf Joschka Fischer haben ihn lange und sehr spöttisch als eine Art Waldschrat abgetan, der einfach nicht auf der Höhe der Zeit sei.« Jetzt regiere er Baden-Württemberg, das »mehr als ein halbes Jahrhundert lang Stammland der CDU war«, als »hätte er nie etwas anderes getan«.[415]

Gleichwohl ist Baden-Württemberg auch eine frühe Bastion der Grünen – und Kretschmann ein überzeugter Ökologe. Er sorgt sich aus seinem konservativen, an der Schöpfung orientierten Denken um die Natur, das Artensterben und die Klimakrise. Und er tritt wie seine Parteifreunde für ein Tempolimit auf deutschen Autobahnen ein. Als im Oktober 2019 sein Landsmann Cem Özdemir, nach Ansicht vieler Parteifreunde der potenzielle Nachfolgekandidat für das Stuttgarter Ministerpräsidentenamt, eine namentliche Abstimmung dazu im Bundestag beantragt hatte, leistete der Kretsch Schützenhilfe: »Was dem Ami die Waffe, ist dem Deutschen das Rasen.« Das Thema werde in Deutschland zu konfrontativ diskutiert, ähnlich wie die Waffengesetze in den USA, sagte der Ministerpräsident zu *Bild*. Ein Tempolimit spare Sprit, senke die Unfallgefahr und erhöhe die Kapazitäten von Straßen: »Es spricht quasi alles dafür.«[416]

»Quasi« – diese Einschränkung kann auch verstanden werden als früher Warnhinweis von Kretschmann, warum das Tempolimit in der Abstimmung dann doch scheiterte. Die Waffengesetze in den USA werden ja auch nicht restriktiver. Und andererseits zeigt die Tempolimit-Debatte erneut die Macht der Grünen, Themen aus der Opposition zu setzen: Im Dezember 2019 wurde in der SPD-Bundestagsfraktion, die gerade noch mit der Union dagegen gestimmt hatte, die Forderung nach einer Höchstgeschwindigkeit von 130 km/h laut. Selbst aus der CDU gab es Unterstützung für diese Symbolpolitik mit kaum messbarem Effekt für die Klimabilanz.

GRÜNE VERIRRUNG:
DIE PÄDOPHILIE-DEBATTE

»Gegen die Diskriminierung von sexuellen Außenseitern«, wandten sich die Grünen in ihrem ersten Grundsatzprogramm von 1980. Es ging um die Entkriminalisierung homosexueller Beziehungen, das Ende der Stigmatisierung lesbischer Frauen und die Forderung nach einem Adoptionsrecht für gleichgeschlechtliche Paare. Und dann folgte Sprengstoff, der zunächst nicht als solcher erkannt wurde: Die Paragraphen 174 (sexueller Missbrauch von Schutzbefohlenen, darunter Jugendliche unter 18 Jahren) und 176 (sexueller Missbrauch von Kindern unter 14 Jahren) des Strafgesetzbuches seien »so zu fassen, dass nur Anwendung oder Androhung von Gewalt oder Missbrauch eines Abhängigkeitsverhältnisses bei sexuellen Handlungen unter Strafe zu stellen sind«.[417] Mit anderen Worten: Wenn Kinder den Eindruck der freiwilligen Mitwirkung erweckten, sei selbst Geschlechtsverkehr mit ihnen legal.

Was heute alle Alarmglocken schrillen lässt, taugte in der damaligen Zeit in der linken Szene nicht zum Skandal. Ikonografisch für die 68er-Forderung nach »sexueller Befreiung« war jenes Foto der »Kommune 1« aus der Kaiser-Friedrich-Straße 54 a in Berlin, das sieben erwachsene Kommunarden und einen kleinen Jungen zeigt, alle nackt an die Wand gestützt, mit gespreizten Beinen, wie bei einer Polizeirazzia, das Kind sich dabei halb zum Fotografen umwendend. Später wurde bekannt, wie verklemmt die Erwachsenen waren, unter ihnen Dauerprovokateur Dieter Kunzelmann, APO-Haremschef Rainer Langhans und Autor Ulrich Enzensberger, Bruder des Schriftstellers Hans Magnus Enzensberger – alle waren »froh, sich wieder anziehen zu können«, erinnert sich Szenefotograf Thomas Hesterberg.[418] Der Zeitgeist verlangt den Abschied von Tabus. Dieses Denken hatte antiautoritäre

Kindergärten entstehen lassen, sogenannte »Kinderläden«, in denen die Kleinen, umgeben von weiblichen wie männlichen Betreuern, nackt herumtobten. Das Erfahren »kindlicher Sexualität« war dabei durchaus erwünscht. Die »Befreiung« von der Schamhaftigkeit der Fünfzigerjahre reichte ins bürgerliche Lager hinein. Jugendliche vergnügten sich mit den Foto-Lovestorys in *Bravo*. Im Buchhandel erschien in etlichen Auflagen seit 1974 der als »Aufklärungsbuch« apostrophierte und vielfach prämierte Bildband *Zeig mal* von Will McBride mit großformatigen Fotos entblößter Kinder und Jugendlicher, darunter ein Junge mit erigiertem Penis. Verlegt wurde *Zeig mal* von dem der Evangelischen Kirche nahestehenden Jugenddienst/Peter-Hammer-Verlag. Der Verlag nahm es 1995 vom Markt. Heute wäre das Buch indiziert. Softpornos wie *Schulmädchenreport*, in denen angebliche Sexerfahrungen minderjähriger Laiendarstellerinnen mit Klassenkameraden und Lehrern enthüllt wurden, gerieten ab 1970 zu Kinoerfolgen und flimmerten nach Start der privaten Fernsehsender auch in die deutschen Wohnzimmer. Zweifellos schauten sich die Filmchen mit den entkleideten Teenagern nicht nur Grünen-Wähler an.

Diesem Zeitgeist angepasst, waren frühe Veranstaltungen der Grünen von einem anarchischen Chaos bestimmt, zu dem das Bekenntnis zur sexuellen Befreiung gehörte – nicht für ernsthafte Ökologen wie Herbert Gruhl oder Petra Kelly, wohl aber für linke Systemveränderer. Man wollte Außenseiter integrieren, den lustvollen Tabubruch der 68er fortsetzen und die bürgerliche Moral »überwinden«. Auf Parteitagen hockten sich junge Mädchen bei älteren Männern auf den Schoß und forderten die Entkriminalisierung von Sex zwischen Kindern und Erwachsenen.[419] Zum Ritual gehörten Störungen der Grünen-Veranstaltungen durch »Stadtindianer«, bunt bemalte Männer und minderjährige Jungs unterschiedlichen Alters, manche mit nacktem Oberkörper, die lautstark brüllten: »Für eine freie Kindersexualität!« Sie stürmten bei einer Veranstaltung 1980 in der Bonner Beethovenhalle zum Thema »Homosexuelle zur Bundestagswahl« Podien, warfen Stinkbomben, rangelten mit Rednern, rissen Mikrofone an sich und kreischten jeden, der sie zurechtweisen oder an die Tagesordnung erinnern wollte, »Faschist!« ins Gesicht. Sie verlangten eine sofortige Beschlussfassung zur Entkriminalisierung ihrer »Beziehungen«, deren Natur viele der Minderjährigen, oft sogenannte »Trebegänger« und Ausreißer auf der Suche nach einem Vaterersatz, ganz bestimmt nicht begriffen.

Die Forderung nach straffreiem Sex mit Kindern fand sich über Jahre in etlichen Wahlprogrammen der Grünen, so in Nordrhein-Westfalen (1980 und 1985), Berlin (1981 und 1985), Bremen (1983), Rheinland-Pfalz (1983) und Hamburg (1982).[420] »Einvernehmliche Sexualität ist eine Form der Kommunikation zwischen Menschen jeglichen Alters«, heißt es in einem Arbeitspapier, beschlossen auf dem NRW-Parteitag 1985 in Lüdenscheid und maßgeblich unterstützt von der parteiinternen Arbeitsgemeinschaft SchwuP (Schwule und Pädophile) unter dem einschlägig vorbestraften Sexualstraftäter Dieter F. Ullmann. Der war unter anderem wegen des versuchten Analverkehrs mit einem Siebenjährigen verurteilt worden. Trotzdem sahen die Grünen in ihm einen politischen Mitstreiter.

Ein Kinderschänder für den Bundestag

Daniel Cohn-Bendit, *enfant terrible* der jungen Partei, prahlte 1981 in der *Zeit*, dass es ein »Spaß« sein werde, wenn die Berliner Alternative Liste bei der Abgeordnetenhauswahl 10 Prozent bekäme: »Dann kommt nämlich Dieter Ullmann, der jetzt noch im Knast sitzt, in das Berliner Abgeordnetenhaus. Den werden wir zum Bundestagskandidaten machen.« Weil die Westberliner den Bundestag nicht mitwählen durften, nominierten die Parteien ihre dorthin ohne Stimmrecht entsandten Abgeordneten nach dem Proporz ihrer Stimmen. »Mal sehen«, so feixte der eitle Cohn-Bendit (»Schreib bitte auch, dass ich als einziger immer noch ganz unheimlich lange Haare habe«), »ob die CDU das bei dem Knacki von der Alternativen Liste auch noch mitmacht.«[421]

Während über die »Stadtindianer« aus einer sogenannten »Indianerkommune«, 1972 in Heidelberg begründet und später nach Nürnberg umgesiedelt, im Rahmen journalistischer und wissenschaftlicher Recherchen zu grünen Kontakten in die Pädophilen-Szene inzwischen recht ausführlich berichtet wurde, sind die »Kanalratten« weniger bekannt. Dabei handelt es sich um pädophile Frauen, die 1979 die »Indianerkommune« verlassen hatten und in der Oranienstraße in Berlin-Kreuzberg eine Kommune nur mit Mädchen, ebenfalls zumeist Trebegängerinnen, gegründet hatten. Sie knüpften Kontakte zu lesbischen und feministischen Gruppen im alternativen Berlin.[422]

Noch im Bundestagswahlkampf 1983 verteilte die Partei, so schreibt Franz Walter, ein Faltblatt »Zur Kinder- und Jugendfrage«, das sich ausdrücklich positiv auf die Nürnberger Kommune bezog und eine »Sexualfeindlichkeit« beklagte, die es Kindern verweigere, »Sexualität zu praktizieren«.[423]

Zudem gab es auf dem Dachsberg im niederrheinischen Kamp-Lintfort eine linksalternative Kommune. Deren Mitglieder hatten sich den Prinzipien des französischen Priesters und Wohltäters Abbé Pierre verschrieben und missbrauchten ungeniert die dort lebenden Kinder oder sie besuchende Schulfreunde. Vereinsvorsitzender war der Architekt Hermann Meer, seit 1980 Mitglied des NRW-Landesvorstands der Grünen.[424]

Zu den Unterstützern der pädophilen Szene gehörte der prominente Grüne Werner Vogel, pensionierter Beamter des Jahrgangs 1907. Er war 1983 als Spitzenkandidat der Landesliste NRW in den Bundestag gewählt worden und hätte als Alterspräsident die erste Sitzung eröffnen sollen. Doch einen Tag zuvor gab er sein Mandat zurück, weil Medien seine verschwiegene Mitgliedschaft in NSDAP und SA enthüllt hatten.[425] In der Partei blieb Vogel aktiv. Insbesondere die Unterstützung der Stadtindianer war ihm ein offenkundig sehr persönliches Anliegen.

Von Volker Beck, dem langjährigen parlamentarischen Geschäftsführer der Grünen-Bundestagsfraktion, wurde 1988 in einem Sammelband ein Plädoyer für die teilweise Entkriminalisierung von Sex mit Kindern veröffentlicht. Seit 1993 distanzierte sich Beck von dieser Position und bezeichnet sie heute als »abwegigen Stuss« und »großen

Fehler«.[426] Die Autorenschaft des weitgehend unverändert publizierten Beitrags bestreitet Beck nicht, allerdings gibt er an, die Veröffentlichung nicht autorisiert zu haben.[427]

Daniel Cohn-Bendit
und die Kindergartenkinder

In Niedersachsen ließ es 1981 der presserechtlich dafür verantwortliche Jürgen Trittin zu, dass im Wahlprogramm der Alternativen-Grünen-Initiativen-Liste (AGIL) zur Göttinger Stadtratswahl einer strafrechtlichen Freistellung von sexuellen Handlungen zwischen Kindern und Erwachsenen das Wort geredet wurde, wenn sie ohne Androhung oder Anwendung von Gewalt zustande kamen.[428] Trittin spricht rückblickend von einem Fehler, der damaligen Forderung der Homosexuellen Aktion Göttingen nachgegeben zu haben: »Diesem falschen Politikverständnis haben wir und habe ich mich nicht ausreichend entgegengestellt.«

Daniel Cohn-Bendit, zusammen mit Joschka Fischer der prominenteste Kopf der Frankfurter Sponti-Szene und bald einer der Wortführer der Grünen, beschrieb in seinem 1975 erschienenen Buch *Der große Basar* (im französischen Original: *Le Grand Bazar*), welche Irritationen er auslöste, als er sich 1972 beim Kindergarten der Frankfurter Universität um eine Stelle bewarb: »Meine Entscheidung, mich mit Kindern zu befassen, hat Überraschung ausgelöst. Ich habe lange Diskussionen mit den Eltern geführt, die zum Teil Linke, zum Teil Linksliberale waren. Sie wollten meine Motive kennen lernen. Ich habe ihnen gesagt, dass die Bedürfnisse der Kinder bei den Linksradikalen immer vernachlässigt worden sind.« Über seine Erfahrungen als Kindergärtner schrieb der Studentenführer und spätere Europaabgeordnete: »Mein ständiger Flirt mit allen Kindern nahm bald erotische Züge an.« Es sei ihm »mehrmals passiert, dass einige Kinder meinen Hosenlatz geöffnet und angefangen haben, mich zu streicheln. Ich habe je nach den Umständen unterschiedlich reagiert, aber ihr Wunsch stellte mich vor Probleme. Ich habe sie gefragt: ›Warum spielt ihr nicht untereinander, warum habt ihr mich ausgewählt und nicht andere Kinder?‹ Wenn sie darauf bestanden, habe ich sie dennoch gestreichelt. Da hat man mich der ›Perversion‹ beschuldigt.« Unter Bezug auf den Erlass gegen Extremisten im Staatsdienst habe es eine Anfrage an die Stadtverordnetenversammlung gegeben, »ob ich von der Stadtverwaltung bezahlt würde. Ich hatte glücklicherweise einen direkten Vertrag mit der Elternvereinigung, sonst wäre ich entlassen worden.«[429]

Mehr als 40 Jahre nach seiner Kindergärtnerzeit holte die Vergangenheit den »Roten Dany« ein: Andreas Voßkuhle, Präsident des Bundesverfassungsgerichts, sagte im März 2013 seine ein Jahr zuvor vereinbarte Laudatio zur Verleihung des Theodor-Heuss-Preises an Cohn-Bendit ab.[430] Grund dafür sei das Buch, in dem sich Cohn-Bendit »in nicht unproblematischer Weise zur Sexualität zwischen Erwachsenen und Kindern« geäußert habe.

Cohn-Bendit verteidigt sich mit der Behauptung, bei diesen Darstellungen handele es sich »bloß um eine provokative Fiktion«.[431] Auch als die Grünen die in ihren Reihen lange Zeit geduldete und sogar geförderte Pädophilie nach dem Voßkuhle-Eklat 2013 aufarbeiteten, sagte Cohn-Bendit in einem Gespräch mit Grünen-Geschäftsführer Michael Kellner und Katja Dörner, der stellvertretenden Fraktionsvorsitzenden im Bundestag, sein Buch sei seit Langem bekannt und unter anderem von der französischen Tageszeitung *Le Monde* besprochen worden, aber es habe »niemand Anstand genommen«. Der Text wurde nämlich »als das gesehen, was es war: eine Provokation. Aber niemand ist auf die Idee gekommen, ich sei ein Pädophiler.« Kellner hakte zeitverzögert nur vorsichtig nach: »Fantasien, aber keine Taten?« Cohn-Bendit: »Ja, nicht nur das. Es waren Fantasien in dem Sinn, dass es auch Projektionen sind. Wir wollten, dass die Kinder zu ihrer Sexualität finden. Aber die Kinder sind schon verdammt neugierig.«[432]

Bis heute hat sich kein Kind aus jenem Frankfurter Kindergarten gemeldet und angegeben, von Cohn-Bendit missbraucht worden zu sein. Eltern der damaligen Kinder schrieben gar einen Brief zu seiner Verteidigung.

Zum vollständigen Bild der damaligen Debatte bei den Grünen und im linksalternativen Milieu über Pädophilie gehört, dass die Forderung nach einer Entkriminalisierung des sexuellen Missbrauchs von Kindern und Jugendlichen von Beginn an auch auf Ablehnung stieß. Kritik gab es intern vom späteren Bundestagsabgeordneten Otto Schily. Und 1984 äußerte der baden-württembergische Landesarbeitskreis Schwule »starken Widerwillen« gegen eine strafrechtliche Freigabe von Pädophilie.[433] Aber kaum jemand wollte öffentlich »Minderheiten« ausgrenzen und »repressiv« oder bürgerlich erscheinen. Im szenenahen Trikont-Verlag (dort war auch Cohn-Bendits *Großer Basar* erschienen) durfte der bekennende Päderast Peter Schult, der in der *taz* sowohl selbst veröffentlichte als auch »Subjekt wohlwollender Berichterstattung« war, über Sex mit minderjährigen Strichern schreiben. Trikont-Geschäftsführer Achim Bergmann stellte die Freundschaft zu ihm über eigenes Unbehagen. »Nur auf persönlicher Ebene klärte er die Fronten und drohte: ›Wenn du meinen Sohn anfasst, schneide ich dir die Eier ab‹«, so die *taz* in einer Aufarbeitung pädophiler Verirrungen in der eigenen Arbeit.[434]

Immerhin: Die Delegierten des Grünen-Parteitags, der das zuvor zitierte Grundsatzprogramm 1980 beschloss, waren sich ihrer Sache nicht sicher. Biobauer Baldur Springmann protestierte gegen die Positionen zur Pädophilie wie zur Freigabe des Schwangerschaftsabbruchs.[435] Zum Pädophilie-Beschluss »konnte leider auf dem Parteitag nicht gemeinsam diskutiert werden«, wird im Text auf Seite 43 vermerkt. »Auch an der Parteibasis ist diese Frage bisher teilweise nicht oder nur wenig diskutiert worden. Dies ist weder im Sinne der Betroffenen, noch der Antragsteller, noch der Partei insgesamt.« Deshalb sei die Forderung nach einer Entkriminalisierung von Sex mit Kindern zu verstehen als »ein Auftrag an die Partei in allen Gliederungen, sich mit den Auswirkungen dieser Straftatbestände intensiv auseinanderzusetzen«.[436] Im nachfolgenden Grundsatzprogramm von 1993 findet sich keine Forderung mehr nach einer Legalisierung von Pädophilie.

Der Bundeshauptausschuss der Grünen distanzierte sich 1989 von der Verteidigung der Pädophilie.[437] In einem eigenen Gutachten haben sie nach dem Eklat um Cohn-Bendit dieses trübe Kapitel aufgearbeitet. Die Partei gewährte zudem einer Forschergruppe um den Politikwissenschaftler Franz Walter umfassenden Zugang zu den Parteiarchiven. »Wir haben selten mit so wenig Einflussnahme geforscht«, lobte der Göttinger Demokratieforscher bei der Vorstellung seines Abschlussberichts im November 2014.[438]

Der dunkle Fleck ist damit nicht aus der Parteigeschichte gelöscht. Doch falsch ist die Annahme, die früheren Grünen hätten generell Pädophilie befürwortet – aber sie haben sie toleriert. Michael Kellner und die damalige Parteichefin Simone Peter zitieren im Grünen-Gutachten einen Zeitzeugen, der dabei war, als die Grünen-Bundesarbeitsgemeinschaft Schwule und Päderasten (BAG SchwuP) beschloss, das Sexualstrafrecht solle in Gänze gestrichen werden. Nach dessen Wissen war »niemand im Raum, der sich selber als pädophil bezeichnet hat, sondern das war die Solidaritätsangelegenheit, die dort zum Tragen kam, die Solidarisierung nach dem Motto, wir sind verfolgt, die sind auch verfolgt«.[439]

Im Zeichen antiautoritärer Beliebigkeit gestand eine Mehrheit der Grünen beschämend lang einer Minderheit abwegige Positionen und kriminelle Praktiken zu. »Eine klare Linie war damals: Keine Nazis, keine Rechten. Aber bei Linksextremen, der gewaltbereiten Protestszene, Pädophilen war man nicht klar genug«, sagt die Grünen-Mitbegründerin und Frauenrechtlerin Eva Quistorp.[440]

DER TRAUM VON OFFENEN GRENZEN UND LINKEM PATRIOTISMUS

»Patriotismus = Nationalismus«, stand auf dem Flyer mit dem Foto einer zusammengeknüllten schwarz-rot-goldenen Fahne. »Wer sich patriotisch definiert, grenzt Andere aus.« Darum forderte die Grüne Jugend, der Initiator der Kampagne, »alle Fans dazu auf, nationalistischem Gedankengut keinen Raum zu lassen! Fußballfans Fahnen runter!« Man könne ja auch mit DFB-Fahnen jubeln.[441]

Das war bei der Fußball-Europameisterschaft 2016, und Sprecherin der Grünen Jugend war Jamila Schäfer, die zwei Jahre später zur stellvertretenden Bundesvorsitzenden der Partei aufstieg.

Im Gespräch mit dem Autor im Sommer 2019 modifizierte Schäfer, Jahrgang 1993, ihre Position. Man solle »im Interesse des Sports wachsam« sein, ab wann »bestimmte Dynamiken bei großen Fan-Aufgeboten nationalistische Züge bekommen können«. Ob man aber Fahnen schwenken dürfe, wenn man die richtige Intention hat, wenn man nicht Nationalismus ausdrücken wolle, sondern nur die patriotische Verbundenheit mit dem Team? »Ja«, gestand Schäfer zu, »erst wenn damit eine Abwertung anderer einhergeht, wird es problematisch.«

Grüne Angst vor Schwarz-Rot-Gold – in einer Partei, die in Richtung Kanzleramt schielt und sich angesichts einer erstarkenden AfD als Verteidigerin eines weltoffenen, demokratischen Deutschland sieht, gibt es eine eigenartige Verkrampfung im Umgang mit den Symbolen dieser Republik. Den Farben des Hambacher Fests von 1832, durch keine Diktatur oder Ideologie besudelt, begegnen nicht nur Parteijugendliche ausgesprochen unsouverän. Man denkt kosmopolitisch, beschwört Europa und will der Nation entfliehen, ohne zu merken, auf welchen deutschen Sonderweg man sich damit begibt. Im Zeitalter von Globalisierung und Migration werden alle Staaten diverser und multikultureller. Aber weiterhin definieren sich die Franzosen bis weit ins linke Lager hinein als »la nation« (seltener übrigens, entgegen dem Klischee, als »la grande nation«).[442] Ungebrochen ist der Patriotismus von Polen, Italienern, Ungarn, Dänen, Engländern (»Wir wollen raus der EU!«), Schotten (»Wir wollen raus aus Großbritannien!«), seit einigen Jahrzehnten auch Österreichern.

Aus der Logik einer Angst vor Deutschland waren die Grünen gegen die Wiedervereinigung. Zur Absage an die Nation gehörte darüber hinaus die Forderung nach offenen Grenzen: Deutschland sollte für die Verbrechen des NS-Regimes sühnen und die Bundesrepublik, so die Vorstellung, durch Migration weniger deutsch werden. Noch Mitte der Achtzigerjahre, so erinnert sich die damalige RCDS-Funktionärin Claudia Schute, plakatierte die »Grüne Basisgruppe« an der Uni Mainz Sprüche wie: »Liebe Ausländer, lasst uns mit diesen Deutschen nicht allein.«

Hinter internationalistischer Fassade verbarg sich antideutscher Rassismus. Unwidersprochen blieben derartige Positionen im grünen Lager nicht. Daniel Cohn-Bendit warf ein, dass sich mit der »Verklärung des guten Ausländers gegenüber den bösen Deutschen keine Politik machen« lasse. Rechtsextremismus und Rassismus gebe es auch unter Ausländern. Und aus Österreich warnte der profilierte Journalist und Mitinitiator der dortigen Grünen, Günther Nenning: »Es gibt ein Menschenrecht auf Freizügigkeit quer über die Welt. ... Aber ein Menschenrecht, bei sich daheim zu sein, sein eigenartiges Leben zu leben und zu pflegen – das gibt es auch.«[443]

Thomas Schmid, nie Mitglied der Partei, aber früher einer ihrer ökolibertären Vordenker, prägte in dieser Zeit gemeinsam mit Cohn-Bendit eine sehr realpolitische Debatte um den Begriff »multikulti«. »Wir sind nicht der Meinung«, schrieben Schmid und Cohn-Bendit 1993, »dass die Furcht vor der multikulturellen Gesellschaft per se reaktionär ist. Denn diese Gesellschaft ist nicht eben einfach; sie bringt Probleme zuhauf.« Man könne sich zwar »lange darüber streiten, ob die multikulturelle Gesellschaft etwas Begrüßenswertes ist oder nicht: Es wird sie, so oder so, geben. Ob wir sie wollen, ist nicht die Frage – es geht nur noch darum, wie wir mit ihr umgehen.«[444]

Scham über Rostock-Lichtenhagen

Seit den Achtzigerjahren stieg die Zahl der Asylsuchenden massiv an. 1992 wurden 438 191 Asylanträge gestellt, vor allem von Menschen aus dem zerfallenden Jugoslawien. Das war fast eine Verdoppelung gegenüber dem schon hohen Niveau des Vorjahrs (256 112) und mehr als das Elffache von 1982 (37 423).[445] Es kam zu alarmierenden Fällen von Ausländerfeindlichkeit. Im August 1992 attackierten in Rostock-Lichtenhagen unter dem Gaffen Tausender tatenloser Passanten einige Hundert Randalierer, viele von ihnen erkennbar rechtsextrem, ein Asylbewerberheim mit Brandsätzen. Alle demokratischen Parteien reagierten schockiert. Die ausgesprochen liberale Christdemokratin Rita Süssmuth zog den Schluss, nun müsse »unverzüglich« das ausgesprochen liberale Asylrecht geändert werden.[446] Die Grünen verweigerten sich einer solchen »Kapitulation« vor Rassisten. Im Bundestag, in dem seit der Wahl 1990 nur acht Bündnis-Grüne aus dem Osten saßen, hielt der DDR-Bürgerrechtler und Filmregisseur Konrad Weiß mit Blick auf Rostock eine fulminante Wutrede: »Ich schäme mich, Deutscher zu sein. Ich schäme mich, in einem Land zu leben, das eine Mauer der Gewalt, der Gefühllosigkeit, der Selbstsucht um sich baut. Ich schäme mich, in einem Land zu leben, in dem Menschen Beifall klatschen, wenn Menschen angegriffen, verletzt, vertrieben werden.«[447]

Am 26. Mai 1993 beschloss der Bundestag den »Asylkompromiss«. Wer aus »verfolgungsfreien« Ländern oder »sicheren Drittstaaten« kam, hat seitdem keinen Anspruch mehr auf Asyl. Die Zahl der Asylbewerber ging massiv zurück. Doch in der Gegenwart wiederholt sich die damalige Konfrontation. Wie kann man einerseits Menschen, die verfolgt werden, eine sichere Zuflucht bieten – und andererseits verhindern, dass die Grenzen der gesellschaftlichen Belastungs- und Integrationsfähigkeit überschritten werden? Der Bürgerkrieg in Syrien, der Wunsch nach einem besseren Leben von Irakern, Afghanen und Afrikanern sowie echte politische Verfolgung lassen die Zahl der Migranten wieder massiv steigen. 2015, im Jahr der offenen Grenze, wurden 745 545 Asylanträge gestellt. Gegenüber diesem Epochenjahr ist das Niveau inzwischen wieder deutlich gesunken. Im Vergleich zu den Jahren zwischen 1994 und 2013 bleibt es jedoch enorm hoch.[448]

Deutschland wird bunter: »Ja, wie wunderbar ist das!«

Bis heute tendieren die Grünen dazu, die Vorteile von Migration zu überzeichnen und die Nachteile zu ignorieren. Dass es etwa einen Zusammenhang zwischen der Massenzuwanderung seit 2015 und der Knappheit auf dem Wohnungsmarkt gibt, erwähnen sie nicht. »Die Flüchtlingskrise hat nicht vieles, sondern alles verändert und verschärft die Wohnungskrise«, sagte Markus Gruhn, Vorstand im Ring Deutscher Makler Berlin-Brandenburg.[449] Erheblich ist der Druck auf die Sozialkassen. Unter den in Deutschland lebenden Ausländern (11 Prozent der Bevölkerung) bezieht ein großer Teil Transferleistungen. So sind Dreiviertel der in Deutschland ansässigen Syrer ganz oder teilweise auf Hartz IV angewiesen.[450] Das Schulniveau sinkt in bestimmten Regionen wegen der vielen Kinder ohne Deutschkenntnisse. Überproportional hoch ist der Anteil der Ausländer in etlichen Deliktfeldern. Er beträgt laut Polizeilicher Kriminalitätsstatistik (PKS) 30,5 Prozent bei allen Straftaten, abzüglich rein ausländerrechtlicher Tatbestände wie unerlaubte Einreise oder Visavergehen. Im schwersten Deliktfeld, Mord und Totschlag, hatten 2018 von 2850 Tatverdächtigen 43 Prozent keinen deutschen Pass.[451] Bei Gewalttaten gegen Frauen sind Ausländer zu 33 Prozent tatverdächtig – das ist dreimal mehr als ihr Bevölkerungsanteil.[452]

Diese Entwicklung wird von den Menschen auf der Straße, am Arbeitsplatz oder in der Kneipe diskutiert – obgleich ein wachsender Teil der Bevölkerung laut einer Allensbach-Umfrage die Meinungsfreiheit durch den Druck der politischen Korrektheit eingeschränkt sieht. Zwei Drittel sind überzeugt, man müsse heute »sehr aufpassen, zu welchen Themen man sich wie äußert«.[453] Den Grünen allein kann man diese Entwicklung nicht anlasten. Aber sie laden nicht zur offenen Debatte über reale Probleme ein, wenn sie ein zu einseitiges Bild zeichnen. So meinte Grünen-Fraktionschefin Katrin Göring-Eckardt im Januar 2015, Deutschland müsse mehr Flüchtlinge aufnehmen, »auch solche, die häufig gut ausgebildet sind und dem Fachkräftemangel abhelfen«. Sie fügte hinzu: »Die Einwanderer bezahlen die Rente derjenigen, die in Dresden auf die Straße gehen und gegen Asylbewerber und Einwanderer demonstrieren.«[454]

Im November 2015 auf dem »Flüchtlingsparteitag« in Halle/Saale sagt »KGE«, die Integration werde »schwer« werden. Dann jedoch gab sie einen ausgesprochen optimistischen Ausblick, wie »unser Land in 20, in 30 Jahren« aussehen werde: »Es wird jünger werden. Ja, wie großartig ist das denn, wie lange haben wir über Demografie gesprochen. Es wird bunter werden. Ja, wie wunderbar ist das, das haben wir uns immer gewünscht. Wahrscheinlich wird es auch religiöser werden. Na klar. Die Rolle der Frau, die Gleichstellung Homosexueller, alles das ist nicht automatisch.«

KGE beendete ihre emotionale Rede, die kommende Probleme nicht gänzlich negierte, aber doch minimierte, wie folgt: »Unser Land wird sich ändern, und zwar drastisch. Und ich sag' euch eins, ich freue mich drauf! Vielleicht auch, weil ich schon mal eine friedliche Revolution erlebt habe.«[455]

Interessant ist die selbstreferenzielle Perspektive dieser Rede: Göring-Eckardt spricht über »uns« und »unser Leben«, das sich verändern soll, das jünger, bunter und »wahrscheinlich« religiöser werde. Um die Migranten scheint es der Rednerin nicht zu gehen, weder in einem gesinnungsethischen (»Schlimm, dass sie sich zur Migration gezwungen sehen«) noch in einem verantwortungsethischen Sinne (»Hoffentlich verlieren ihre Heimatländer nicht zu viele Menschen«). Das Ziel ist das Wohl der hiesigen Gesellschaft.

In rechten Kreisen wird Göring-Eckardts Rede als »antideutsch« rezipiert, als Entlarvung einer Politikerin, die Deutschland »umvolken« wolle. Das ist Unsinn. Zum einen zeigt ja schon ihr Zitat aus dem Januar

2015, man solle »gut ausgebildete« Flüchtlinge ins Land holen, dass sie durchaus pragmatisch an das Thema ging und neben aller Verzücktheit über die Zuwanderung einen volkswirtschaftlichen Nutzen für Deutschland erhoffte. Zum anderen gehört die Thüringer Protestantin zu den wertkonservativen Grünen, die sich tapfer um eine Rehabilitierung des für 92 Prozent der Deutschen positiv besetzten, aber im linken Milieu als »nationalistisch« denunzierten Begriffs »Heimat« innerhalb der Partei bemühen.[456] Nach der Bundestagswahl 2017 hat sie auf dem Berliner Parteitag den vermeintlich unschuldigen Satz formuliert: »Wir lieben dieses Land, das ist unsere Heimat, und diese Heimat spaltet man nicht.« Laura Dornheim, Delegierte aus Berlin, distanzierte sich umgehend »vom Wort Heimat« und besonders von der »Liebe« zu irgendeinem »Land«.[457]

Im Frühjahr 2018 rückte Göring-Eckardt im Gespräch mit dem Verfasser ein Stück ab von allzu verklärenden Prognosen zu den Folgen der Migration: »Wenn die Integration teuer wird, wollen die Leute nicht länger an der Nase herumgeführt werden, sondern von den Politikern diese Wahrheit hören: Ja, Leute, es kostet was.« Sie blieb bei einem optimistischen Fazit: »Aber am Ende profitieren wir alle davon – mit mehr Sicherheit, übrigens auch sozialer Sicherheit.«[458] Im Dezember 2019 sagte KGE, man könne ihre Einschätzungen von 2015 als »blauäugig« bezeichnen. Aber als Oppositionspolitikerin habe sie »leider nicht dafür sorgen« können, »viel mehr Geflüchtete in den Arbeitsmarkt zu integrieren. Das ist Job der Regierung.«[459]

Offene Grenzen als Schuldkompensation

Sahen die Grünen in den 80er- und frühen 90er-Jahren eine »Politik der offenen Grenzen als eine Art Kompensationsmechanismus für internationale Ungleichheitsverhältnisse«,[460] geht es ihnen heute um eine Kompensation für den hohen Anteil der hochindustrialisierten Länder an den CO_2-Emissionen. »Als Hauptverursacher klimaschädlicher Treibhausgase stehen die Industriestaaten in der Verantwortung, den betroffenen Menschen eine würdevolle und selbstbestimmte Migration zu ermöglichen«, heißt es im Zwischenbericht zum neuen Grundsatzprogramm unter speziellem Verweis auf »Bewohner*innen von bedrohten Inselstaaten«.[461]

Dennoch versicherte der grüne Ministerpräsident Winfried Kretschmann dem Autor im Sommer 2019: »Eine Politik der offenen Grenzen verfolgen wir längst nicht mehr.« Und im Zwischenbericht zum Grundsatzprogramm formuliert die Partei, dass es ohne »konsequent kontrollierte Außengrenzen sowie schnelle, rechtsstaatliche Verfahren, konsequente Rückführungen«[462] nicht geht. Parteichefin Annalena Baerbock forderte im Dezember 2018: »Straffällige Asylbewerber, die unsere Rechtsordnung nicht akzeptieren und vollziehbar ausreisepflichtig sind, sollten bei der Abschiebung vorgezogen werden.« Zugleich betonte sie, Abschiebungen seien »ein schmerzhaftes Thema« für ihre Partei.

Als 2017 in Berlin die Möglichkeit einer Koalition mit Union und FDP sondiert wurde, signalisierten die Grünen Zustimmung zu der von der CSU geforderten Obergrenze von 180 000 bis 220 000 Zuwanderern – eine Größenordnung, die immer noch der alljährlichen Ansiedlung von rund zwei kompletten Großstädten entspricht. Gleichwohl relativierten sie unter Berufung auf das geltende Recht dieses Einvernehmen durch den Hinweis, kein Asylbewerber dürfe wegen einer eventuell bereits erreichten Quote abgewiesen werden.

Diesen Vorbehalt unterstreicht die Abgeordnete und Grünen-Fraktionsvorsitzende im Europäischen Parlament, Ska Keller, eine Repräsentantin des linken Flügels: »Wer ›Asyl‹ sagt, muss reindürfen« – Frontex-Grenzschützer sollten Flüchtlinge registrieren, jedoch keineswegs abweisen. Sie wolle »Registrierung und Kontrolle an den europäischen Außengrenzen, aber keine ›Festung Europa‹«, so Keller.[463] Der Hinweis auf das formal unbegrenzte Asylrecht ist juristisch richtig, lässt aber jede politische Problematisierung des erkennbaren Pull-Faktors nach Deutschland vermissen. Gemessen an Stimmungen auf Parteitagen dürfte Kellers Position an der Basis mehrheitsfähig sein.

Die Haltung Kretschmanns ist hingegen in der Bevölkerung populär. Aber der Schwabe bleibt in seiner Partei isoliert, wenn er im Bundesrat der Aufnahme der Maghreb-Staaten und Georgiens in die Liste sicherer

Herkunftsstaaten zustimmen möchte. Rückhalt findet Kretschmann bei Boris Palmer, dem erfolgreichen Tübinger Oberbürgermeister. Dessen Bestseller *Wir können nicht allen helfen* verärgerte Parteifreunde wegen Sätzen wie: »Europa aufzugeben, um Flüchtlingen zu helfen, das ist ein schlechtes Tauschgeschäft. Zumal es nicht mal funktioniert. Denn ohne Europa wird Flüchtlingen noch weniger geholfen.«[464] Die linksgrüne Berliner Bundestagsabgeordnete Canan Bayram riet dem Parteifreund auf einem Parteitag 2017 in Berlin wegen seiner Ansichten zur Asylpolitik: »Einfach mal die Fresse halten.«[465]

Der Kommunalpolitiker Palmer schreibt, die »meisten Grenzen der Belastbarkeit sieht man nicht im Bundestag, sondern vor Ort, in den Städten und Gemeinden. Wir spüren als erste, wenn die Nachbarschaft nicht mehr bereit ist, weitere Flüchtlingsunterkünfte hinzunehmen. Wir sind der erste Adressat, wenn Menschen keine Wohnung finden und Flüchtlingsbauten zum Neidobjekt werden.«[466]

In der Partei ist Palmer ein Exot. Und doch scheinen viele Grüne zu ahnen, dass sie von einem alten Ideal Abschied nehmen müssen. »Offene Grenzen sind ...?«, fragte die linke Wochenzeitung *Der Freitag* den Grünen-Chef. Habeck vervollständigte:[467] »Ein schöner Traum. Aber politisch wohl immer nur für einen bestimmten Raum erreichbar.«

Habeck und die Vaterlandsliebe

Robert Habeck sucht nach einem linken Patriotismus, einem Patriotismus ohne Nation. Das Unwohlsein seines Milieus mit dieser Begrifflichkeit hat der spätere Parteichef 2009 in einem Büchlein dokumentiert. »Patriotismus, Vaterlandsliebe also, fand ich stets zum Kotzen. Ich wusste mit Deutschland nichts anzufangen und weiß es bis heute nicht«, schrieb er.[468] Von Konservativen, Rechten und Rechtsextremen wird dieses Zitat als Beweis dafür herangezogen, dass der Grünen-Chef ein »Anti-Deutscher« sei. Und so einer will ins Kanzleramt?

Heute würde er den Satz über die Vaterlandsliebe, die er »zum Kotzen« fand, nicht mehr formulieren, sagte Habeck dem Autor im Sommer

2019. Schon in dem Buch verwendete der Schriftsteller die Vergangenheitsform (»fand«, nicht »finde«) – um dann in Übereinstimmung mit dem Titel *Patriotismus. Ein linkes Plädoyer* darzulegen, dass er heute Patriotismus positiv sehe. Allerdings ist dieser Patriotismus nach Habecks Vorstellungen gänzlich von Nation und Ethnie zu trennen. Habeck schreibt: »War es noch in den rot-grünen Jahren schick, sich in die patriotische Gleichgültigkeit zurückzuziehen, ziehe ich jetzt einen anderen Schluss. Ja, ich bin der Meinung, dass es genau jenes unaufgeklärte Verhältnis zum Gemeinwohl war, das das rot-grüne Projekt so schnell müde und nach Verrat hat aussehen lassen.«

Habecks Distanz zum Nationalen ist deutlich. Er negiert grundsätzlich, »dass es so etwas wie den Geist einer Nation gibt«, und fordert eine »sinnstiftende politische Erzählung«, die »auf Veränderung setzt, auf Gerechtigkeit und Internationalität. Dieses Engagement nenne ich einen ›linken Patriotismus‹.«[469] Der Einzelne müsse »ein Gefühl persönlicher Teilhabe an Systemen haben«, denn: »Die Chance, die im Begriff Patriotismus liegt, ist zu erkennen, dass es tatsächlich ein Desiderat des Gemeinwesens gibt.«[470]

In diesem arg verkopften Sinne plädiert der Grüne für eine »aufgeklärte« Staatsbürgerschaft: »Sie steht aber nicht mehr für die Liebe zum Vaterland, sie steht für den entspannten, weil entfremdeten Umgang mit ihm.«[471] Und so will der Grüne »zumindest fragen«, ob nicht »ein Patriotismus ohne Deutschland an der Zeit ist, um in einer komplexen und vielfältigen Welt neue Formen zu finden, der Demokratie wieder zur Wirklichkeit zu verhelfen«.[472]

Suche nach Diversität

Auf die Fragen nach einem »Patriotismus« ohne jede Nationalität kämen ausländische Intellektuelle kaum. Das Gemeinwesen gegenwärtiger Staaten lässt sich, abgesehen vielleicht von Nordkorea, nicht mehr ausschließlich ethnisch definieren. Wahr ist aber auch, dass die Bevölkerung der meisten europäischen Nationalstaaten, Deutschland eingeschlossen, auf alle absehbare Zeit mehrheitlich der zumeist namensgebenden Nation angehört. In England leben vor allem Engländer, in Polen vor allem Polen, in Schweden vor allem Schweden, in Italien Italiener und in Deutschland Deutsche. Zuwanderer mit einem legalen Aufenthaltstitel und deren Nachfahren müssen integriert werden, ohne ihnen das Recht auf ihre eigene Kultur oder Sprache abzusprechen – solange diese Kultur nicht den Prinzipien unserer Verfassung zuwiderläuft und die Bereitschaft zum Erlernen der deutschen Sprache vorhanden ist. Die Partei der Grünen hat sich früh um Integration in den eigenen Reihen bemüht. So gehörte der tschechische Dissident Milan Horáček, 1946 in Mähren geboren, 1979 zu den Gründungsmitgliedern und 1983 zur ersten grünen Bundestagsfraktion. Später saß er im Europaparlament.

Ex-Parteichef Cem Özdemir ist hingegen kein Migrant, sondern ein deutscher Staatsbürger türkischer Herkunft, dem »das Schwäbische noch näher als das Deutsche« sei. Und, so ironisiert der im Kreis Reutlingen geborene Sohn türkischer Gastarbeiter, er sei zwar »gut zu Fuß, aber eingewandert« dennoch nicht.[473] Als der 1981 in Goslar geborene Belit Onay im November 2019 zum ersten grünen Oberbürgermeister von Hannover gewählt wurde, spielte die Herkunft seiner Eltern aus Istanbul nach seiner eigenen Wahrnehmung kaum eine Rolle.[474]

Derzeit gibt es in den Doppelspitzen von Partei und Bundestagsfraktion niemanden mit Migrationshintergrund. Die Mehrheit der Grünen-Mitglieder sei »weiß und privilegiert«, bemängelte die taz 2019 und regte einen neuen Parteinamen an: »Bündnis 90/Die Weißen«.[475] Die Grünen hätten in der Frage der Diversität »absolut« Nachholbedarf, bestätigte daraufhin Göring-Eckardt dem Autor im Interview. Es gebe bereits eine Arbeitsgruppe, die sich mit der Frage beschäftige, »wie wir noch diverser werden«.

Aminata Touré, seit August 2019 grüne Landtagsvizepräsidentin in Kiel und erste Afrodeutsche in einem hohen politischen Amt, sieht es ähnlich. Die Partei wolle »Vielfalt in jeglicher Hinsicht in unseren eigenen Reihen und in der Programmatik besser« abbilden, sagte Touré, in Neumünster geborene Tochter von Asylbewerbern aus Mali, im Gespräch mit dem Autor. Sie finde es »gut, dass wir selbstkritisch sind und etwas verändern wollen.«[476]

DIE GESCHEITERTE ENERGIEWENDE

Mitunter berauschen die Grünen sich an der eigenen Großartigkeit. »Die grüne Energiewende ist das wohl größte Modernisierungsprojekt der vergangenen Jahrzehnte«, erklärt die Partei auf ihrer Webpage. »Wir sind stolz darauf, dass unsere Ideen sich als derart erfolgreich erwiesen haben.«

Energiewende, das ist der Ausstieg aus den fossilen Brennstoffen und der Einstieg in eine emissionsfreie Zukunft – praktiziert in Deutschland und, so die Hoffnung, nachgeahmt in der ganzen Welt.

Die Energiewende kann nur dann zur massiven Senkung von Treibhausgasemissionen führen, wenn sie im internationalen Maßstab erfolgt. Weltweit decken »die Erneuerbaren« rund 20 Prozent des gesamten Energiebedarfs ab. Darauf wird gern verwiesen, so als sei das eine achtbare Ausgangsposition. Verschwiegen wird zumeist, dass knapp die Hälfte davon aus »traditioneller Biomasse« stammt.[477] Dabei handelt es sich um Feuerholz, landwirtschaftliche Abfallprodukte oder getrockneten brennbaren Dung. Diese traditionelle Biomasse, mit denen in Entwicklungsländern gekocht oder geheizt wird, emittiert mehr CO_2 als beispielsweise Erdgas und Bitumenkohle. Sie ist wenig effizient, weil das Holz oft feucht oder verdreckt ist. Und sie ist gefährlich. Immer wieder sterben Menschen an einer Vergiftung mit Kohlenmonoxid – aber in armen Regionen gibt es oft keine Alternative dazu. Weltweit sind rund eine Milliarde Menschen bis heute nicht oder nur unzureichend an die Stromversorgung angeschlossen. In der EU beträgt der Anteil erneuerbarer Energien am gesamten Energiemix (also nicht nur am Strombedarf) ebenfalls rund 20 Prozent.[478]

Das erste Problem: Der globale Energiebedarf steigt – was angesichts der wachsenden Weltbevölkerung nicht verwundern darf. Er erhöhte sich von 2017 zu 2018 um 2,3 Prozent.[479] Der Anteil der erneuerbaren Energien (erneut einschließlich traditioneller Biomasse) wächst ebenfalls, aber nur ziemlich exakt in dieser Größenordnung. Darum nimmt auch der CO_2-Ausstoß weltweit zu. 2019 stiegen die Kohlendioxidemissionen gegenüber 2018 um rund 0,6 Prozent. In den USA und der EU sanken sie, doch in China und vor allem in Indien nahmen sie zu. Und übrigens auch in Japan. Der Grund: Seit dem Fukushima-Seebeben wurde die CO_2-freie Atomkraft zugunsten des Imports von Erdgas zurückgefahren.[480]

Warum erneuerbare Energien keine Alternativen sind

Und in Deutschland? Deutlich verhaltener als die eingangs zitierten Grünen urteilen Vertreter anderer Parteien über die weltweit teuerste Energiewende. Sie hat bislang dafür gesorgt, dass die deutschen Strompreise für Haushalte im internationalen Vergleich an der Spitze liegen[481] – von einigen kleinen Volkswirtschaften wie den südpazifischen Solomon-Inseln abgesehen. Innerhalb der EU zog 2018 lediglich Dänemark noch knapp an Deutschland vorbei.[482]

Von einer »Operation am offenen Herzen unserer Volkswirtschaft«, spricht Wirtschaftsminister Peter Altmaier (CDU) mit Blick auf die Energiewende. Amtsvorgänger Sigmar Gabriel (SPD) warnte gar im April 2014, »dass wir knapp vor dem Scheitern der Energiewende stehen«.[483] Im Zentrum der Sorgen steht das Erneuerbare-Energien-Gesetz (EEG), eines der Prunkstücke der rot-grünen Regierung.

»Es bleibt dabei, dass die Förderung erneuerbarer Energien einen durchschnittlichen Haushalt nur rund einen Euro im Monat kostet – so viel wie eine Kugel Eis«, versprach im Juli 2004 der damalige grüne Bundesumweltminister Jürgen Trittin. Doch während in jenem Jahr die Kilowattstunde Strom für den Durchschnittshaushalt 17,96 Cent kostete, waren es 2019 bereits 30,22 Cent. Laut McKinsey lagen die deutschen Haushaltsstrompreise um 45 Prozent über dem europäischen Durchschnitt. An gierigen Energiekonzernen liegt das übrigens nicht: Während sie die Kosten für Strombeschaffung und Vertrieb seit 2012 um 16 Prozent reduzierten, gingen die staatlichen Steuern und Abgaben um 17 Prozent nach oben. Diese

Abgaben machen in Deutschland im Sommer 2019 knapp 54 Prozent des Haushaltsstrompreises aus, während es im europäischen Durchschnitt nur 37 Prozent sind, schreibt *WELT*-Energieexperte Daniel Wetzel.[484]

Die Denkfabrik Agora Energiewende prognostiziert, dass die Strompreise in Deutschland mindestens bis 2023 steigen, schon allein, weil die Kosten des Netzausbaus und der Netzsteuerung immer stärker zu Buche schlagen. Dass der Anteil erneuerbarer Energien am Strommix (also nicht am Energiebedarf insgesamt) deutlich zugelegt und von Januar bis Dezember 2019 einen neuen Rekordanteil von 45,8 Prozent erreicht hat, verstärkt sogar noch den Trend.

»Hierzulande stellt man sich die Energiewende noch immer so vor, als könne man konventionelle Kraftwerke einfach nach und nach durch Wind- und Solaranlagen ersetzen«, sagte Robert Schlögl, Professor für Chemie und Direktor am Berliner Fritz-Haber-Institut der Max-Planck-Gesellschaft, im Gespräch mit meinem Kollegen Norbert Lossau.[485] Doch so einfach sei es leider nicht: »Weil Strom aus Sonne und Wind nicht beständig und planbar zur Verfügung steht, sondern wetterbedingt hohen Schwankungen unterliegt, sind große Änderungen im System der elektrischen Energieversorgung erforderlich.« Auch die oft von Grünen geäußerte Idee, die in Zeiten hoher Sonneneinstrahlung oder guter Windverhältnisse gewonnene Energie zu speichern, sei in der Praxis schwierig. »Batterien haben bezogen auf ihr Gewicht noch immer eine sehr kleine Kapazität. Zudem sind sie teuer und haben eine recht begrenzte Lebensdauer«, so Schlögl. Ihrer Effizienz seien physikalische Grenzen gesetzt: »Bei einer Batterie wird für jedes Elektron, das man speichern will, mindestens ein weiteres ganzes Atom zur Speicherung benötigt. Das macht Batterien zwangsläufig schwer und sehr ineffizient.«

Unter den Vordenkern der Energiewende gibt es zwei Schulen. Die eine setzt auf eine autarke Versorgung Deutschlands aus eigenen grünen Quellen. Die andere befürwortet mehr Vernetzung in Europa, um Schwankungen auszugleichen. Laut Schlögl ist die Vorstellung, dass Deutschland energieautark wird, »absolut unsinnig«. Das sei »schlicht unmöglich. Wir importieren heute 80 Prozent unserer Energie aus dem Ausland und das wird sich voraussichtlich in Zukunft nicht wesentlich ändern.«[486]

Die Idee von einer intensiveren europäischen Vernetzung ist ebenfalls mehr als riskant: Würden sämtliche Nachbarn dem deutschen Beispiel der Ausmusterung von Kohle, Erdöl und Gas folgen, und das ist ja die Voraussetzung einer Klimaneutralität der gesamten EU, gäbe es in besonders kalten Wintern oder in Jahren mit geringem Windaufkommen nicht einmal mehr die Möglichkeit des Zukaufs von Strom aus dem nahen Ausland. Um das zu ändern, müsste es neben entsprechenden Reservekapazitäten eine gemeinsame europäische Verantwortung für die Stromversorgung geben. Doch die EU-Regeln überlassen die Stromerzeugung den Mitgliedsländern. Das wird sich absehbar nicht ändern.

Dabei klang das Prinzip des im Jahr 2000 beschlossenen EEG so überzeugend: Wer Strom aus Sonne, Wind, Wasser oder Biomasse erzeugt, erhält eine Abnahmegarantie und eine feste Vergütung von bis zu 50 Cent pro Kilowatt Strom. Die Differenz zwischen dem Garantiepreis für die Erzeuger und dem zu erwirtschaftenden, in der Regel deutlich niedrigeren Preis an den Strombörsen wurde auf die Gesamtheit der Stromkunden umgelegt, mit Ausnahmen für die Schwerindustrie. Die Vergütung war so verlockend hoch, dass sich immer mehr Menschen Photovoltaikanlagen auf die Dächer montieren ließen, gelegentlich selbst in dunklen Tälern, oder in Windparks investierten, die oft in ungünstigen Senken lagen. So sind die finanziellen Verpflichtungen enorm gewachsen. Für 2020 erwarten die Netzbetreiber, dass 34,3 Milliarden Euro an die Betreiber der Anlagen fließen. Dem stehen nur rund 9,7 Milliarden Euro an Erlösen gegenüber. Die Differenz tragen letztlich die deutschen Verbraucher, auch wenn durch das Überangebot an Strom die Börsenpreise sinken.[487]

Wird Nichtstun wirklich teurer als Klimaschutz?

Dass »Klimaschutz kostet, aber Nichtstun noch teurer« (Angela Merkel) werde, gehört inzwischen zur hauptstädtischen Phraseologie. Doch die Behauptung ist keineswegs stimmig: Falls Deutschland seinen nationalen Alleingang fortsetzt, aus Kernkraft und Kohle und danach Erdgas auszusteigen, werden die damit verbundenen CO_2-Bepreisungen teuer für

Wirtschaft und Verbraucher, hätten aber keinen messbaren Effekt für die Emissionen. Solange nicht andere Staaten und insbesondere die großen Kohlendioxidemittenten mitmachen, drohen Schlüsselindustrien rund um die deutsche Autoproduktion ins Ausland abzuwandern. Der vermeintliche Klimaschutz hätte dann lediglich Wohlstand in Deutschland vernichtet.

Eine EEG-Reform von 2014 zielte im Kern darauf ab, dass sich die Erzeuger erneuerbaren Stroms zunehmend selbst um die Vermarktung kümmern sollten. Planbarkeit statt Wildwuchs, das war die Idee, um eine weitere Kostenexplosion zu verhindern. Nicht geändert wurde das Ziel, bis 2025 zwischen 40 und 45 Prozent und bis 2035 gar 55 bis 60 Prozent des Stroms aus erneuerbaren Energiequellen zu gewinnen.

Das ist formal realistisch: Nach 36 Prozent im Jahr 2017 stieg der Anteil der Nettostromerzeugung aus erneuerbaren Energien 2018 auf 40,2 Prozent und lag 2019, wie bereits erwähnt, bei fast 46 Prozent – das Planziel wurde dank heißer Sommer mit hoher Sonneneinstrahlung also vorzeitig erreicht.[488]

Doch der Anteil des Stroms am gesamten Endenergieverbrauch beträgt nur ein Fünftel. Und der Anteil aller CO_2-freien Energien am Gesamtenergiebedarf lag 2018 ebenfalls bei 20 Prozent – die Kernkraft übrigens eingerechnet, nach deren endgültiger Abschaltung im Jahr 2022 sich die Bilanz noch weiter verschlechtern wird. Die erneuerbaren Energien selbst kamen auf zuletzt 16,7 Prozent. Davon stammt jedoch nicht einmal die Hälfte aus Wind- und Sonnenergie. Die Biomasse stellt den Löwenanteil.

Das ruft Kritiker auf den Plan. Die »Vermaisung« ganzer Landstriche in Deutschland, teils gefährliche Monokulturen, wird durch die Gefräßigkeit von Biogaskraftwerken beschleunigt. Zusätzlich werden Soja und Palmöl importiert. Zwar bemüht man sich um die Kontrolle der Herkunft. Doch in den Erzeugerländern schmälert die Biomasseproduktion die Anbaufläche für Lebensmittel. »Tank statt Teller«, lautet das Stichwort. Oft wird Biomasse auf Feldern kultiviert, für die zunächst Wälder gerodet werden müssen. Darum will die EU die Importe zurückfahren. Das wird in den Erzeugerländern wiederum als europäischer Protektionismus kritisiert. Ein führender Grüner sagt dem Autor hinter vorgehaltener Hand: »Ja, das mit der Biomasse war ein Fehler.«

Die renommierten Heidelberger Physikprofessoren Dirk Dubbers, Johanna Stachel und Ulrich Uwer bezweifeln die Vorstellung, mit erneuerbaren Energien lasse sich Deutschlands Gesamtbedarf decken. Denn die Debatten werden meist auf der Grundlage der installierten Leistung von Photovoltaik- und Windkraftanlagen geführt – doch die tatsächlich nutzbare Leistung ist wegen der Nächte, der sonnenfreien und windstillen Tage deutlich geringer. »Die installierte Leistung einer Windkraftanlage ist viermal, die einer Photovoltaikanlage achtmal höher als die eigentlich interessierende im ganzjährigen Betrieb im Mittel gelieferte nutzbare Leistung«, schreiben Dubbers, Stachel und Uwer. »Im Mittel, über Stadt und Land verteilt«, erfordere diese Idee, dass »alle 2,5 Kilometer ein Windrad, sowie zusätzlich Solarzellen über eine Fläche von mehr als tausend Quadratkilometern« bereitgestellt werden.[489] Zur Einordnung: Das würde der Fläche von Hamburg plus München entsprechen. Und die Umsetzung ist unmöglich, weil beim Aufbau von Windkrafträdern nach der 10H-Regelung in vielen Bundesländern das Zehnfache ihrer Länge als Mindestabstand zur nächsten Siedlung gewahrt werden muss – bei 200 Meter hohen Anlagen bedingt das eine Entfernung von zwei Kilometern in jede Richtung.

So wird der Platz für weitere Windräder knapp. Im Saarland soll nicht auch nur eine weitere Anlage entstehen. Selbst das grün-schwarz regierte Baden-Württemberg und das schwarz-grüne Hessen kamen zwischen Anfang Januar und Ende September 2019 nur auf je zwei neue Windkraftanlagen, ebenso wie Bayern. In ganz Deutschland wurden im ersten bis dritten Quartal 2019 nur 514 Megawatt (MW) Windenergieleistung dazu gebaut – nach 2073 MW im Vergleichszeitraum 2018 und gar 4170 MW in den ersten drei Quartalen 2017. So schwach wie 2019 war der Zubau seit 1997 nicht mehr.[490]

Ergebnis: In den dunklen Wochen zum Jahreswechsel oder im Herbst und an windstillen Tagen deckt der Ökostrom oft nur 3 Prozent des Tagesbedarfs, schreibt Wetzel unter Berufung auf das erwähnte McKinsey-Papier. Und schließlich: An vielen Orten engagieren sich Bürgerinitiativen gegen Windkraftanlagen. Sie argumentieren, die Habitate von Rotmilanen, Mäusebussarden, Stockenten, Ringeltauben oder Wattvögeln seien gefährdet. Laut der Umweltschutzorganisation BUND werden jährlich

100 000 Vögel durch die Anlagen getötet. Doch die unter Windkraftgegnern populäre Legende, die Rotoren seien »Vogelkiller«, ist nicht haltbar. Denn im gleichen Zeitraum verunglücken an Glasfenstern und anderen Gebäudeteilen 18 Millionen Vögel,[491] durch Freileitungen weitere 1,5 Millionen.[492]

Der Bau von Stromtrassen für den Transport der Energie von Norden nach Süden wird ebenfalls von Bürgerinitiativen blockiert. Bis zum ersten Quartal 2019 wurden darum von geplanten 3582 Kilometern nur 1087 Kilometer fertiggestellt. Läuft der Netzausbau in diesem Tempo weiter, so die McKinsey-Experten, »wird das Ziel für 2020 erst im Jahr 2037 erreicht«.

Teurer Phantomstrom

Weil es noch keine ausreichende Anbindung gibt, werden immer wieder Windparks, Solar- und Biomassekraftwerke abgeregelt und das Windrad beispielsweise aus dem Wind gedreht, um eine Netzüberlastung zu verhindern. Phantomstrom, der nie erzeugt, aber trotzdem weitgehend vom Verbraucher bezahlt werden muss, kostete ihn beispielsweise 2018 rund 635 Millionen Euro. Es fehlen Netze und Speicher, um ihn aufzunehmen. 2011 wurde für diese nur in der Statistik auftauchende Energie mit 400 Millionen Euro übrigens noch deutlich weniger bezahlt. Aber mit dem Ausbau der Windkraft nimmt auch der grüne Phantomstrom rapide zu.[493]

»Selbst bei der Versorgungssicherheit – in Deutschland über Jahrzehnte auf sehr hohem Niveau – beginnt sich das Blatt zu wenden«, warnt das McKinsey-Papier. Es sei »davon auszugehen, dass sich Deutschland insbesondere ab 2023 vom Stromexporteur zum Stromimporteur entwickeln wird«.[494] Und der Anfang ist gemacht: Im Juni 2019 hat Deutschland erstmals seit fünf Jahren wieder mehr Strom eingeführt als exportiert.[495] In der Spitze fehlten 6 Gigawatt Kraftwerksleistung, was sechs Großkraftwerken entspricht.

Klimaaktivisten ignorieren derartige Fakten gern. Zu ihnen gehört Claudia Kemfert, promovierte Wirtschaftswissenschaftlerin, Professorin für Energieökonomie an der Hertie School of Governance in Berlin und Abteilungsleiterin beim Deutschen Institut für Wirtschaftsforschung (DIW). Kemfert, die dem Sachverständigenrat für Umweltfragen angehört, sieht »allen Grund, optimistisch zu sein«. Ihre Begründung: Die EU habe 2011 eine »verbindliche Roadmap« verabschiedet, nach der »alle Staaten den Anteil der erneuerbaren Energien an ihrer Stromversorgung bis zum Jahr 2050 auf 80 Prozent erhöhen«.[496] Doch dass Planziele noch keine Tatsachen schaffen, war in der Geschichte wiederholt zu beobachten. Kemfert räumt selbst ein, sie sei »jetzt nicht mehr neutral« und unternehme »den schwierigen und vielleicht sogar fragwürdigen Versuch, eine Auseinandersetzung zu beschreiben, zu deren Protagonisten ich selbst gehöre«.[497] Ja, das ist fragwürdig: Kemfert berät über den dem Bundesinnenministerium nachgeordneten Umweltrat offiziell die Bundesregierung, und andererseits unterstützt sie nach eigenen Worten Fridays for Future. Sie ist also gleichzeitig tätig für die gewählte Regierung und für die außerparlamentarische Opposition. Das erinnert an den konservativen Staatstheoretiker und Philosophen Adam Heinrich Müller, der zu Beginn des 19. Jahrhunderts der preußischen Regierung anbot, parallel ein Regierungsblatt und ein Oppositionsblatt herauszugeben.[498] Bei Müller hieß das die »Harmonie der Gegensätze«, während Kemfert die Zeit gekommen sieht, »entschieden zu handeln«.

Jede Energie, die nicht aus Kohle, Öl, Gas oder Uran gewonnen werden muss, ist zu begrüßen. Sie schont die knapper werdenden Weltvorräte und senkt die Emissionen. Doch der Ausstieg aus allen bewährten Energiequellen binnen eines sehr kurzen Zeitraums wird absehbar scheitern. Sonne, Wind oder Erdwärme sind zwar kostenlos und (auf Jahrmillionen) unendlich, aber deshalb keineswegs in beliebiger Menge verfügbar.

Auch darum haben die Nachbarn sich Deutschland nicht zum Vorbild genommen: Frankreich liegt in der EU an der Spitze der Atomenergienutzer und investiert weiter in diese Sparte – 80 Prozent des Stroms sollen dort künftig aus Nukleartechnologie kommen. In der Schweiz macht Atomenergie rund 40 Prozent des Bedarfs aus. Schweden als das in der Energiewende erfolgreichste Land Europas beschloss bereits 2016 den Ausstieg aus dem Ausstieg und hält an der Kernenergie fest.

WARUM GRÜNE UND AFD EINANDER BRAUCHEN

»Kann man die Grünen noch kritisieren?«, fragte im Juni 2019 der *Tagesspiegel*.[499] Der Aufhänger: Thorsten Schäfer-Gümbel, dreimal glückloser SPD-Spitzenkandidat in Hessen und zu diesem Zeitpunkt Interimsvorsitzender seiner Partei, hatte die klimapolitische Monothematik der Ökopartei gegenüber dem Berliner Blatt mit der völligen Fokussierung der AfD auf die Migrationsfrage verglichen. »Die Grünen versuchen im Moment, alles Elend dieser Welt zu reduzieren auf die Frage des Klimawandels. Das halte ich für falsch. Die AfD erklärt die Migrationsfrage zum Übel der Welt. Auch das halte ich für grundfalsch. Beides verkürzt Politik in grotesker Weise«[500], so »TSG« im Interview.

Es gab Proteste von Grünen wie Jürgen Trittin (»faktenfreies Gelaber«) und Michael Kellner (»der Vergleich mit der AfD ist schlicht unterirdisch«)[501] und Empörung in einem ARD-Kommentar (»... Contenance verloren ... Schäfer-Gümbel geht sogar so weit, AfD und Grüne in einem Atemzug zu nennen«).[502]

Nun wurde die Union, namentlich die CSU, in der Debatte über Asyl und Grenzkontrollen sehr häufig gerade von Grünen-Politikern in einem Atemzug mit der AfD genannt, ohne dass dies beanstandet worden wäre. Die CSU-Rhetorik über Asylmissbrauch mache »das rechte Original stark. Horst Seehofer ist für den Wahlerfolg der AfD mitverantwortlich«, sagte etwa die damalige Grünen-Chefin Simone Peter 2016.[503] Doch der eingeschüchterte TSG, der im Oktober 2019 aus der Politik schied und auf Vorschlag seiner Partei als Arbeitsdirektor in den Vorstand der staatlichen Gesellschaft für internationale Zusammenarbeit (GIZ) wechselte, äußerte sich auf Twitter »erschrocken« über seinen Vergleich: »Zur Klarstellung: @Die_Gruenen sind in meinen Augen eine wichtige politische Kraft.«[504]

Was nun wirklich eine Binse ist. Dabei hatte Schäfer-Gümbel ledig-lich die überschaubar originelle Beobachtung kundgetan, dass die Grü-nen den Klimawandel ins Zentrum ihrer Politik stellen und die AfD die Zuwanderung. Dass es ansonsten gewaltige Unterschiede gibt, versteht sich von selbst: Die AfD ist ein Prüffall für den Verfassungsschutz (auch wenn der Geheimdienst das nicht mehr sagen darf), die AfD schafft es nicht, in Baden-Württemberg einen Antisemiten aus der Partei zu wer-fen, bei der AfD vertreten Flügelleute wie Björn Höcke und Andreas Kal-bitz rechtsextreme Positionen. Die Liste ließe sich fortsetzen. Zwar hatten die Grünen in ihren Anfangsjahren ebenfalls Extremisten, allerdings von links, in ihren Reihen und nicht alle ihre Vertreter bekannten sich zur parlamentarischen Demokratie. Doch diese Zeiten liegen weit zurück.

Die Grünen sind keineswegs eine Ein-Programmpunkt-Partei. Sie haben dezidierte Vorstellungen zur Sozialpolitik, zu Europa, zum Umgang mit der Türkei, zu künstlicher Intelligenz, zur Gesundheits- und Pflegepolitik oder zur Verkleinerung des aus den Fugen geratenen Bundestags durch eine Wahlrechtsreform. Aber auch die AfD befasst sich nicht ausschließlich mit der Migration. Doch in der Wahrnehmung durch die Wählerschaft stehen beide Parteien jeweils für ein sehr zentra-les Thema der innenpolitischen Debatte, nämlich für Klimaschutz bzw. Grenzschutz. Und beide Parteien appellieren an die Ängste: Die Grünen warnen, dass wir die Lebensgrundlagen auf dem Planeten zerstören, wenn wir die CO_2-Emissionen nicht sehr drastisch reduzieren, und die AfD sieht den Untergang der deutschen Kultur kommen, wenn weitere Migration nicht verhindert wird.

Die Grünen halten entschiedener als Union und SPD gegen die AfD-Forderung nach einem Schließen von Grenzen. Und die AfD ist die einzige Partei im Bundestag, die einen nennenswerten Anteil des Men-schen am Klimawandel bestreitet und deshalb alle Klimaschutzmaßnah-men und CO_2-Bepreisungen ablehnt.

Dieser Antagonismus wird von den Grünen selbst konstatiert. Ihre Partei stehe »als Garant gegen den Rechtsruck und für Weltoffenheit«, erklärte Annalena Baerbock im August 2019. Noch deutlicher formulierte es Fraktionschef Anton Hofreiter. »Aber klar: Wir sind der Gegenpol der

AfD«, sagte er bereits im November 2016. Auch für Benjamin Raschke, Spitzenkandidat der Grünen bei der Landtagswahl 2019 in Brandenburg, ist seine Partei »der natürliche Gegenpol zur AfD«.[505] Robert Habeck hält zum Thema eine besonders kuriose Anekdote bereit: »Neulich beschimpft mich im Zug ein AfD-Wähler, dass die Grünen schuld am Erstarken der AfD seien.« Zwar zieht Habeck die dahinter steckende Logik (»Weil es die Grünen gibt, muss es die AfD geben«) in Zweifel: »Als ob wir keine Wahl hätten. Als ob wir nicht in einer Demokratie leben würden.«[506]

Doch dass es aus der Sicht vieler Wähler diese Wechselwirkung gibt, räumen Grüne auf allen Parteiebenen im Gespräch sehr regelmäßig ein: Mancher frühere Unions- oder SPD-Wähler wechselt zur AfD, weil er fürchtet, die Grünen würden noch mehr Migranten ins Land holen. Und mancher vormalige Christsoziale hat 2018 in Bayern die Grünen gewählt, weil Seehofers Forderung nach Kontrollen an innereuropäischen Grenzen zu sehr nach AfD geklungen habe.

So vitalisieren sich Grüne und AfD wechselseitig – und gewinnen Zuwachs oft aus dem gleichen Reservoir, nämlich von vormaligen SPD-Wählern. »Die flüchtlingsfreundlichen Milieus wandern zu den Grünen ab, die ihre Moral in reinerer Form verkörpern«, so beschreibt Boris Palmer den Aderlass der SPD an die beiden polarisierenden Parteien. »Die flüchtlingskritischen Milieus, denen die SPD mit Ablehnung und dem moralischen Zeigefinger gegenübertritt, werden hingegen zur AfD getrieben.«[507]

Die Union verliert ebenfalls Wähler nach beiden Seiten: an die Grünen, weil man CDU und CSU zu wenig in der Klimapolitik zutraut, und an die AfD wegen Angela Merkels Flüchtlingspolitik, von der sich Annegret Kramp-Karrenbauer in den Augen vieler Wähler zu wenig gelöst hat.

Dass die Unterschiede zwischen Grünen und AfD immens sind, bedarf keiner Betonung. Dass aber beide Parteien schwächer wären, wenn es die jeweils andere nicht gäbe, ist evident.

GRÜNER FEMINISMUS

Handlungsbedarf in der Verteidigung von Frauenrechten im Alltag sah die damalige frauenpolitische Sprecherin im Bundesvorstand der Grünen. »Wir brauchen einen Feminismus, der unterschiedliche Diskriminierungen sieht und der auch solidarisch ist, wenn Frauen mit Kopftuch angegriffen werden. Unser Feminismus und unsere Frauenpolitik stehen für die Selbstbestimmung von Frauen in all ihren vielfältigen Lebensentwürfen«, sagte Gesine Agena 2018.[508]

Aber ist man auch solidarisch, wenn Frauen oder Mädchen unter das Kopftuch gezwungen werden? Auf diese Herausforderung liberalen Denkens reagieren die meisten Grünen verstörend entspannt. Kritik an der Unterdrückung der Frau in vielen muslimischen Familien wird nur von wenigen Politikern geäußert. Zu den Ausnahmen gehören die Bundestagsabgeordneten Ekin Deligöz, die das Kopftuch als »ein Symbol der entrechteten Frau« bezeichnete, und Cem Özdemir, selbst in einer muslimischen Familie türkischer Gastarbeiter geboren, der die Migranten zu bewussten Integrationsanstrengungen auffordert. »Kein heiliges Buch steht über der Verfassung der Bundesrepublik Deutschland«, sagt Özdemir immer wieder.

»Radikale Veränderung der Gesellschaft«

Wer heute von Feminismus spricht, versteht es oft als Synonym für Gleichberechtigung. Aber Feminismus im ursprünglichen Verständnis ist eine auf Gesellschaftsveränderung abzielende Ideologie, die nichts gemein hat mit bürgerlicher Gleichstellungspolitik. Die italienische Philosophin Luisa Muraro hat den Unterschied klar benannt: »Wir Feministinnen wollten die Welt verändern, aber dann kamen die

Linken, die Parteien und die EU und haben uns die Gleichstellung angeboten.«[509]

Männlich dominierte Politik hat laut Muraro »dem Feminismus diese Idee der Gleichheit eingepflanzt«.[510] Und weiter: »Anstatt dass die Frauen eine neue Gesellschaft erfinden, haben sie uns in den Kopf gesetzt, dass wir Macht übernehmen müssen.« Das aber sei der falsche Weg. Man müsse die Gesellschaft so verändern, dass keiner mehr Macht habe.

Die Westfälin Verena Krieger, ab 1983 Sprecherin des bundesweiten Arbeitskreises Grüner Frauen und später Bundestagsabgeordnete ihrer Partei, folgte diesem Verständnis. Ganz auf der ideologischen Linie von Muraro, erklärte Krieger: »Feminismus steht im Gegensatz zu Gleichstellungspolitik. Feminismus heißt für mich: eine radikale Veränderung der Gesellschaft zugunsten der Frauen. Feministische Politik ist eine Politik, die an die Wurzeln der patriarchalisch-kapitalistischen Gesellschaft geht. Feminismus ist radikale Politik.«[511]

Ist dieses ideologisierte Verständnis eines »Radikalfeminismus« Vergangenheit? Jutta Ditfurth klagte bereits 1990: »Die Grünen haben eine lange Zeit hindurch einen breiten Raum für feministische Politik geboten, und zwar in einem Maße, wie es bei herkömmlichen linken Gruppen nicht möglich war. Dieser Raum wird rapide enger zugunsten von bürgerlicher Gleichstellungspolitik.«[512]

Die Formulierungen zum Feminismus im aktuellen Grundsatzprogramm von 2002 sind wenig eindeutig. Aber sie legen einen weiterhin bestehenden Zusammenhang nahe zwischen einer neuen Frauenpolitik und einem anderen Gesellschaftsverständnis: »Der Feminismus, die Frauenbewegung und das persönliche Engagement vieler Frauen sind eine wesentliche Quelle bündnisgrüner Politik«, heißt es da. Frauenpolitik werde zu »einer gestaltenden Gesellschaftspolitik, die Machtstrukturen im Hinblick auf Geschlechtergerechtigkeit hin analysiert und verändert. Unsere Frauenpolitik findet ihre Fortsetzung in einer neuen Frauen-, Männer-, Geschlechter- und Gesellschaftspolitik.«[513]

Gestaltende Gesellschaftspolitik, neue Gesellschaftspolitik, Machtstrukturen verändern ... – der linke Glaube der Grünen an die Möglichkeit, Kollektive und Individuen formen und verbessern zu können, ist bei diesem Thema auch nach anderthalb Jahrzehnten in einer von einer Frau regierten Bundesrepublik ausgesprochen intakt geblieben.

Am Anfang war der Mann: Positive Diskriminierung der Frauen

Die grüne Partei spricht heute sehr stark Frauen an mit Themen wie Gleichberechtigung, aber auch Naturschutz und Nachhaltigkeit. In der Bundestagswahl 2017 brachten 10,7 Prozent der weiblichen und 7,6 Prozent der männlichen Wähler Bündnis 90/Die Grünen auf 8,9 Prozent.

Das war einmal anders. Am Anfang war der Mann – oder genauer gesagt: der männliche Wähler. Die Partei wäre 1983 nicht erstmalig in den Bonner Bundestag gelangt, hätten nur Frauen gewählt. Von ihnen stimmten lediglich 4,8 Prozent für die junge Partei, die von Politikern aus den K-Gruppen dominiert wurde und als radikal galt. Männer machten hingegen zu 5,9 Prozent ihr Kreuz bei den Grünen.[514] Eine ähnliche, allerdings noch größere Kluft zwischen vielen männlichen und wenigen weiblichen Wählern ist heute bei der AfD zu beobachten. Bei der Bundestagswahl 2017 votierten 16,3 Prozent der Männer, aber nur 9,2 Prozent der Frauen für die Alternative für Deutschland.[515]

Als die Grünen 1983 in den Bundestag einzogen, lag der Frauenanteil im Parlament bei unter 10 Prozent, in der neuen Fraktion aber bereits bei 35,7 Prozent. Männer aus den anderen Parteien hätten die grünen Frauen mit »Stammtischgegröle« und »sexistischen Pöbeleien« begrüßt, schreibt der frühere Grünen-Politiker Ludger Volmer: »Grüne Frauen, die zum Mikrofon emporstiegen, um ihre erste Rede zu halten, mussten einen Spießrutenlauf absolvieren. Frisur, Figur, Kleidung – nichts blieb unkommentiert, nichts galt als normal. Die hohen Herren befanden sich im psychischen Ausnahmezustand.«[516] Zwei Monate später, am 5. Mai 1983, prangerte Waltraud Schoppe nach der Regierungserklärung von Helmut Kohl den »alltäglichen Sexismus hier im Parlament« an.

Die Bundestagsfraktion der Grünen hat seit 1987 (mit Ausnahme der Sondersituation 1990, als sie nur über die Ost-Grünen ins Parlament kamen) einen Frauenanteil von durchgängig über 50 Prozent. Im 19. Bundestag, der 2017 gewählt wurde, sind es 53,6 Prozent. Damit liegen sie weit über dem zuletzt gesunkenen Parlamentsdurchschnitt (2017: 31,2 Prozent, 2013: 37,3 Prozent)[517] und knapp vor der Linkspartei (53,6 Prozent). Es folgen SPD (41,8 Prozent), FDP (22,5 Prozent), Union (19,9 Prozent) und Schlusslicht AfD (10,8 Prozent).

Der starke Frauenanteil bei den Mandaten und in den Parteiämtern der Grünen ist angesichts einer bewussten Positivdiskriminierung nicht erstaunlich. In jedes Gremium und für jedes Mandat müssen mindestens so viele Frauen wie Männer gewählt oder nominiert werden, »wobei den Frauen die ungeraden Plätze zur Verfügung stehen«, wie das »Frauenstatut« der Partei vorschreibt.[518] »Ungerade«, dazu zählt Listenplatz 1. Die Doppelspitzen in Partei und Fraktionen bestehen oft aus Frau und Mann, gelegentlich aus zwei Frauen – zwei Männer hingegen sind nicht zulässig.

Die Bundestagsfraktion wählte im April 1984 sogar weitgehend geschlossen einen aus sechs Frauen bestehenden Vorstand. Das Gremium, angeführt von Antje Vollmer und Waltraud Schoppe, bezeichnete sich als »Weiberrat« und irritierte Außenstehende. Zumindest »eigenartig«, so sagte es Ratsmitglied Annemarie Borgmann dem *Spiegel*[519], habe es Vertreter der Befreiungsorganisation von Namibia, Swapo, bei einem Besuch der Fraktion in Bonn berührt, als ihnen ein männlicher Mitarbeiter des »Feminats« den Kaffee servierte. Als Heidemarie Dann in einer Sitzung eine Abordnung der Rentnerpartei »Graue Panther« unter deren Vorsitzenden Trude Unruh begrüßte, stellte der bärtige Walter Schwenninger sich samt Kollegen den Besucherinnen so vor: »Und wir sind die grünen Männchen der Fraktion.« Die beiden grünen Platzhirsche Joschka Fischer und Otto Schily sollen sich nach dem »Putsch der Ladys« in der Fraktion unter der neuen Regie zunächst einmal rar gemacht haben.

1986 zog mit 10,4 Prozent eine reine Frauenliste der GAL (Grün-Alternative Liste) um Adrienne Goehler in die Hamburgische Bürgerschaft ein – was damals als Sensation galt und künftig verfassungswidrig wäre, wenn das von den Grünen unterstützte Parité-Gesetz zustande käme – wir kommen gleich dazu. Das war die Zeit, als in den Reihen der grünen Frauen gestritten wurde über ein »Müttermanifest«, initiiert unter anderem von der Katholikin Christa Nickels. Das war eine Provokation: Radikale Feministinnen sprachen lieber von »Frauen mit Kindern«. Parteifreundinnen brandmarkten Nickels als Anhängerin der »Nazi-Ideologie«, weil sie und ihre Mitstreiterinnen sich gegen den feministischen Gedanken eines autonomen weiblichen, »karrieristischen« Lebensentwurfs wandten und das Prinzip der Mütterlichkeit als eine die ganze Frau erfüllende Berufung anerkannt wissen wollten.[520] Nach harten Auseinandersetzungen wurde 1987 beschlossen, dass die »BAG (Bundesarbeitsgemeinschaft) Frauen« eine Arbeitsgruppe »Mütterpolitik« mit eigener Sprecherin gründete. Heute gibt es bei den Grünen einen »Bundesfrauenrat«, nicht mehr aber eine Untergruppe »Mütterpolitik«. Der ideologische Flügelkampf hat sich auch an dieser Stelle beruhigt.

Dafür haben die Grünen einen Verfahrensfeminismus institutionalisiert. Die Geschäftsordnung schreibt für Diskussionen auf Parteitagen das abwechselnde Aufrufen von Frauen und Männern vor. Dazu stehen im Raum zwei Boxen: In die eine werfen Frauen ihren Namenszettel, wenn sie sich äußern wollen, in die andere die Männer. »Redelisten werden« getrennt geführt, Frauen und Männer reden abwechselnd«, bestimmt das Frauenstatut. Weil Männer möglicherweise diskussionsfreudiger sind, kommt es auf Parteitagen immer wieder zum Appell der Versammlungsleitung, ob sich nicht bitte noch einige Frauen zu Wort melden mögen – und, wenn dies nicht der Fall ist, musste bis zum Herbst 2019 das Plenum der Abarbeitung der dann nur noch männlichen »Redeliste« mehrheitlich zustimmen. Denn im Frauenstatut hieß es außerdem: »Ist die Redeliste der Frauen erschöpft, ist die Versammlung zu befragen, ob die Debatte fortgesetzt werden soll.«[521]

Der Bielefelder Parteitag im November 2019 brachte eine Satzungsänderung. Künftig entscheiden nur noch »die Frauen der Versammlung« über eine Fortsetzung der Aussprache.[522] Haben sie keine Lust auf eine Debatte, haben auch die Männer den Mund zu halten.

Im Zwischenbericht zum neuen Grundsatzprogramm taucht erstmals zusätzlich ein eigenes Kapitel »feministische Außenpolitik« auf. »Friedensabkommen halten länger und haben eine höhere Erfolgschance, wenn Frauen im Prozess aktiv mitgewirkt haben«,[523] wird darin behauptet. Ob die Autoren an die britische Premierministerin Margaret Thatcher dachten, die 1982 zunächst mit aller Härte gegen die argentinischen Besatzer der Falkland-Inseln kämpfen ließ, obwohl männliche Parteifreunde wie ihr Stabschef David Wolfson und der spätere Kabinettsminister Kenneth Clarke einen Verzicht auf das 13 000 Kilometer entfernte Territorium im Südatlantik angeraten hatten? Als zunächst UN-Generalsekretär Pérez de Cuéllar einen Waffenstillstand und später US-Präsident Ronald Reagan einen Friedensvertrag zu vermitteln anboten, lehnte Thatcher in beiden Fällen ab. Im Falkland-Krieg starben über 900 Menschen.

Das Parité-Gesetz und die Verfassung

Als Schrittmacher zur Gleichberechtigung fordern die Grünen im »Zwischenbericht« zum künftigen Grundsatzprogramm eine gesetzliche Regelung, um allen Parteien vorzuschreiben, Frauen und Männer in gleicher Zahl auf ihren Wahllisten zu nominieren: »Damit Frauen an allen demokratischen Prozessen gleichberechtigt beteiligt sind, braucht es ein Parité-Gesetz. Voraussetzung hierfür sind Lebensbedingungen, die es allen ermöglichen, Erwerbsarbeit sowie gesellschaftliche und politische Arbeit zu vereinbaren.«[524]

Annalena Baerbock und die damalige frauenpolitische Sprecherin Gesine Agena bekräftigten die Forderung nach einem Parité-Gesetz im November 2018 mit dem Argument, das Parlament sei Spiegel der Gesellschaft, und diese bestehe zur Hälfte aus Frauen: »100 Jahre nach Einführung des Frauenwahlrechts ist ein solcher Schritt überfällig – von selbst steigt der Frauenanteil im Parlament offensichtlich nicht.« Und, übrigens, es brauche »auch eine Quote für Staatssekretärinnen.«[525]

Der Brandenburger Landtag hat im Januar 2019 mit den Stimmen von SPD, Linken und Grünen ein Parité-Gesetz verabschiedet, das künftig zur Landtagswahl antretende Parteien verpflichtet, Frauen und Männer im gleichen Maße bei der Aufstellung ihrer Landesliste zu berücksichtigen. Ein Gutachten des Parlamentarischen Beratungsdienstes des Potsdamer Landtags, erstellt auf Antrag der AfD-Fraktion, kam 2018 zu dem Schluss, der damalige (und im Prinzip beibehaltene) Gesetzesentwurf verstoße gegen das Verbot einer Ungleichbehandlung wegen des Geschlechts und gegen das Gebot der Gleichheit bei einer Wahl. Es beschränke das Recht von Parteien, Bewerber nach ihren Vorstellungen auszuwählen. In der Tat: Was, wenn in einem Wahlkreis keine geeignete Frau kandidieren möchte? Oder umgekehrt nur Frauen? Wäre die Gründung einer reinen Frauenpartei künftig ebenso verfassungswidrig wie die einer reinen Männerpartei?

Eine Jugendstudie widerlegt die Grünen

Grüne wie die stellvertretende Parteichefin Ricarda Lang klagen gern über »Steine, die die Gesellschaft den Frauen in den Weg legt«, wenn Unternehmen Probleme haben, für höhere Jobs qualifizierte Frauen zu finden.[526] In der »Shell Jugendstudie« klingt es anders. Junge Frauen seien »stets das wertebewusstere und tolerantere Geschlecht«, heißt es dort unter Berufung auf Interviews mit 2572 jungen Leuten zwischen 12 und 25 Jahren in Deutschland. Sie stünden »politisch häufig etwas weiter links als junge Männer, auch sind sie offenbar stärker kosmopolitisch oder weltoffen orientiert und weniger anfällig für Populismus«. Seit den Neunzigerjahren erreichen sie zudem höhere Bildungsabschlüsse als ihre männlichen Altersgefährten. Die formale Qualifikation ist also kein Grund dafür, wenn Frauen nicht in wirtschaftliche Führungspositionen drängen. Vielmehr, so schreiben die Autoren Mathias Albert, Klaus Hurrelmann und Gudrun Quenzel, »orientieren sich die meisten jungen Eltern auch heute noch an einem eher traditionellen Familienmodell, in dem die Frau die primäre Verantwortung für die Kindererziehung hat und der Mann hauptsächlich für das Familieneinkommen zuständig ist. Die meisten Mädchen und Jungen in unserer Studie befürworten ebenfalls dieses Modell.« Auch »der Wunsch, einmal Kinder zu haben«, sei »bei jungen Frauen stärker als bei jungen Männern«.[527]

Nun spricht nichts dagegen, dass die Jurastudentin Lang und die Grünen unter jungen Mädchen und Frauen dafür werben, sich beruflich stärker zu engagieren und auf der Karriereleiter nach oben zu drängen. Unternehmer aber zwingen zu wollen, ein Angebot an Topjobs für Frauen zur Verfügung zu stellen, bevor die entsprechende Nachfrage da ist, ist von jedem Grundgedanken liberaler Politik weit entfernt.

Obwohl die Grünen Frauen eindeutig bevorteilen, war ihre Mitgliedschaft bis 2019 erst zu 40 Prozent weiblich. Warum sind es nicht mindestens 50 Prozent? Das zeige, sagte Bundesgeschäftsführer Michael Kellner dem Autor, dass Frauen immer noch einer größeren Doppelbelastung durch Familie und Beruf ausgesetzt seien und nicht die Zeit fänden, nebenbei Politik zu machen. Aber selbst bei der stark feministisch geprägten Grünen Jugend, deren Mitglieder sich in aller Regel noch nicht um Kinder und Familie kümmern müssen, sind weniger Frauen als Männer organisiert. Der Anteil der weiblichen Mitglieder betrage »knapp 47 Prozent«, teilte Ricarda Lang dem Autor am 30. Oktober 2019 auf Anfrage mit.

Gender* (lies: Genderstern) oder: Schreiben, was man nicht sprechen kann

Das sprachliche Gendermainstreamen ist die Paradedisziplin der Grünen. Die Partei »gendert« seit Langem in der Satzung, in Anträgen zum Parteitag und in Gesetzesentwürfen. Ursprünglich stand das Binnen-I im Zentrum der »AntragstellerInnen«. Auch der Binnen-Strich kam zum Einsatz bei den »Kämpfer_innen« für Gleichberechtigung. Mitunter gebar der Übereifer Wortungetüme mit doppelter Genderisierung wie »PatientInnenvertreterInnen«.

Zwecks Vereinheitlichung hat sich die Partei inzwischen auf den Genderstern (»Wähler*innen«) geeinigt. Gestattete Alternativen sind die explizite Mitnennung der weiblichen Form (»liebe Freundinnen und Freunde«) oder die Verwendung substantivierter Partizipien im Plural (»Studierende und Lehrende«). Ganz konsequent wird die Vorgabe gleichwohl nicht durchgezogen. Ein Zugeständnis des Parteivorstandes zum Parteitag 2015 in Halle an das gewachsene Sprachgefühl lautete: »Wir gendern grundsätzlich in allen Wörtern, jedoch nicht zweimal im selben Wort (Verbraucherschützer*innen).«

Die Grünen argumentieren, dass Sprache lebendig sei und sich analog zu gesellschaftlichen Veränderungen entwickle. Das ist zweifellos richtig. Aber Vorsicht: »Schreibe nie, was du nicht sprechen kannst«,[528] mahnt der Schriftsteller Reiner Kunze. Wer etwa das Wort Kanzler_innenamt liest, mag das als unästhetischen, aber sachlich nachvollziehbaren Wunsch nach Gleichberechtigung begreifen. Wer indes das Wort lediglich zu hören bekommt, ohne den erklärenden Unterstrich, wird versucht sein, dies als Bevorzugung des weiblichen Geschlechts zu interpretieren. Annalena Baerbock spricht gern vom »Kanzler*inamt«. Oder vom »Kanzlerinamt«. Wir wissen es nicht.

Es gibt maskuline Wörter, die nicht nur männliche Personen bezeichnen, erinnert Kunze, zum Beispiel Gast, Säugling oder Filmstar – aber auch »feminine Wörter, die nicht nur weibliche Personen bezeichnen, zum Beispiel Waise, Majestät oder Geisel«. Und schließlich »Neutra, die männliche und weibliche Personen oder nur eine einzige Person natürlichen Geschlechts bezeichnen, zum Beispiel Mitglied, Staatsoberhaupt, Weib oder Kind. Diese Wörter sind in ihrer Bedeutung geschlechtsübergreifend.«

Wer diese Ausdrucksmöglichkeiten für sein natürliches Geschlecht als diskriminierend empfinde und ihren Gebrauch bekämpfe, so Kunze, »bekämpft die Sprache, indem er ihre Verarmung befördert. Er beraubt die Menschen der Möglichkeiten, in allgemeinen, geschlechtsübergreifenden Begriffen zu sprechen, was zum Verschwinden ungezählter Wortbedeutungen führt.« Zwei prägnante Beispiele des DDR-Dissidenten und Autors von *Die wunderbaren Jahre*: »Redewendungen wie ›Übung macht den Meister‹ oder ›Der Klügere gibt nach‹ dürften nicht mehr gebraucht werden, weil die geschlechtsübergreifende Bedeutung nicht mehr gedacht werden darf.«

Das erinnert an die Ur-Grüne Waltraud Schoppe, die 1983 in einer Bundestagssitzung den männlichen Abgeordneten aus den anderen Fraktionen anempfahl, sie würden »noch etwas an sich arbeiten müssen, damit die Würde dieses Hauses nicht ganz auf den Hund kommt«.[529]

Warum eigentlich nicht auf die Hündin?

DIE KRAFT DER INNOVATIONEN ODER: WIE LEBEN WIR 2050?

Die Menschheit wächst, mindestens noch für ein halbes Jahrhundert und in einem gewaltigen Ausmaß. Die Weltbevölkerung wird von rund 7,6 auf etwa 11 Milliarden Menschen zunehmen. Darum werden wir mehr Energie benötigen, mehr Ressourcen verbrauchen und auf absehbare Zeit die Kohlendioxidemissionen nicht verringern.

Vielleicht kommen wir weg von Plastiktüten und Kohleverstromung. Aber von den meisten Dingen, die unseren Alltag ausmachen, werden wir mehr benötigen. Wer glaubt, mittelfristig beim Wachstum auf die Bremse treten oder gar den Rückwärtsgang einlegen zu können, irrt. Möglicherweise setzen sich Elektroautos dank einem Durchbruch bei der Batterietechnik oder der Ladeinfrastruktur weltweit auch für lange Strecken durch – sicher aber nicht binnen zehn Jahren. Oder Autos, die mit Wasserstoff und einer Brennstoffzelle betrieben werden. Oder mit Wasserstoff als Grundprodukt für synthetische Kraftstoffe (Power-to-X) im Verbrennungsmotor. Vielleicht hat bis dahin fast jeder Photovoltaikzellen auf dem Dach. Oder nutzt geothermische Energie aus dem Boden. Doch in Hochhäusern mit Dutzenden von Wohnungen und Hunderten von Bewohnern wird das je nach Region in kalten Wintern nicht ausreichen.

Der Mensch taugt nicht zur »Zero-Waste-Askese«

Werden wir also verzichten? Manche Exzesse der Konsumgesellschaft nehmen erfreulicherweise rasch ab. Wir werden uns an den Stoffbeutel gewöhnen, den wir zum Einkaufen mitnehmen, weil es keine Plastiktüten mehr geben wird. Längst achten wir beim Neukauf des Autos oder der Waschmaschine auf Wirtschaftlichkeit und CO_2-Werte. Viele junge Leute verzichten auf den eigenen Pkw (jedenfalls wenn sie in einer Stadt mit gutem öffentlichen Nahverkehrsangebot leben), ernähren sich vegetarisch, verreisen nicht mit dem Flugzeug. Aber die Mehrheit der Bevölkerung will erkennbar nicht aus ökologischen Gründen auf den Ferienflug verzichten. Kaum jemand akzeptiert, dass die sonntägliche Fahrt zum Besuch der Oma oder der Freunde auf dem Land nicht mehr eine Stunde im Auto dauern soll, sondern zwei Stunden mit Nahverkehrszug und Bussen. Wer an einem Herbsttag durch den Regen radelt, im Winter frierend auf den Bus wartet oder im Hochsommer zur Stoßzeit eng gequetscht zwischen schwitzenden Mitmenschen im U-Bahn-Waggon steht, wird sich nicht über die Verkehrswende freuen, sondern die Erinnerung verklären an den guten alten Autostau.

In der Menschheitsgeschichte ist es noch nie vorgekommen, dass eine Generation freiwillig auf die Annehmlichkeiten der Eltern oder Großeltern verzichtet hätte. Und wo dies doch passiert, gibt es unwillkommene Nebenwirkungen. Als man in Europa in den Neunzigerjahren aus ökologischen Gründen in die Toilettensysteme verstärkt Wasserspartasten fürs »kleine Geschäft« einbaute, begann es auf den Straßen nach faulen Eiern zu riechen, weil die verbliebenen Rinnsale die Kanalisation nicht mehr durchzuspülen vermochten. Und im September 2019 berichtete CNN unter Berufung auf einen Report der Amerikanischen Gesellschaft für Mikrobiologie über negative Folgen des energiesparenden Waschens: Ratlose Experten hatten in einer deutschen Klinik auf der Intensivstation für Neugeborene immer wieder auf der Haut von Frühchen den multiresistenten Krankheitserreger Klebsiella oxytoca nachgewiesen. Diese Bakterie löst Lungenentzündungen und Infektionen des Urinkanals aus. Obwohl die Station gründlich desinfiziert wurde, tauchte das Problem immer wieder auf – bis man feststellte, dass in der Waschstation des Krankenhauses Söckchen und Mützchen für die Säuglinge mit einer haushaltsüblichen energiesparenden Waschmaschine gereinigt wurden. Die Klebsiella oxytoca wurde nachgewiesen im Einfüllfach für die Waschmittel und auf dem isolierenden Gummi an der Waschmaschinenklappe. Bei einer Waschtemperatur unter 60 Grad Celsius, mit der in Privathaushalten zumeist bunte Wäsche gereinigt wird, überlebt der Krankheitserreger. Die deutsche Klinik wechselte die Maschine gegen ein Profigerät mit höheren Temperaturen aus und wurde damit die Bakterien los.[530]

Alles kommt mit einem Preis. Nicht nur die Umweltverschmutzung hat nachteilige Folgen, sondern mitunter auch die Umweltschonung. Gäbe es keine konventionelle Landwirtschaft, sondern nur noch Biohöfe, bräuchten diese deutlich mehr Platz. »Im Durchschnitt sind die Erträge im Biolandbau um 30 bis 40 Prozent geringer«, sagt der Göttinger Agrarwissenschaftler Martin Qaim, »entsprechend höher wäre der Flächenbedarf.«[531] Würden Bauern gänzlich auf den Einsatz chemischer Herbizide und Pestizide verzichten, kämen Schädlinge, Pilze und Krankheitserreger zurück, die in vorindustriellen Zeiten in ganzen Regionen die Ernte vernichtet und Hungersnöte ausgelöst haben. (Abgesehen davon, dass Biolandwirte ebenfalls Pestizide einsetzen, zwar keine chemisch-synthetischen, aber beispielsweise Kupfer, und auch die sind umweltschädlich und gefährlich für Regenwürmer.[532]) Und würden wir uns vom gesamten Internet mit seinen Datenströmen und Clouds und seinem enormen Energieverbrauch verabschieden, wäre dies ein Rückschritt wie vom Buchdruck zu Handabschriften in mittelalterlichen Klöstern. So etwas wird es, auf freiwilliger Grundlage, nicht geben.

Nur in einer Diktatur lassen sich Ressourcen, von der Energie bis zu den Lebensmitteln, rationieren und Größe, Antriebsart und Design von Autos oder Wohnungen vorgeben. In der Demokratie gehen Gelbwesten auf die Straße, und am Ende werden Parteien gewählt, die eine Rückkehr zum Status quo ante versprechen.

Also ist die Entwicklung aussichtslos? Wir werden mehr, verbrauchen mehr, emittieren mehr – und über die Jahrhunderte werden die Temperaturen steigen, Gletscher und Permaeis schmelzen, die Ozeane das Land wegschwemmen? Wer das fürchtet, hat sich der Panik ergeben.

Die Sonne Afrikas und die Kernfusion: Energien morgen

So könnte die Welt 2050 aussehen: Sie ist nicht CO_2-neutral, die Pariser Ziele wurden krachend verfehlt. Aber die Emissionen sinken seit einigen Jahren. Der Meeresspiegel ist leicht gestiegen, aber die meisten Küstenregionen und Inseln wussten sich durch Dämme und Aufschüttungen zu schützen. Ob es noch Eisbären in freier Wildbahn gibt, ist unklar. Weil die Arktis wegschmolz, wanderten sie nach Alaska und paarten sich dort mit Grizzlys. Man nennt ihre Nachfahren Cappuccino-Bären. Leben ist Veränderung.

In Deutschland und Europa gibt es noch echte Eisbären im Zoo. Auf dem Kontinent gewinnen wir den Strom nicht nur durch riesige Windparks, vor allem Off-Shore, sondern auch durch Großanalagen an der Nordsee, in denen Wasserstoff gewonnen wird. Auf den meisten Hausdächern finden sich Photovoltaikanlagen. Via Geothermie wird Erdwärme in Heizungen gepumpt. Daneben durchziehen Trassen das Land, die Strom aus Sonnenkraft von Griechenland und Spanien (beide Länder gewinnen als »Wärmeexporteure« eine ganz neue wirtschaftliche Bedeutung für Europa) in den Norden transportieren. Photovoltaikanlagen in der Sahara versorgen Afrika und exportieren die Überschüsse. Auch in den Golfstaaten wird nicht mehr primär Öl produziert, sondern vor allem Wasserstoff. Kernkraft aus Reaktoren der vierten Generation kommt hinzu.

Bill Gates, der Mitbegründer von Microsoft, war dazu einer der Pioniere. Er hatte, wie man 2050 rückblickend erinnert, in das Start-up-Unternehmen TerraPower investiert, das einen nicht nur sicheren, sondern auch in Bezug auf die Abfälle unproblematischen Kernreaktor entwickeln wollte. »Atomkraft ist ideal im Zusammenhang mit dem Klimawandel, weil sie die einzige kohlendioxidfreie, skalierbare Energiequelle ist, die rund um die Uhr zur Verfügung steht«, sagte Gates. Die Gefahr von Reaktorunfällen wurde so endgültig gebannt. Der Reaktor von TerraPower werde statt des üblicherweise in Leichtwasserreaktoren als Brennstoff benutzten angereichertem Urans 235 abgereichertes

Uran 238 nutzen, das bislang als Abfall gilt, versprach Gates. Davon lagern 700 000 Tonnen als Atommüll allein in den USA. Acht Tonnen davon würden laut Gates 2,5 Millionen Haushalte ein Jahr mit Strom versorgen.[533] Die Kühlung erfolgt über Natrium statt Wasser und ist damit wesentlich effizienter. Den Reaktor ließ Gates in einen unterirdischen Behälter stellen, von wo er 60 Jahre lang ohne erneute Betankung und ohne die Gefahr menschlicher Bedienungsfehler Energie liefern wird.[534] (Heute sind die Voraussetzungen noch nicht erfüllt, weil Wissenschaftler noch ein Metall finden müssen, das die Brennstäbe gegen einen intensiveren und länger andauernden Neutronenbeschuss als in konventionellen Reaktoren härten kann.)

Zum Durchbruch haben nicht nur Start-ups aus dem Silicon Valley beigetragen, von denen um 2020 mindestens 50 an unterschiedlichen Nukleartechnologien tüftelten, darunter Reaktoren, die mit dem Metall Thorium betrieben werden. Es enthält 200-mal so viel Energie wie Uran. Andere wichtige Impulse kamen aus China, wo ein gasgekühlter Hochtemperaturreaktor entwickelt wurde, der zur vierten Generation von Kernkraftwerken gehört und von dem es 2019 hieß, er werde noch sicherer als die bisher verwendeten Technologien sein.[535]

Weitere wichtige Innovationen kamen in der ersten Hälfte des 21. Jahrhunderts aus dem von China, Indien, Japan, Indonesien, Südkorea, Australien, Malaysia und anderen ASEAN-Staaten gebildeten Wirtschaftsblock RCEP (Regional Comprehensive Economic Partnership), der 3,2 Milliarden Menschen und 40 Prozent des Welthandels umfasste. Von der Handelsliberalisierung im RCEP profitierten auch deutsche Mittelständler.

Möglicherweise gibt es bis 2050 einen Durchbruch beim Forschungsreaktor ITER in Südfrankreich, an dem, Stand 2020, alle 28 EU-Staaten, die Schweiz, die USA, China, Südkorea, Japan, Russland und Indien beteiligt sind. Das Ziel: die Kernfusion. Durch Verschmelzung leichter Atomkerne zu schweren Kernen würde die Energiegewinnung der Sonne nachgeahmt. Plasma würde in starken Magnetfeldern eingeschlossen und auf bis zu 150 Millionen Grad erhitzt werden, um dann gewaltige Energiemengen abzugeben. Bislang ist dies wegen des hohen Energieaufwands nur experimentell möglich. Sollte es gelingen, wären die

Energiesorgen der Menschheit gelöst – und Atommüll entsteht bei der Kernfusion nicht.

Doch die Widerstände sind groß, gerade seitens der Grünen in Deutschland. Weil ein Erfolg bei ITER nicht abzusehen sei, forderte unter anderen Jürgen Trittin seit Jahren die Beerdigung des Projekts.[536] Die gesamte grüne Bundestagsfraktion um Katrin Göring-Eckardt und Anton Hofreiter verlangte im Februar 2016, die Bundesregierung müsse »schnellstmöglich aus dem Milliardengrab ITER aussteigen«. Die Begründung: »Wenn überhaupt, würde diese Technologie frühestens im Jahr 2050 einsatzreif sein. Bis dahin werden wir unsere Energieerzeugung längst vollständig auf erneuerbare Energien umgestellt haben müssen.«[537] Die grüne Welt als Wille und Vorstellung.

Tatsächlich waren für ITER ursprünglich 5 und später 10 Milliarden Euro angesetzt worden. 2019 wurde das benötigte Gesamtbudget auf 20 Milliarden Euro taxiert, um bis 2025 den ersten Test mit dem ultraerhitzten Plasma und bis 2035 die erste echte Fusion zu bewerkstelligen. Weitgehend unbemerkt von der Öffentlichkeit hatte die US-Regierung unter Donald Trump 2018 übrigens den Eigenbeitrag erhöht.[538] Sollten die USA diese Unterstützung der Kernfusion als Energiequelle ohne radioaktiven Abfall weiterverfolgen,[539] hätten sie am Ende mutmaßlich mehr für den Klimaschutz getan, als wenn Trump im Pariser Klimaschutzabkommen geblieben wäre.[540]

Zurück ins Jahr 2050: Im sonnenreichen Afrika mit den großen Flächen in der Sahara wird inzwischen ohnehin fast nur noch regenerative Energie gewonnen. Unter dem Begriff Desertec wurde ein solches Photovoltaikkonzept schon einmal in Angriff genommen. Es scheiterte aber an unterschiedlichen Konzepten der Initiatoren. Um die Neuauflage voranzutreiben, hatten nach 2020 hochentwickelte europäische Länder Milliardensummen, mit denen eigentlich die Dämmung von Hunderten Millionen alter Häuser daheim subventioniert werden sollte, auf den südlichen Nachbarkontinent umgeleitet. Dort leisteten die Gelder einen entscheidenden Beitrag zur Abkehr von fossilen Energien und insbesondere Biomasse. Durch diese neue Rolle Afrikas wurde auch die Armut massiv reduziert. Inzwischen reisen afrikanische Ingenieure nach Europa, um die dort gewonnenen Erfahrungen mit einer nachhaltigen Lebensweise zu vermitteln. Die Grünen begegnen ihnen etwas verstimmt – sie hatten alle Gelder daheim investieren wollen, nicht in Afrika. (Sämtliche Neubauten werden selbstverständlich auch in Deutschland gedämmt. Und beim Dachdecken ist längst jeder einzelne Ziegel ein Sonnenkollektor.)

Wälder am Amazonas aufforsten, statt Häuser in Berlin dämmen

Weitere Milliarden aus Europa wurden in die Äquatorregionen transferiert, um dort die Regenwälder wieder aufzuforsten. Das Geld war zuvor für eher symbolische Klimaschutzmaßnahmen eingeplant worden. Dazu gehörten Projekte wie die Montage von Windrädern in gänzlich ineffizienten Talsenken (»Da weht es selten, aber es gab halt Platz«) und Naturwaldflächen wie dem Reinhardswald in Hessen, bekannt als Grimms Märchenwald. Die Grünen nehmen's übel: Man hätte, sagen sie, die Zahl der Windkraftanlagen in Deutschland von knapp 30 000 locker verdoppeln können – okay, unter Hinnahme des Verlusts mancher Forste und einer Beschneidung der Einspruchmöglichkeiten von Bürgerinitiativen.

Die Menschen bereits der nächsten Generation fahren zunehmend mit computergesteuerten Autos, die stets die optimale Geschwindigkeit wählen, jähes Abbremsen vermeiden, kaum noch Unfälle bauen und darum Staus auf den Autobahnen zu einer fernen Erinnerung werden lassen. Sie werden in den Städten vom Navigator automatisch zum nächsten freien Parkplatz oder Parkhaus geleitet, anstatt wie heute dreimal suchend um den Block kreisen zu müssen. Ob diese Autos dann mit Batterien angetrieben werden (und zwar solchen, die sich auf induktiven Straßen beim Fahren selbst nachladen, ohne an die Tankstelle zu müssen) oder mit Wasserstoffzellen oder mit Verbrennungsmotoren und synthetischem Sprit, ist der Entscheidung des Kunden überlassen – ausgesprochen wenig Kohlendioxid emittieren alle Antriebsarten und Modelle. Auch Flugtaxis, Großdrohnen, die nicht nur Amazon-Pakete, sondern auch

Menschen transportieren können, wird es geben. Die Grünen fanden es nicht witzig, dass das erste Modell »Doro I« getauft wurde.

An die Stelle von Flügen innerhalb Europas und Fahrten mit der herkömmlichen Eisenbahn treten mit Solarzellen angetriebene Hochgeschwindigkeitszüge wie der Hyperloop, die in einer Röhre mit einem Fastvakuum und mit Magnetschwebetechnik nahezu Schallgeschwindigkeit erreichen. Der Luftwiderstand ist kaum messbar, der CO_2-Ausstoß nahe null, Flüge sind praktisch überflüssig geworden. Zur Entwicklung wurden Forschungsergebnisse des Transrapids herangezogen, den die Grünen in Deutschland einst bekämpft hatten. Die Technologie wäre nie zum Einsatz gekommen, hätte Peking nicht 2019 angekündigt, dass nach einer kleinen Teststrecke nunmehr eine 1000 Kilometer lange Transrapid-Verbindung zwischen den Städten Guangzhou und Wuhan gebaut werden sollte, in Teilen ausgelegt für Spitzengeschwindigkeiten von 1000 Stundenkilometern.[541] Auf diese chinesischen Erfahrungen mit einer ursprünglich deutschen Technologie konnte man sich später stützen.

Flugzeuge gibt es natürlich weiterhin, ohne sie lassen sich Ozeane nicht binnen Stunden überqueren. Ein Elektroantrieb für Jets, die mit mehr als 500 Tonnen Startgewicht in die Luft kommen müssen, bleibt noch lange Zeit Zukunftsmusik. Aber das Kerosin wird bald CO_2-neutral aus Biomasse gewonnen. Dazu wird Wasserstoff per Elektrolyse aus Wasser gelöst und mit Umgebungs-CO_2 zu Treibstoff verarbeitet. Die dazu benötigten gewaltigen Energiemengen stehen zur Verfügung, weil nach dem Ende einer längeren grünen Kanzlerschaft selbst in Deutschland, dem »moosgrünen alten Mann Europas«, wie internationale Medien lange spotteten, die Kernenergie, allerdings in der neuen Form, rehabilitiert wurde.

Mit grünem Treibstoff ins All

Die Weltraumfahrt, ob bemannt oder unbemannt, entwickelt sich rasant weiter. Bereits 2019 hatte die NASA einen Durchbruch verkündet bei der Entwicklung eines grünen Treibstoffs, gemeinsam mit einem amerikanischen Industriekonsortium. ASCENT (Advanced Spacecraft Energetic Non-toxic Propellant) soll das krebserregende und umweltschädliche Hydrazin ablösen, mit dem seit Jahrzehnten Raketen angetrieben wurden. ASCENT ist nach NASA-Angaben 50 Prozent leistungsfähiger als Hydrazin, erheblich sicherer und belastet nicht die Umwelt.[542] Und Raketen sind längst wiederverwendbar, sie führen riesige Ballons mit sich, die sich beim Wiedereintritt in die Atmosphäre auffüllen und die Fluggefährte wie auf einer riesigen Hüpfburg landen lassen – Elon Musk hat's vorgemacht. Die Grünen werden ungern daran erinnert, dass ihr damaliger für Weltraumfahrt zuständige Bundestagsabgeordnete Peter Hettlich 2009 ein Ende der bemannten Raumfahrt als »Fass ohne Boden mit zu geringem wissenschaftlichen Output« gefordert hatte.[543]

Es geht bei der intensivierten Weltraumfahrt nicht nur um wissenschaftliche Erkenntnisse, sondern auch um wirtschaftliche Interessen. Auf Asteroiden und Planeten locken kostbare Rohstoffe und seltene Metalle wie Gold, Platin, Iridium und Rhenium. Auf dem Mond gibt es das Gas Helium 3, das als idealer Brennstoff für Kernreaktoren gilt, weil sein Kern aus zwei Protonen, aber nur einem Neutron besteht. Darum wäre Energiegewinnung ohne den Umweg über verdampftes Wasser möglich. Zudem fiele beim Kernspaltungsprozess kaum Radioaktivität an. Auch Fusionsforscher sehen in dem Isotop eine Energiequelle der Zukunft.

Dann die Ernährung: Möglicherweise werden immer mehr Menschen zu Veganern und Vegetariern. In der jungen Generation ist dies ein Trend – zumindest in den gut versorgten Gesellschaften des Westens. Aber ein Großteil der Menschen wird weiter nach Fleisch und Wurst verlangen, und Ernährungswissenschaftler sagen, dass es gerade bei Kindern und Heranwachsenden ohne Eisen und Vitamin B12 aus Fleisch zu Mangelerscheinungen kommen kann. Nicht umsonst hat das Hirn des Menschen in der Evolution einen Sprung gemacht, als er aufrecht zu stehen lernte, damit die Steppe überblicken und Jagd auf Tiere machen konnte. Oder wie es der britische Biologe und Verhaltensforscher Sir Julian Huxley beschrieb: »Unsere vormenschlichen Affenahnen waren nie besonders erfolgreich oder in Massen aufgetreten. Für ihre Transformation in den Menschen war eine Reihe von Schritten erforderlich: Abstieg von den Bäumen; aufrechter Gang; eine gewisse Vergrößerung des Gehirns; eine mehr auf Fleischnahrung eingestellte Lebensweise.«[544]

Die Fleischproduktion ist selbst in einer noch dichter besiedelten Welt kein Problem, auch ethisch unbedenklich und nicht mehr mit dem Methanausstoß von Millionen von Rindern verbunden. Denn Steaks, Kalbsleber und Schnitzel werden im Labor gezüchtet. Das Fleisch ist nicht künstlich, sondern genauso echt wie vom Kalb auf der Weide oder im Stall. Am Anfang erforderte das bei manchen Konsumenten Überwindung – längst aber hat sich die Erkenntnis durchgesetzt, dass Fleisch aus dem Labor besser ist als Schnitzel aus der Tierfabrik. Derweil melden sich grüne Bedenkenträger: Ein oder zwei Veggie-Days in Kantinen wären ihnen lieber.

Von Science-Fiction zur Realität

Um die Vielseitigkeit der Ernährung zu gewährleisten, wird ausreichend Getreide und Gemüse in Treibhäusern angebaut, in denen das Wachstum durch Manipulationen der Pflanzengene und durch elektrische Spannung erhöht wird – einst wurde daran in Europa geforscht, inzwischen prescht China auf diesem Weg vor.[545] Deutschlands Grüne wurden von der Entwicklung völlig überrascht: Sie haben, trotz einzelner Lockerungsübungen auf diesem Gebiet durch junge Grüne wie Mona Noé und Johannes Kopton,[546] weitgehend einhellig gegen Gentechnik auf dem Acker und für ein klares Verbot von Biopatenten auf Pflanzen, Tieren und konventionelle Züchtungsverfahren gestritten.[547]

Über die Ozeane kreuzen riesige Flotten umgerüsteter Tanker, angetrieben von Photovoltaikzellen. Sie saugen das Wasser durch riesige Röhrenfilter, in denen Plastikrückstände festgehalten werden, während Fische unbeschadet herauskommen. Das Plastik wird an Land recycelt. Die Grünen standen dem Projekt skeptisch gegenüber. Denn an trüben Tagen und nachts müssen die großen Tanker zusätzlich zum Photovoltaikantrieb die Zweitakt-Dieselmotoren anwerfen, die CO_2 und NO_x emittieren.

Derweil schweben insbesondere über dem Südpol gigantische Weltraumspiegel mit einem Durchmesser von 100 Kilometern, die das Sonnenlicht zurückwerfen und aufsteigendes CO_2 aus der Atmosphäre herausfiltern, um die Eisschmelze zu verlangsamen. Über dieses Mittel des Geoingenieurwesens wird auch diskutiert im Zusammenhang mit der Herstellung von erdähnlichen Verhältnissen auf dem Mars binnen weniger Jahrzehnte: Die Spiegel würden den Permafrost auf dem erdnächsten Planeten auftauen, und das Schmelzwasser würde wie Regenwasser für Vegetation sorgen. Den Rest besorgen spezielle Bakterien, die die im Übermaß giftige Perchlorsäure auf der Marsoberfläche umwandeln, und Samen, der dort ausgestreut wird.[548]

Science-Fiction? Tatsächlich lässt die US-Regierung seit 2007 an dem letztgenannten Mars-Konzept forschen.[549] Auch keines der anderen erwähnten Projekte ist so unrealistisch, dass nicht bereits Wissenschaftler daran knobeln und Investoren Geld riskieren. Manches Investment wird verloren gehen, einiges wird scheitern, mitunter könnten, wie beim »Geoengineering«, gefährliche Folgen eines menschlichen Eingriffs ins Klimasystem deutlich werden, die Forscher nicht bedacht haben. Die Grünen weisen verdienstvollerweise auf die Gefahren hin. Aber erfreulicherweise haben sie keine absolute Mehrheit und können den technologischen Fortschritt auf Dauer nicht stoppen.

KAPITEL 29

DIE ZUKUNFT DER FARBE GRÜN

Allmächtig ist die Wissenschaft nicht. Der Menschheit droht keine Apokalypse. Aber ihr offenbart sich auch kein irdisches Paradies. Es wird weiterhin Konflikte zwischen Menschen und Völkern geben. Handelskriege, bewaffnete Auseinandersetzungen, politisch, religiös und ideologisch motivierten Terrorismus, Kriminalität. Keine Spur vom ewigen Frieden. Es gibt Neid, Egoismus, Faulheit, Verbrechen. Aber auch Ehrgeiz, Mitmenschlichkeit, solidarischen Beistand, Nächstenliebe. Das meiste in der Welt von morgen und übermorgen wird unserer Gegenwart mutmaßlich gleichen – wenn wir uns ökodiktatorischer Unterminierungen der Gesellschaft und unserer Demokratie durch endzeitliche Sekten und ökomoralistische Ideologen erfolgreich erwehren.

Den Grünen, als Partei und als Bewegung, gebühren große Verdienste. Sie haben die Menschheit für das Thema Umwelt sensibilisiert. Sie haben auch Druck gemacht in der Klimapolitik und früher als andere die Konsequenzen eingefordert aus wissenschaftlichen Erkenntnissen über die Gefahren einer zunehmenden CO_2-Anreicherung in der Atmosphäre.

Die Grünen verfolgen aber bis heute eine den Menschen und die Wirtschaft gängelnde linke Politik, die nicht auf den Markt setzt, sondern auf den Staat. Sie haben ihre Energiewende mehr auf das Wünschbare als das Machbare gegründet. Sie haben keine realistischen Konzepte entwickelt zum Problem der globalen Migration; das weitgehende Öffnen von Grenzen wird nicht die Lösung sein. Die Grünen standen auch in ihren Anfängen oft auf der falschen Seite der Geschichte. Sie verweigerten sich, als es um die Wiedervereinigung Europas und Deutschlands 1989/90 ging. Sie haben sich trotz ihres zwischendurch zur Schau getragenen Optimismus immer wieder als ängstliche Maschinenstürmer profiliert – gegen Atomkraft, gegen neue Technologien, gegen Gentechnik, gegen Verbrennungsmotoren, gegen den Fortschritt schlechthin. Und gegen Märkte, gegen freies Unternehmertum, gegen Entscheidungen mündiger Menschen. Störenden Fakten begegneten sie mit ökomoralistischem Groll.

Die Menschen spüren, gerade in wirtschaftlich schwächeren Zeiten, wenn Anspruch und Wirklichkeit auseinanderfallen. Dann ist es irgendwann nicht mehr hip, grün zu wählen. Die Grünen sollten sich daher nicht von volatilen Umfrageergebnissen blenden lassen. Oft hat die Partei schlechter abgeschnitten, als es ihr die Demoskopen vorausgesagt hatten.

Es sind schon viele Apokalypsen ausgefallen. Die Klimakatastrophe wird ebenfalls abgesagt, wenn man keine unrealistische Askese predigt, sondern dem menschlichen Verstand traut, der bisher das Leben auf diesem Planeten von Jahrhundert zu Jahrhundert deutlich verbessert und Elend und Armut massiv reduziert hat. Die Grünen als Partei waren eine Innovation. Jetzt aber verweigern sie sich machbaren Innovationen, indem sie eine Welt mit Windrädern und fleischlosen Mahlzeiten, kleinen Sharing-Autos, wenig Wohlstand und viel Arbeitslosigkeit planen. Das entspricht nicht der Zukunft, die sich die meisten Menschen wünschen.

Die Grünen, die in Deutschland längst den Ton angeben und zu deren 40. Geburtstag im Januar 2020 Bundespräsident Frank-Walter Steinmeier als Laudator auftrat, wollen auch die formale Macht, und zwar alle – von Kreuzberg bis Kretschmann. Sie haben gut gefüllte Wahlkampfkassen und hatten Anfang 2020 rund 95.000 Mitglieder, 50 Prozent mehr als bei der Bundestagswahl 2017. Aber wer regieren will, muss Zuversicht verbreiten, nicht die Verkümmerung predigen.

Grün sollte nicht länger für bemooste Rückständigkeit stehen. Grün steht doch für Hoffnung. Eigentlich.

ÜBER DEN AUTOR

Der Publizist Ansgar Graw, geboren 1961 in Essen, langjähriger Chefreporter von WELT und WELT AM SONNTAG, beschäftigt sich seit Jahren intensiv mit den Grünen. Der studierte Historiker und Politikwissenschaftler hat mehrere Sachbücher zur deutschen und internationalen Politik und Geschichte verfasst, zuletzt 2017 nach achtjähriger Korrespondententätigkeit in den USA: »Trump verrückt die Welt.« Zu innenpolitischen Themen hat Graw unter anderem eine auch ins Chinesische übersetzte Biografie über Ex-Kanzler Gerhard Schröder sowie Aufsätze zum deutschen Parteiensystem geschrieben.

ANMERKUNGEN

1 Goethe, Johann Wolfgang von: *Farbenlehre*, ausgewählt und erläutert von Rupprecht Matthaei, Ravensburg 1971, S. 75.

2 Lukács, Georg: *Gottfried Keller*, (Ost-)Berlin 1947, S. 9 und 39.

3 Keller, Gottfried: *Der grüne Heinrich*, München, o. J., S. 707.

4 Grengg, Maria: *Die Flucht zum grünen Herrgott*, Berlin 1930, S. 302.

5 Unfried, Peter: *Das große Missverständnis*, in: Kursbuch, 197, März 2019, S. 12 ff., hier S. 16.

6 Zit. nach Djuric, Mihailo: *Nietzsche und die Metaphysik*, Berlin 1985, S. 263.

7 https://www.welt.de/politik/ausland/plus203914376/Oesterreich-Fusion-der-Skigebiete-Pitz-und-Oeztal-sorgt-fuer-Streit.html?wtrid=onsite.onsitesearch (2.12.2019)

8 https://www.abc.net.au/news/2015-10-09/vanuatu-court-rules-on-mps-corruption-case/6842050 (14.8.2019).

9 https://ec.europa.eu/commfrontoffice/publicopinion/index.cfm/Survey/getSurveyDetail/instruments/STANDARD/surveyKy/2253 (15.8.2019).

10 https://www.tagesschau.de/multimedia/bilder/crbilderstrecke-583.html und https://www.faz.net/aktuell/wirtschaft/klimapolitik-mehrheit-der-deutschen-gegen-co2-steuer-16314807.html (25.9.2019).

11 http://www.forschungsgruppe.de/Umfragen/Politbarometer/Langzeitentwicklung_-_Themen_im_Ueberblick/Politik_II/ (31.10.2019).

12 https://www.ruv.de/presse/aengste-der-deutschen/grafiken-die-aengste-der-deutschen (1. 12. 2019)

13 https://www.welt.de/politik/deutschland/article194321453/Nach-Europawahl-Berliner-AfD-Jugend-gegen-Leugnung-des-Klimawandels.html (25.10.2019).

14 https://www.bund.net/service/presse/pressemitteilungen/detail/news/regierung-verweigert-notwendigen-klimaschutz/ (25.10.2019).

15 https://www.faz.net/aktuell/wirtschaft/klima-energie-und-umwelt/bdi-chef-kempf-die-regierung-ruiniert-die-industrie-16449690.html (25.10.2019).

16 https://www.ee-news.ch/de/erneuerbare/article/41714/strompreise-in-europa-danemark-setzt-sich-an-die-spitze-und-verweist-deutschland-auf-platz-2 (25.10.2019).

17 Haeusler, Johnny: »Neue Zeit, neue Partei«, in: *Berliner Zeitung*, 19.7.2019.

18 Sommer, Moritz/Rucht, Dieter/Haunss, Sebastian/Zajak, Sabrina: »Fridays for Future. Profil, Entstehung und Perspektiven der Protestbewegung in Deutschland«. Berlin 2019, S. 29.

19   https://www.morgenpost.de/berlin/article226721795/Berlin-spielt-fuer-Fridays-for-Future-eine-zentrale-Rolle.html (22.10.2019).

20   https://twitter.com/EskenSaskia/status/950285499926745089 (1.12.2019)

21   Kelly, Petra: »Nicht nur Revolutionen fressen ihre Kinder«, in: Schroeren, Michael (Hrsg.): *Die Grünen. Zehn bewegte Jahre*, Wien 1990, S. 180 ff., hier S. 187.

22   https://www.youtube.com/watch?v=bk5qvXIT55k (19.9.2019).

23   https://www.boell.de/de/2016/08/02/die-seele-der-gruenen (30.10.2019).

24   Mende, Silke: »*Nicht rechts, nicht links, sondern vorn.*« Eine Geschichte der Gründungsgrünen, München 2011, S. 49.

25   Ebd., S. 47–50.

26   https://www.mdr.de/nachrichten/wirtschaft/regional/mehr-als-achtzigtausend-menschen-mussten-braunkohle-weichen-100.html (8.10.2019).

27   https://www.kas.de/web/ddr-mythos-und-wirklichkeit/umweltschutz (2.8.2019).

28   Maron, Monika: *Flugasche*, Roman. Frankfurt a. M. 1986, S. 32.

29   Beleites, Michael: *Dicke Luft: Zwischen Ruß und Revolte. Die unabhängige Umweltbewegung in der DDR*, Leipzig 2016, insbes. S. 15 f., 20, 47, 106.

30   https://www.berliner-zeitung.de/vera-lengsfeld-wechselt-zur-cdu---kritik-am--pds-schmusekurs----kanzlermehrheit-in-bonn-waechst-buergerrechtler-verlassen-buendnisgruene-15976632 (9.9.2019).

31   http://www.kdfeige.de/Lebensbilder/lebensbilder.html (9.9.2019).

32   https://www.boell.de/sites/default/files/assets/boell.de/images/download_de/publikationen/1979_001_Wahlprogramm_Europawahl_1979.pdf (7.7.2019).

33   https://www.boell.de/sites/default/files/uploads/2008/08/bdk_1979-1993_die_gruenen.pdf (3.8.2019).

34   Ebd.

35   https://www.dpg-physik.de/veroeffentlichungen/publikationen/stellungnahmen-der-dpg/klima-energie/warnung.pdf; vgl. dazu Lossau, Norbert: https://www.welt.de/wissenschaft/plus196231407/Menschengemachter-Klimawandel-Eine-Warnung-von-1971.html (3.8.2019).

36   Volmer, Ludger: *Die Grünen. Von der Protestbewegung zur etablierten Partei. Eine Bilanz*, München 2009, S. 93.

37   Kleinert, Hubert: *Vom Protest zur Regierungspartei. Die Geschichte der Grünen*, Frankfurt a. M. 1992, S. 27.

38   Ebd., S. 42.

39   http://dipbt.bundestag.de/doc/btp/10/10004.pdf (12.7.2019).

40   http://fuer-mensch-und-umwelt.de/1983/die-neue-grosfeuerungsanlagenverordnung-%E2%80%93-eine-erfolgsgeschichte/ (2.8.2019).

41   https://www.spiegel.de/spiegel/print/d-13508412.html (18.9.2019).

42   Lübbe, Hermann: *Politischer Moralismus. Der Triumph der Gesinnung über die Urteilskraft*, Berlin 1987, S. 85.

43 Graw, Ansgar: *Trump verrückt die Welt. Wie der US-Präsident sein Land und die Geopolitik verändert*, Stuttgart 2017, S. 197.

44 https://www.theguardian.com/global-development/2018/oct/12/phone-misery-children-congo-cobalt-mines-drc (27.10.2019).

45 https://www.welt.de/wirtschaft/article197804821/Kobalt-Lithium-und-Nickel-Hier-will-die-Welt-ihre-Batterie-Gier-stillen.html (27.10.2019).

46 https://taz.de/Der-Kampf-gegen-Plastikmuell/!5591532/ (28.10.2019).

47 https://www.welt.de/wirtschaft/article193516619/Plastikmuell-Mehrheit-der-Deutschen-fuer-sofortiges-Verbot-von-Plastiktueten.html (1.6.2019).

48 https://www.welt.de/wirtschaft/plus203509356/Lidl-Plastikflaschen-sind-oekologischer-als-Mehrweg.html (16. 11. 2019)

49 Ulrich, Bernd: *Alles wird anders. Das Zeitalter der Ökologie*, Köln 2019, S. 132.

50 Ludwig, Karl-Heinz: *Eine kurze Geschichte des Klimas. Von der Entstehung der Erde bis heute*, München 2006, S. 57 ff.

51 Ebd., S. 35, 43, 65, 108.

52 Stehr, Nico/von Storch, Hans: *Klima, Wetter, Mensch*, München 1999, S. 59.

53 Wallace-Wells, David: *The Uninhabitable Earth. Life after Warming*, New York City 2019 (Kindle-Version), S. 3 von 299.

54 Ehrlich, Paul R.: *The Population Bomb*, New York City, 1968, S. 11.

55 https://techcrunch.com/2019/11/18/earth-is-headed-for-its-second-warmest-year-in-recorded-history-the-record-was-three-years-ago/ (20.11.2019).

56 Neubauer, Luisa/Repenning, Alexander: *Vom Ende der Klimakrise*, Stuttgart 2019, S. 21.

57 https://www.welt.de/politik/deutschland/plus201880920/Luisa-Neubauers-Buch-Vom-Ende-der-Klimakrise-Wissenschaftler-ordnen-ein.html (17.10.2019).

58 https://www.zeit.de/2004/02/Titel_2fWaldsterben_02/seite-2 (17.10.2019).

59 Meadows, Donella H. et al.: *The Limits to Growth. A Report to the Club of Rome's Project on the Predicament of Mankind*, New York City 1972, S. 56–59.

60 Gruhl, Herbert: *Ein Planet wird geplündert. Die Schreckensbilanz unserer Politik*, Frankfurt a. M. 1975, S. 286.

61 Ebermann, Thomas/Trampert, Rainer: *Die Zukunft der Grünen. Ein realistisches Konzept für eine radikale Partei*, Hamburg 1984, S. 80–85.

62 https://uebermedien.de/41860/die-homogenisierung-der-klima-berichterstattung-ist-ein-problem/ (25.9.2019).

63 https://wikileaks.org/wiki/Climatic_Research_Unit_emails,_data,_models,_1996-2009 (15.9.2019).

64 Mann, Michael E.: *The Hockey Stick and the Climate Wars*, New York City 2012, S. 259.

65 https://twitter.com/MichaelEMann/status/1165677922872635392/photo/1 (25.9.2019).

66 NASA: »Is the Sun causing global warming?«, https://climate.nasa.gov/faq/14/is-the-sun-causing-global-warming/ (20.7.2019).

67 https://phys.org/news/2017-03-sun-impact-climate-quantified.html (25.9.2019).

68 https://www.deutschlandfunk.de/kritik-an-feinstaubgrenzwerten-gesundheitsschutz-muss.694.de.html?dram:article_id=439464 (14.9.2019).

69 https://wikileaks.org/wiki/Climatic_Research_Unit_emails,_data,_models,_1996-2009/ (14.9.2019).

70 https://iopscience.iop.org/article/10.1088/1748-9326/8/2/024024 (25.9.2019).

71 https://www.spiegel.de/wissenschaft/natur/klimawandel-97-prozent-konsens-bei-klimaforschern-in-der-kritik-a-992213.html (25.9.2019).

72 https://report.ipcc.ch/srocc/pdf/SROCC_FinalDraft_FullReport.pdf (25.9.2019).

73 https://www.ipcc.ch/site/assets/uploads/2018/02/WG1AR5_Chapter13_FINAL.pdf (25.9.2019).

74 https://www.ucsusa.org/global-warming/science-and-impacts/science/each-countrys-share-of-co2.html (14.8.2019).

75 https://www.earth-syst-dynam.net/8/495/2017/esd-8-495-2017.html (14.9.2019).

76 https://www.sueddeutsche.de/wissen/klima-gaerten-statt-wueste-1.3576104 (8.8.2019).

77 https://www.welt.de/politik/deutschland/article183535282/Claudia-Roth-fordert-Ausweitung-des-Asylrechts.html (8.8.2019).

78 https://cms.gruene.de/uploads/documents/Wirtschaft-Klimakrise-eine-Frage-globaler-Gerechtigkeit-Beschluss-BDK-11-2019.pdf (18.11.2019).

79 https://www.scientificamerican.com/article/lake-chad-is-disappearing/ (9.8.2019).

80 https://qz.com/africa/1603258/scientists-arent-certain-climate-change-is-shrinking-lake-chad/ (9.8.2019).

81 https://shoring-up-stability.org/wp-content/uploads/2019/06/Shoring-up-Stability-Executive-Summary.pdf (9.9.2019).

82 https://qz.com/africa/1603258/scientists-arent-certain-climate-change-is-shrinking-lake-chad/ (9.8.2019).

83 https://www.crisisgroup.org/africa/west-africa/nigeria/262-stopping-nigerias-spiralling-farmer-herder-violence (20.8.2019).

84 https://www.spiegel.de/static/relotiusdokumentation/CR-Dokumentation.pdf (9.9.2019).

85 https://www.spiegel.de/spiegel/inselstaaten-wie-tuvalu-trotzen-dem-steigenden-meeresspiegel-a-1194295.html (25.9.2019).

86 https://trove.nla.gov.au/newspaper/article/102074798 (25.9.2019).

87 https://www.latimes.com/world/asia/la-fg-maldives-exiled-president-20180417-story.html (25.9.2019).

88 https://www.vox.com/2019/6/11/18661230/sea-wall-staten-island-hurricane-climate-change (14.9.2019).

89 https://www.welt.de/wissenschaft/plus200766074/Klimawandel-Darum-steigt-der-Meeresspiegel.html (25.9.2019).

90 https://www.welt.de/wissenschaft/plus200907260/IPCC-Bericht-Was-bedeutet-der-Anstieg-des-Meeresspiegels-fuer-uns.html (27.9.2019).

91 Jütte, Robert: *Lust ohne Last. Geschichte der Empfängnisverhütung von der Antike bis zur Gegenwart*, München 2003, S. 29.

92 https://iopscience.iop.org/article/10.1088/1748-9326/aa7541 (22.10.2019).

93 https://www.worldatlas.com/articles/the-youngest-populations-in-the-world.html (8.9.2019).

94 http://censusindia.gov.in/Census_And_You/age_structure_and_marital_status.aspx (8.9.2019).

95 Wallace-Wells, David: *The Uninhabitable Earth* (Kindle-Version), S. 180.

96 Klingholz, Reiner: *Sklaven des Wachstums. Die Geschichte einer Befreiung*, Frankfurt a. M. 2014, S. 219–227.

97 Ebd., S. 229.

98 https://countryeconomy.com/countries/compare/germany/china (24.10.2019).

99 https://www.onetz.de/oberpfalz/windischeschenbach/claudia-roth-keine-sekunde-zeit-verlieren-id2495381.html (26.9.2019).

100 Gruhl, Herbert: *Himmelfahrt ins Nichts. Der geplünderte Planet vor dem Ende*, München 1992, S. 358.

101 Zitelmann, Rainer: *Wohin treibt unsere Republik?* Frankfurt a. M., Berlin 1994, S. 80 f.

102 https://www.zeit.de/2016/40/opposition-gruene-afd-wahl (18.8.2019).

103 https://www.politik-kommunikation.de/ressorts/artikel/nach-der-wahl-ist-vor-der-wahl-601961919 (20.7.2019).

104 https://twitter.com/tagesthemen/status/1155947222896242688 (29.7.2019).

105 https://www.spiegel.de/politik/deutschland/klimaschutz-wir-brauchen-mehr-verbote-a-1279540.html (30.7.2019).

106 https://www.zeit.de/2017/07/konsumverhalten-nachhaltigkeit-vernunft-verschwendung-bequemlichkeit (30.7.2019).

107 https://www.faz.net/aktuell/politik/inland/allensbach-analyse-die-angst-vor-veraenderung-14035557.html (30.7.2019)

108 https://taz.de/!5117863/ (4.10.2019).

109 https://www.faz.net/aktuell/politik/inland/gruene-fordern-kompletten-kohleausstieg-bis-2037-14639502.html (1.9.2019).

110 https://www.bmwi.de/Redaktion/DE/Downloads/A/abschlussbericht-kommission-wachstum-strukturwandel-und-beschaeftigung.pdf?__blob=publicationFile (1.9.2019).

111 Hofreiter, Anton: *Fleischfabrik Deutschland. Wie die Massentierhaltung unsere Lebensgrundlagen zerstört und was wir dagegen tun können*, München 2016, S. 219.

112 https://www.youtube.com/watch?v=TokGxNr_vxc (14.9.2019).

113 https://www.bundeswahlleiter.de/dam/jcr/d2c68367-3bec-452a-98f4-114d5e51e79b/gruene.pdf ab S. 27 (12. 1. 2020).

114 https://www.boell.de/sites/default/files/assets/boell.de/images/download_de/publikationen/1993_002_Politische_Grundsaetze_Buendnis90DieGruenen.pdf (4.10.2019).

115 https://taz.de/Frauenquote-in-Fuehrungspositionen/!5134156/ (4.10.2019).

116 https://www.bundestag.de/mediathek?videoid=4516233#url=L2IlZGlhdGhla292ZXJsYXk/dmlkZW9pZD00NTE2MjMzJnZpZGVvaWQ9NDUxNjIzMw==&mod=mediathek (4.10.2019).

117 https://www.villeroyboch-group.com/fileadmin/user_upload/images/Investor_Relations/Corporate_Gouvernance/Vorstand_Aufsichtsrat/VuB_AG_2018_Aufsichtsratsbericht.pdf (4.10.2019).

118 https://cms.gruene.de/uploads/documents/WKF-05_Beschluss_vorl__Zukunftsf%C3%A4hig_wirtschaften_f%C3%BCr_nachhaltigen_Wohlstand_-_Rahmen_setzen_f%C3%BCr_die_sozial-%C3%B6kologische_Mar.pdf (30.11.2019).

119 https://www.stern.de/kultur/brauchen-wir-eine-frauenquote--politikerin-vs--unternehmerin---diskuthek-8947064.html (23.10.2019).

120 https://www.faz.net/aktuell/politik/inland/gruppe-der-frauen-in-union-fuer-frauenquote-in-vorstaenden-16505099.html (26.11.2019).

121 https://www.welt.de/politik/deutschland/plus195319639/Annalena-Baerbock-Weiter-Haende-in-den-Schoss-geht-nicht.html (10.9.2019).

122 https://www.welt.de/newsticker/news1/article195417761/Gruene-Habeck-will-bei-Bundestagswahl-nicht-auf-Doppelspitze-verzichten.html (10.10.2019).

123 https://www.welt.de/politik/deutschland/article172916125/Robert-Habeck-und-Annalena-Baerbock-Gruene-waehlen-erstmals-zwei-Realos-an-Parteispitze.html (13.8.2019).

124 https://www.welt.de/politik/deutschland/plus203593954/Parteitag-Gruene-Beifall-aber-keine-Mehrheit-fuer-Fridays-for-Future.html (18.11.2019).

125 https://www.welt.de/wirtschaft/article194746063/Tag-der-Deutschen-Industrie-Baerbock-punktet-auf-fremden-Platz.html (15.6.2019).

126 https://www.welt.de/politik/deutschland/plus193010241/Robert-Habeck-und-Herbert-Diess-Gruenen-Chef-und-VW-CEO-im-Interview.html (14.8.2019).

127 https://www.welt.de/politik/deutschland/plus183469540/Gruenen-Chef-Habeck-Manche-Fonds-sind-maechtiger-als-Staaten.html (14.8.2019).

128 »Dass Bahro kam und Dutschke ausfiel, hat die Entwicklung der Grünen sehr beeinflusst. Vieles wäre sonst vermutlich anders gelaufen.« Gruhl, Herbert: »Die Grünen haben ihre Chance verpasst«, in: Schroeren, Michael (Hrsg.): *Die Grünen*, S. 153.

129 https://www.freitag.de/autoren/der-freitag/der-kommunismus-ist-14 (14.9.2019).

130 https://www.robert-habeck.de/texte/blog/schweigen-ist-rechtgeben/ (25.9.2019).

131 https://twitter.com/jutta_ditfurth/status/1131179739765514240 (4.9.2019).

132 Ditfurth, Jutta: *Das waren die Grünen*, S. 105.

133 Habeck, Robert: *Wer wir sein könnten. Warum unsere Demokratie eine offene und vielfältige Sprache braucht*, Köln 2018, S. 61.

134 https://www.robert-habeck.de/texte/blog/sich-oeffnen-ist-die-staerke/ (7.9.2019).

135 https://www.deutschlandfunk.de/kandidatin-fuer-den-parteivorsitz-der-gruenen-ich-bin.868.de.html?dram:article_id=408793 (14.9.2019).

136 https://www.deutschlandfunk.de/kandidatin-fuer-den-parteivorsitz-der-gruenen-ich-bin.868.de.html?dram:article_id=408793 (19.8.2019).

137 https://www.youtube.com/watch?v=F7OgcLbUjFw (19.8.2019).

138 https://blog.ard-hauptstadtstudio.de/video-598157/ (24.9.2019).

139 https://www.welt.de/politik/deutschland/plus186661008/Robert-Habeck-auf-Twitter-Eine-Lektion-fuer-den-Gruenen-Chef.html (24.9.2019).

140 https://www.welt.de/politik/deutschland/article186641856/Robert-Habeck-Gruene-loeschen-umstrittenes-Video-ueber-Thueringen.html (12. 1. 2020)

141 https://www.welt.de/politik/deutschland/plus186661008/Robert-Habeck-auf-Twitter-Eine-Lektion-fuer-den-Gruenen-Chef.html (23.8.2019).

142 https://www.welt.de/politik/deutschland/article203930022/Kanzlerfrage-der-Gruenen-Kretschmann-legt-sich-erneut-auf-Habeck-fest.html?wtrid=onsite.onsitesearch (30.11.2019).

143 Güllner, Manfred: *Die Grünen – Höhenflug oder Absturz?*, Berlin 2014, S. 42.

144 https://www.bundestag.de/parlament/praesidium/reden/2008/008-247052 (9.9.2019).

145 Volmer, Ludger: *Die Grünen*, S. 68.

146 Kleinert, Hubert: *Aufstieg und Fall der Grünen. Analyse einer alternativen Partei*, Bonn 1992, S. 29.

147 Koenen, Gerd: *Das rote Jahrzehnt. Unsere kleine deutsche Kulturrevolution 1967–1977*, Frankfurt a. M. 2007, S. 145.

148 Mende, Silke: *»Nicht rechts, nicht links, sondern vorn«*, S. 218.

149 Fischer, Joschka: *Die rot-grünen Jahre. Deutsche Außenpolitik – vom Kosovo bis zum 11. September*, Köln 2007, S. 40.

150 Koenen, Gerd: *Das rote Jahrzehnt*, S. 417.

151 Ebd.

152 https://www.focus.de/politik/deutschland/politik-einst-kommunist-heut-gruen_aid_614542.html (14.9.2019).

153 Koenen, Gerd: *Das rote Jahrzehnt*, S. 462.

154 https://www.spiegel.de/spiegel/print/d-14332015.html (17.10.2019).

155 Ebermann, Thomas: »Ich und meine Freunde sind bei den Grünen gescheitert«, in: Schroeren, Michael (Hrsg.): *Die Grünen*, S. 217.

156 Tiefenbach, Paul: *Die Grünen. Verstaatlichung einer Partei*, Köln 1998, S. 164.

157 Borgwardt, Peter: *Abschied von den Grünen* Düsseldorf 1988, S. 156.

158 Kleinert, Hubert: *Vom Protest zur Regierungspartei*, Frankfurt a. M. 1992, S. 270.

159 Volmer, Ludger: *Die Grünen*, S. 238.

160 Ditfurth, Jutta: *Das waren die Grünen*, S. 10.

161 Gieseke, Jens/Bahr, Andrea: *Die Staatssicherheit und die Grünen*. Berlin 2016, S. 11.

162 Volmer, Ludger: *Die Grünen*, S. 239.

163 Graw, Ansgar: »›Linksruck‹? Deutschlands Parteien in der Weltwirtschaftskrise«, in: Kronenberg, Volker/Mayer, Tilman (Hrsg.): *Volksparteien. Erfolgsmodell für die Zukunft?*, Freiburg i. Br. 2009, S. 234.

164 https://www.spiegel.de/politik/deutschland/nuernberger-parteitag-gruene-ruecken-nach-links-a-519318.html (17.10.2019).

165 Graw, Ansgar: »›Linksruck‹?«, S. 233.

166 https://www.youtube.com/watch?v=HSxFW7bvHfM, ab Min. 13 (17.10.2019).

167 https://www.welt.de/politik/deutschland/article170761279/Die-FDP-Absage-von-Christian-Lindner-im-Wortlaut.html (17.10.2019).

168 https://www.welt.de/politik/deutschland/article172916125/Robert-Habeck-und-Annalena-Baerbock-Gruene-waehlen-erstmals-zwei-Realos-an-Parteispitze.html (14.8.2019).

169 https://cms.gruene.de/uploads/documents/BUENDNIS-90-DIE-GRUENEN-Bundestagswahlprogramm-2013.pdf (18.10.2019).

170 https://www.welt.de/politik/deutschland/article200414716/Habeck-trifft-Joschka-Fischer-Wir-sind-keine-Dagegen-Partei-wir-sind-eine-Gestaltungspartei.html (18.10.2019).

171 https://www.abendblatt.de/region/norderstedt/article216443535/Gruene-wollen-private-Osterfeuer-verbieten.html (18.10.2019).

172 http://dipbt.bundestag.de/dip21/btd/17/063/1706398.pdf (18.10.2019).

173 https://www.spiegel.de/politik/deutschland/weichmacher-im-sexspielzeug-gruene-kaempfen-gegen-gefaehrliche-dildos-a-771715.html (18.10.2019).

174 https://www.welt.de/debatte/kommentare/article196350747/FDP-Vorstoss-zu-Rauchverbot-Freiheit-ist-etwas-fuer-Profis.html (14.8.2019).

175 https://www.welt.de/politik/deutschland/plus202368576/Die-Gruenen-Hofreiter-Goering-Eckardt-Co-verbieten-doch-gerne.html (17.9.2019).

176 https://www.gruene-thl.de/sites/default/files/halbzeit_gesamt_klein.pdf (17.10.2019).

177 https://www.zdf.de/gesellschaft/precht/precht-194.html (20.9.2019).

178 https://www.haz.de/Hannover/Aus-der-Stadt/Uebersicht/Der-schwarze-Block-hat-uns-vorgefuehrt (26.8.2019).

179 https://www.trittin.de/2015/11/25/die-methode-afd-verleumden-luegen-hetzen/ (20.9.2019).

180 https://www.welt.de/print-welt/article423170/Risiko-Deutschland-Joschka-Fischer-in-Bedraengnis.html (20.9.2019).

181 https://correctiv.org/faktencheck/politik/2019/01/28/nein-renate-kuenast-hat-nicht-gesagt-dass-integration-anfaengt-wenn-deutsche-tuerkisch-lernen/ (29.9.2019).

182 Raschke, Joachim: *Die Grünen. Wie sie wurden, was sie sind*, Köln 1993, S. 87.

183 https://www.spiegel.de/wissenschaft/natur/greta-thunberg-die-16-jaehrige-klima-aktivistin-im-interview-a-1251288.html (1.8.2019).

184 https://www.swr3.de/aktuell/nachrichten/Merkel-irritiert-mit-Aussage-zur-Klimabewegung-Fridays-For-Future/-/id=47428/did=5007946/60a4c4/index.html (14.9.2019).

185 https://www.welt.de/politik/deutschland/video189671475/Bundeskanzlerin-Angela-Merkel-unterstuetzt-Fridays-for-Future.html (14.9.2019).

186 https://www.welt.de/vermischtes/article187693472/Greta-Thunberg-in-Davos-Ich-will-dass-ihr-in-Panik-geratet.html (25.7.2019).

187 https://www.welt.de/debatte/kommentare/plus196991791/Fridays-for-Future-Wahrheit-basiert-noch-immer-auf-Tatsachen.html (25.7.2019).

188 https://www.forschungsgruppe.de/Wahlen/Wahlanalysen/Newsl_Euro190527.pdf (14.8.2019).

189 https://www.ipcc.ch/site/assets/uploads/sites/2/2019/06/SR15_Chapter3_Low_Res.pdf (16.8.2019).

190 https://gruene-sylt.de/wachstums-grenzen/ (29.8.2019).

191 Rosling, Hans: *Factfulness – Ten reasons we're wrong about the world and why things are better than you think*, London 2018, S. 229 f.

192 https://www.spiegel.de/wissenschaft/natur/streit-um-ipcc-klimabericht-der-uno-richard-tol-ruecktritt-a-960818.html (14.9.2019).

193 https://link.springer.com/article/10.1023%2FA%3A1014500930521 (14.9.2019).

194 Shell Deutschland Holding (Hrsg.): *Jugend 2019. Eine Generation meldet sich zu Wort*, Weinheim/Basel 2019, S. 314 f.

195 https://www.theguardian.com/technology/2019/sep/17/tech-climate-change-luddites-data (19.9.2019).

196 https://www.researchgate.net/publication/320225452_Total_Consumer_Power_Consumption_Forecast (28.8.2019).

197 https://www.deutschlandfunknova.de/beitrag/co2-abdruck-jede-sekunde-googeln-verbraucht-23-baeume (15.7.2019).

198 https://www.gla.ac.uk/news/headline_643297_en.html (15.7.2019).

199 https://www.cell.com/joule/fulltext/S2542-4351(19)30255-7 (28.8.2019).

200 https://www.theguardian.com/technology/2019/sep/17/tech-climate-change-luddites-data (19.7.2019).

201 https://cms.gruene.de/uploads/documents/Grundsatzprogramm-2002.pdf, S. 29 (20.9.2019).

202 Unfried, Peter: *Das große Missverständnis*, in: Kursbuch 197: Das Grün, Hamburg 2019.

203 https://www.welt.de/wirtschaft/article195721707/SUV-Absatz-Mehr-als-eine-Million-neu-zugelassene-Fahrzeuge.html (24.9.2019).

204 https://de.statista.com/statistik/daten/studie/12552/umfrage/befoerderte-personen-im-luftverkehr/ (24.9.2019).

205 https://www.oekolandbau.de/handel/marktinformationen/der-biomarkt/marktberichte/biomarkt-in-deutschland-legt-2018-zu/ (25.10.2019).

206 https://www.instagram.com/p/BxFIw2Jl5Du/ (14.7.2019).

207 https://taz.de/Ralf-Fuecks-ueber-gruenen-Kapitalismus/!5257908/ (15.10.2019).

208 https://www.theguardian.com/environment/2015/dec/12/james-hansen-climate-change-paris-talks-fraud (15.10.2019).

209 Gesang, Bernward (Hrsg.): *Kann Demokratie Nachhaltigkeit?*, Wiesbaden 2014, S. 43.

210 https://enorm-magazin.de/gesellschaft/politik/demokratie/oekodiktatur-im-namen-der-zukunft – vgl. auch https://www.zukunftsrat.de/fileadmin/pdf/2017-09-30_Pr%C3%A4s._GESANG.pdf (15.10.2019).

211 https://www.welt.de/politik/deutschland/article200886116/Umweltrat-Ein-Oeko-Veto-gegen-den-Bundestag.html (15.10.2019).

212 https://www.welt.de/politik/deutschland/article196016241/Umweltschutz-Lamia-Messari-Becker-kritisiert-Sachverstaendigenrat.html (15.10.2019).

213 https://www.welt.de/politik/deutschland/article201320850/Protest-gegen-Oeko-Veto-Ein-nicht-demokratisch-gewaehltes-Gremium-masst-sich-an-zu-zensieren.html (15.10.2019).

214 https://www.faz.net/aktuell/wirtschaft/wirtschaftspolitik/gruene-revolution-die-herzliche-oekodiktatur-12638.html (15.10.2019).

215 https://www.coll.mpg.de/80591/FAZ_30092011.pdf (15.10.2019).

216 Ebd., S. 299.

217 Ebd., S. 302.

218 Ebd., S. 304 f.

219 Gruhl, Herbert: *Himmelfahrt ins Nichts. Der geplünderte Planet vor dem Ende*, München 1992, S. 244.

220 Ebd., S. 357.

221 Ditfurth, Jutta: *Das waren die Grünen*, S. 201 f.

222 https://www.youtube.com/watch?v=htvxcoWg7sA, ab Minute 6 (26.10.2019).

223 https://www.deutschlandfunk.de/oekonom-zu-klimaschutz-wir-brauchen-einen-aufstand-der.694.de.html?dram:article_id=454447 (15.8.2019).

224 Urry, John: »Accelerating to the Future«, in: Wajcman, Judy/Dodd, Nigel: *The Sociology of Speed: Digital, Organizational, and Social Temporalities*, Oxford 2016, S. 48.

225 Sayer, Andrew: *Warum wir uns die Reichen nicht leisten können*, München 2017,
     S. 376–380.

226 https://www.deutschlandfunk.de/iran-1979-und-heute-was-von-der-revolution-
     uebrig-blieb.724.de.html?dram:article_id=440665 (15.10.2019).

227 Ulrich, Bernd: *Alles wird anders*, S. 199–203.

228 Zit. nach Martin Rupps: *Helmut Schmidt. Eine politische Biographie*, Stuttgart 2002,
     S. 298.

229 Ebd., S. 369.

230 Kretschmann, Winfried: *Worauf wir uns verlassen wollen. Für eine neue Idee des
     Konservativen*, Frankfurt a. M. 2018, S. 18.

231 Giovanni di Lorenzo, Interview mit Helmut Schmidt, in: *Zeit-Magazin*, 28.7.2011,
     online: https://www.zeit.de/2011/31/Fragen-an-Helmut-Schmidt (23.5.2019).

232 In einer Fernsehdiskussion des HR, zit. nach Jutta Ditfurth: *Das waren die Grünen*,
     S. 72.

233 Terjung, Knut (Hrsg.): *Der Onkel. Herbert Wehner in Gesprächen und Interviews*,
     Hamburg 1986, S. 38 f.

234 Trampert, Rainer: »In grundsätzlicher Opposition zum System. Gegen die
     Übernahme einer Gesamtverantwortung«, in: Bickerich, Wolfram (Hrsg.): *SPD und
     Grüne*, S. 266 f.

235 Schily, Otto: »Von unvergleichlichen Möglichkeiten. Eine historische Chance für rot-
     grüne Regierungen«, in: Bickerich, Wolfram (Hrsg.): *SPD und Grüne*, S. 279.

236 Fischer, Joschka: »Es braucht seine Zeit. Eine realistische Vision«, in: Bickerich,
     Wolfram (Hrsg.): *SPD und Grüne*, S. 200.

237 Göpfert, Claus-Jürgen: *Die Hoffnung war mal grün. Aufstieg einer Partei. Das
     Frankfurter Modell*, Frankfurt a. M. 2016 (Kindle-Version), Position 2138 von 3921.

238 Fischer, Joschka: *Die rot-grünen Jahre. Deutsche Außenpolitik – vom Kosovo bis zum
     11. September*, S. 45 f.

239 https://www.spiegel.de/spiegel/print/d-14355330.html (15.10.2019).

240 Schmid, Thomas: »Plädoyer für einen reformistischen Anarchismus«, in: Kluge,
     Thomas (Hrsg.): *Grüne Politik. Der Stand einer Auseinandersetzung*, Frankfurt a. M.
     1984, S. 73.

241 Schmidt, Giselher: *Die Grünen*, Krefeld 1986, S. 106 f.

242 https://www.spiegel.de/spiegel/print/d-14340873.html (17.10.2019).

243 Vogt, Roland: »Die Linken haben Die Grünen besetzt«, in: Schroeren, Michael
     (Hrsg.): *Die Grünen*, S. 172.

244 https://www.boell.de/sites/default/files/assets/boell.de/images/download_de/
     publikationen/1987_Wahlprogramm_Bundestagswahl.pdf (17.10.2019).

245 https://www.boell.de/sites/default/files/assets/boell.de/images/download_de/
     publikationen/1990_Wahlprogramm_Bundestagswahl.pdf (17.10.2019).

246 https://www.boell.de/sites/default/files/assets/boell.de/images/download_de/
     publikationen/1980_001_Grundsatzprogramm_Die_Gruenen.pdf (16.10.2019).

247 Volmer, Ludger: *Die Grünen*, S. 137 f.

248 Ebd., S. 138.

249 Ebd., S. 143.

250 Tiefenbach, Paul: *Die Grünen*, S. 31.

251 https://www.spiegel.de/spiegel/print/d-14021275.html (28.8.2019).

252 Klein, Markus/Falter, Jürgen W.: *Der lange Weg der Grünen*, München 2003, S. 96.

253 https://www.welt.de/politik/deutschland/article190470299/Europawahl-Werbung-Gruene-setzen-auf-Robert-Habeck.html (15.10.2019).

254 Klein, Markus/Falter, Jürgen W.: *Der lange Weg der Grünen*, S. 97.

255 https://www.welt.de/politik/deutschland/article171994423/Amt-und-Mandat-Robert-Habeck-ruettelt-an-einem-gruenen-Dogma.html (16.10.2019).

256 Klein, Markus/Falter, Jürgen W.: *Der lange Weg der Grünen*, S. 98.

257 Beck, Marieluise: »Die Ukraine. Zwischen Europa und Russland«, in: Motschmann, Elisabeth (Hrsg.): *Female Diplomacy. Frauen in der Außenpolitik*, Freiburg i. Br. 2018, S. 166 f.

258 Van Hüllen, Rudolf: *Ideologie und Machtkampf bei den Grünen*, Bonn 1990, S. 210.

259 https://www.1000dokumente.de/pdf/dok_0024_gru_de.pdf (20.9.2019).

260 https://www.spiegel.de/spiegel/print/d-13512779.html (20.9.2019).

261 Schmidt, Giselher: *Die Grünen*, S. 126.

262 Langner, Manfred (Hrsg.): *Die Grünen auf dem Prüfstand. Analyse einer Partei*, Bergisch Gladbach 1987, S. 321.

263 Ebd., S. 323 ff.

264 Borgwardt, Peter: *Abschied von den Grünen*, S. 81.

265 Warnke, Götz: *Die grüne Ideologie. Heile-Welt-Mythen, Gesellschaftsutopien und Naturromantik als Ausdruck einer angstbestimmten Politik*, Frankfurt a. M. 1998, S. 445.

266 https://www.bz-berlin.de/berlin/kolumne/wie-linksextrem-darf-eine-gruene-kandidatin-fuer-den-bundestag-sein (19.9.2019).

267 https://www.youtube.com/watch?v=9HyaxctatdA (26.10.2019).

268 https://www.spiegel.de/wissenschaft/technik/extinction-rebellion-gruender-roger-hallam-wenn-eine-gesellschaft-so-unmoralisch-handelt-wird-demokratie-irrelevant-a-1286561.html (4.10.2019).

269 https://www.zeit.de/wirtschaft/2019-11/roger-hallam-extinction-rebellion-mitgruender-klimawandel-holocaust (28.11.2019).

270 https://www.youtube.com/watch?v=htvxc0Wg7sA, ab Minute 6 (26.10.2019).

271 https://www.tagesspiegel.de/politik/streit-um-klimaschutz-wolfgang-thierse-kritisiert-antidemokratischen-affekt-bei-greta-thunberg/24979832.html (26.10.2019).

272 https://www.welt.de/politik/deutschland/article202551322/Umweltpreis-Verleihung-Steinmeier-sendet-Warnung-an-Klimaaktivisten.html (31.10.2019).

273 https://www.welt.de/regionales/hamburg/plus202608042/Monika-Griefahn-ueber-Extinction-Rebellion-Wer-Demokratie-ablehnt-lehnt-Menschenrechte-ab.html (31.10.2019).

274 Kaufmann, Sina Kamala/Timmermann, Michael/Botzki, Annemarie (Hrsg.): *Wann wenn nicht wir. Ein Extinction Rebellion Handbuch*, Frankfurt a. M. 2019, S. 11.

275 Ebd., S. 11.

276 Ebd., S. 134.

277 Ebd., S. 177.

278 https://www.zdf.de/gesellschaft/markus-lanz/markus-lanz-vom-22-oktober-2019-100.html (24.10.2019).

279 https://www.zdf.de/nachrichten/heute/polizei-schnappt-etliche-schulschwaenzer-100.html (14.10.2019).

280 https://www.stern.de/politik/deutschland/marxisten-bei-fridays-for-future--wir-wollen-keinesfalls-spalten--8912510.html (20.9.2019).

281 https://www.hamburg.de/innenbehoerde/schlagzeilen/12960428/klimademo200919/ (2.10.2019).

282 https://www.gdp.de/gdp/gdphh.nsf/id/DE_fff-muss-sich-zum-Rechtsstaat-bekennen (4.10.2019).

283 https://www.verfassungsschutz.de/de/oeffentlichkeitsarbeit/newsletter/newsletter-archive/bfv-newsletter-archiv/bfv-newsletter-2019-02-archiv/bfv-newsletter-2019-02-thema-05 (20.9.2019).

284 https://www.verfassungsschutz.de/de/aktuelles/schlaglicht/schlaglicht-2018-08-linksextremisten-instrumentalisieren-klimaschutz-proteste (4.10.2019).

285 https://www.ende-gelaende.org/aufruf-2019/ (20.9.2019).

286 https://gruene-jugend.de/gruene-jugend-zur-aktion-ende-gelaende-riesenerfolg-fuer-anti-braunkohle-protest/ (20.9.2019).

287 Langer, Claudia und der Jugendrat der Generationen-Stiftung (Hrsg.): *Ihr habt keinen Plan – darum machen wir einen. 10 Bedingungen für die Rettung unserer Zukunft*, München 2019, S. 7.

288 https://www.boell.de/sites/default/files/assets/boell.de/images/download_de/publikationen/1980_001_Grundsatzprogramm_Die_Gruenen.pdf (21.10.2019).

289 Kleinert, Hubert: *Aufstieg und Fall der Grünen*, S. 134 f.

290 Ebd., S. 134.

291 E-Mail von Eva Quistorp an den Autor, 1.11.2019.

292 Gieseke, Jens/Bahr, Andrea: *Die Staatssicherheit und die Grünen*, S. 50.

293 Kleinert, Hubert: Aufstieg und Fall der Grünen, S. 134.

294 E-Mail von Eva Quistorp an den Autor, 1.11.2019.

295 Gieseke, Jens/Bahr, Andrea: *Die Staatssicherheit und die Grünen*, S. 51 f.

296 Ebd., S. 174–178.

297 Ebd., S. 302.

298 Ebd., S. 36, 141.

299 De Murillo, José Sánchez: *Luise Rinser. Ein Leben in Widersprüchen*, Frankfurt a. M. 2011, S. 117.

300 https://www.welt.de/kultur/literarischewelt/article13161257/Luise-Rinser-faelschte-ihre-Lebensgeschichte.html (17.10.2019).

301 Peters, Butz: *Tödlicher Irrtum. Die Geschichte der RAF*, Berlin 2004, S. 135.

302 De Murillo, José Sánchez: *Luise Rinser*, S. 9.

303 Rinser, Luise: *Nordkoreanisches Reisetagebuch*, Frankfurt a. M. 1981, S. 13, 18, 27.

304 https://www.boell.de/de/2015/09/23/das-wetter-vor-25-jahren-die-gruenen-und-die-wiedervereinigung (17.10.2019).

305 https://www.focus.de/kultur/kino_tv/focus-fernsehclub/maybrit-illner-20-jahre-mauerfall-zufall-unfall-personal_aid_449751.html (3.10.2019).

306 https://www.welt.de/politik/deutschland/article184580352/Cem-Oezdemir-Gruenen-Politiker-fordert-Islamverbaende-zur-Oeffnung-auf.html (18.10.2019).

307 https://www.welt.de/politik/deutschland/plus195945281/Tobias-Lindner-Soldat-und-Gruener-das-geht-und-das-gibt-s.html (18.10.2019).

308 Nouripour, Omid: *Was tun gegen Dschihadisten? Wie wir den Terror besiegen können*, München 2017, S. 217 f., 229 f.

309 https://www.boell.de/sites/default/files/assets/boell.de/images/download_de/publikationen/1980_001_Grundsatzprogramm_Die_Gruenen.pdf, S. 19 (19.10.2019).

310 Fischer, Joschka: *Risiko Deutschland*, Köln 1994, S. 211.

311 Ebd., S. 222, 228.

312 https://www.gruene.de/themen/frieden-und-menschenrechte (19.10.2019).

313 https://www.spiegel.de/wirtschaft/soziales/russland-juergen-trittin-verteidigt-nord-stream-2-a-1244845.html (1.11.2019).

314 Beck, Marieluise: *Die Ukraine*, S. 165.

315 https://www.spiegel.de/politik/deutschland/annalena-baerbock-wir-brauchen-einen-radikalen-realismus-a-1202730.html (20.10.2019).

316 https://www.deutschlandfunk.de/us-ausstieg-aus-inf-vertrag-das-ist-alles-nicht-im.694.de.html?dram:article_id=439996 (18.10.2019).

317 https://nationalinterest.org/blog/middle-east-watch/its-time-get-us-nukes-out-turkey-92081 (30.10.2019).

318 https://www.welt.de/politik/deutschland/article200414716/Habeck-trifft-Joschka-Fischer-Wir-sind-keine-Dagegen-Partei-wir-sind-eine-Gestaltungspartei.html (18.10.2019).

319 https://www.welt.de/politik/deutschland/article202192426/Claudia-Roth-Europa-muss-diesen-asylrechtswidrigen-Fluechtlingsdeal-aufkuendigen.html (21.10.2019).

320 https://www.deutschlandfunk.de/schutzzone-fuer-syrien-kramp-karrenbauers-abgestimmter.2011.de.html?dram:article_id=461800 (24.10.2019).

321 Graw, Ansgar: »Am Abgrund tanzen. Über die Krise des Westens und seiner Führungsmacht«, in: Konrad-Adenauer-Stiftung (Hrsg.): *Die politische Meinung*, Ausgabe 523, Osnabrück 2013, S. 13.

322 https://www.gruene.de/artikel/unsere-kandidierenden-fuer-die-europawahl-2019 (20.10.2019).

323 https://www.snp.org/our-vision/constitution/ (20.10.2019).

324 https://www.gruene.de/themen/frieden-und-menschenrechte (18.10.2019).

325 https://www.welt.de/politik/deutschland/article181643386/Franziska-Brantner-Gruenen-Politikerin-hofft-bei-Europa-Wahl-auf-zweistelliges-Ergebnis.html (18.10.2019).

326 https://deutscherstartupmonitor.de/fileadmin/dsm/dsm-19/files/Deutscher_Start-Monitor_2019.pdf (4.11.2019).

327 https://www.boell.de/sites/default/files/assets/boell.de/images/download_de/publikationen/1979_001_Wahlprogramm_Europawahl_1979.pdf (3.8.2019).

328 Graw, Ansgar: »›Linksruck‹?«, S. 233.

329 https://antraege.gruene.de/44bdk/Anders_Wirtschaften_fuer_nachhaltigen_Wohlstand_-_Auf_dem_Weg_in_die_so-5184 (4.11.2019).

330 http://www.imzuwi.org/index.php/homepage/79-ueber-uns/160-nwi-nationaler-wohlfahrtsindex (17.9.2019).

331 https://www.dpdhl.com/de/presse/specials/gluecksatlas.html (5.11.2019).

332 https://link.springer.com/chapter/10.1007/978-3-531-92250-8_1#citeas (12.10.2019).

333 https://cms.gruene.de/uploads/documents/WKF-05_Beschluss_vorl__Zukunftsf%C3%A4hig_wirtschaften_f%C3%BCr_nachhaltigen_Wohlstand_-_Rahmen_setzen_f%C3%BCr_die_sozial-%C3%B6kologische_Mar.pdf (1.12.2019).

334 https://www.welt.de/politik/article203571646/Parteitag-in-Bielefeld-Gruene-fordern-ein-Recht-auf-Wohnen.html (20.11.2019).

335 https://cms.gruene.de/uploads/documents/W-01_Beschluss_vorl__Recht_auf_Wohnen.pdf (20.11.2019).

336 https://cms.gruene.de/uploads/documents/Wohnen-Bauwende-Nachhaltiges-ressourcenschonendes-Bauen-Beschluss-BDK-11-2019.pdf (20.11.2019).

337 http://www.rotortechnik.at/Turm/Aufbau_Fundament.htm (20.11.2019).

338 https://climateemergencydeclaration.org/climate-emergency-declarations-cover-15-million-citizens/ (25.11.2019).

339 https://www.spiegel.de/politik/deutschland/atomkraftdebatte-gruene-empoert-ueber-kleinerts-laufzeit-plaedoyer-a-567047.html (18.10.2019).

340 https://www.welt.de/politik/article2235397/Gruene-veraergert-ueber-Plaedoyer-fuer-Atomkraft.html (18.10.2019).

341 https://www.welt.de/debatte/kommentare/plus200389424/Cem-Oezdemir-Das-ist-German-Angst.html (18.9.2019).

342 Knauber, Rainer: *Neinsagerland. Wege zu einem Konsens für Fortschritt*, Berlin 2011, S. 13.

343 Meyer, Marco: *Einstellungen zur Kernenergie im internationalen Vergleich*, Bamberg 2018, S. 21 f.

344 Ebd., S. 147 f.

345 http://www.unscear.org/docs/reports/2008/11-80076_Report_2008_Annex_D.pdf (22.10.2019).

346 https://www.newscientist.com/article/mg20928053-600-fossil-fuels-are-far-deadlier-than-nuclear-power/ (7.9.2019).

347 https://www.welt.de/politik/deutschland/article188964487/Dieter-Koehler-Lungenarzt-verteidigt-seine-Feinstaub-Berechnungen.html (7.9.2019).

348 https://www.forbes.com/sites/jamesconca/2012/06/10/energys-deathprint-a-price-always-paid (16.8.2019).

349 https://programm.ard.de/Programm/Sender?suche=plusminus&list=search&sendung=281067269331323 (16.8.2019).

350 https://www.forbes.com/sites/jamesconca/2013/09/29/forget-eagle-deaths-wind-turbines-kill-humans (16.8.2019).

351 https://www.proplanta.de/Agrar-Nachrichten/Energie/Vier-toedliche-Unfaelle-an-Windkraftanlagen-in-Brandenburg_article1458971367.html (16.8.2019).

352 https://www.who.int/en/news-room/fact-sheets/detail/household-air-pollution-and-health (16.8.2019).

353 https://www.forbes.com/sites/jamesconca/2012/06/10/energys-deathprint-a-price-always-paid (16.8.2019).

354 https://www.bundesverfassungsgericht.de/SharedDocs/Pressemitteilungen/DE/2016/bvg16-088.html (16.8.2019).

355 https://www.welt.de/debatte/kommentare/article192355735/Klimawandel-Es-gibt-den-perfekten-Kernreaktor-Bauen-wir-ihn.html (16.8.2019).

356 https://www.ipcc.ch/site/assets/uploads/2018/02/ipcc_wg3_ar5_chapter7.pdf (16.8.2019).

357 https://www.facebook.com/gretathunbergsweden/photos/a.733630957004727/793436521024170/?type=3&theater (29.9.2019).

358 https://daserste.ndr.de/annewill/Streiken-statt-Pauken-aendert-die-Generation-Greta-die-Politik,annewill5964.html, etwa ab Minute 18:00 (29.9.2019).

359 https://www.wsj.com/articles/worlds-dumbest-energy-policy-11548807424 (14.9.2019).

360 Wallace-Wells, David: *The Uninhabitable Earth* (Kindle-Version), S. 183 von 299.

361 https://investigativ.welt.de/2015/07/13/raddiebe-haben-selbst-im-regierungsviertel-erfolg/ (29.9.2019).

362 http://www.indiaenvironmentportal.org.in/files/file/CO2EmissionsfromFuelCombustionHighlights2017.pdf (16.9.2019).

363 https://correctiv.org/faktencheck/wirtschaft-und-umwelt/2019/07/23/ja-der-co2-ausstoss-von-deutschland-ist-seit-1990-gesunken/ 16.9.2019).

364 https://www.kba.de/DE/Statistik/Fahrzeuge/Bestand/bestand_node.html (16.9.2019).

365 https://www.adac.de/der-adac/verein/aktuelles/staubilanz/ (16.9.2019).

366 https://web.archive.org/web/20111011121646/http://www.bmvbs.de/SharedDocs/ DE/Artikel/StB-LA/strasse.html (16.9.2019).

367 https://www.bmvi.de/SharedDocs/DE/Artikel/G/infrastruktur-statistik.html (16.9.2019).

368 https://de.statista.com/statistik/daten/studie/776/umfrage/durchschnittspreis-fuer-superbenzin-seit-dem-jahr-1972/ (12.4.2019).

369 https://www.welt.de/politik/deutschland/article13881591/Das-Benzin-ist-immer-noch-zu-billig.html (12.4.2019).

370 https://www.stern.de/auto/drei-monate-e-scooter--schwere-unfaelle-und-wenig-umweltfreundlich-8898298.html (1.10.2019).

371 https://taz.de/Unfallexperte-ueber-E-Scooter/!5607721/ (4.10.2019).

372 https://www.welt.de/vermischtes/article171571843/Als-JFK-sich-vornahm-die-Sowjets-im-All-zu-besiegen.html (20.10.2019).

373 https://www.welt.de/wissenschaft/plus201070700/Lithium-Ionen-Akkus-Die-Superbatterie-fuer-E-Autos-wird-es-nie-geben.html (19.10.2019).

374 https://www.welt.de/wissenschaft/article182549254/Elektroauto-Batterie-einfach-tauschen-statt-selber-laden.html (30.9.2019)

375 https://taz.de/Konservativer-oeffnet-Umweltzone/!5630731/ (4.10.2019).

376 Volmer, Ludger: *Die Grünen*, S. 370.

377 Lafontaine schreibt, er habe diesen Rücktritt aufgrund seiner massiven Differenzen mit Schröder ohnehin vorgehabt für den 23. Mai, den Tag der Wahl von Johannes Rau zum Bundespräsidenten, obwohl Schröder ihm »Wochen vorher vorgeschlagen hatte, den Fraktionsvorsitz zu übernehmen«, und ihn mithin keineswegs aus der Politik drängen wollte: Lafontaine, Oskar: *Das Herz schlägt links*, München 1999, S. 222 ff.

378 Graw, Ansgar: *Gerhard Schröder. Der Weg nach oben*, Düsseldorf 1998, S. 13.

379 Brandt, Willy: *Erinnerungen*, Frankfurt a. M. 1989, S. 344.

380 Ebd., S. 345.

381 Merseburger, Peter: *Willy Brandt. 1913–1992. Visionär und Realist*, Stuttgart 2002, S. 796.

382 Fischer, Joschka: *Die rot-grünen Jahre. Deutsche Außenpolitik vom Kosovo bis zum 11. September*, S. 15.

383 Schröder verfolgte eine wirtschaftsfreundliche Politik bereits in seinen Jahren als niedersächsischer Ministerpräsident; vgl. dazu Graw, Ansgar: *Gerhard Schröder*, Düsseldorf 1998, S. 127 ff.

384 https://www.bundestag.de/dokumente/textarchiv/2013/43257637_kw11_kalenderblatt_agenda2010-211202 (14.10.2019).

385 Sturm, Daniel: *Wohin geht die SPD?*, München 2009, S. 137 ff.

386 Wolfrum, Edgar: *Rot-Grün an der Macht. Deutschland 1998–2005*, München 2013, S. 557 f.

387 https://www.welt.de/politik/deutschland/plus183874676/Gruenen-Chef-Habecks-Antwort-auf-Hartz-IV-Foerdern-ohne-zu-fordern.html (14.10.2019).

388 Wolfrum, Edgar: *Rot-Grün an der Macht*, S. 217 ff.

389 https://de.statista.com/statistik/daten/studie/218957/umfrage/anzahl-der-verkauften-getraenkedosen-in-deutschland/ (13.10.2019).

390 Wolfrum, Edgar: *Rot-Grün an der Macht*, S. 230–241.

391 https://www.sueddeutsche.de/politik/atomausstieg-schwarz-gelb-vs-rot-gruen-alles-bleibt-anders-1.1103260 (13.10.2019).

392 https://www.spiegel.de/spiegel/print/d-7837689.html (26.7.2019).

393 Zit. nach Bayerischer Rundfunk: https://www.br.de/nachrichten/deutschland-welt/kosovo-einsatz-1999-tabubruch-bei-den-gruenen (25.7.2019).

394 Ströbele im ZDF, ohne Datum, http://www.geschichte-treffen.de/ich-habe-mich-geschaemt/ (25.7.2019).

395 https://web.archive.org/web/20170924001517/http://staff-www.uni-marburg.de/~naeser/kos-fisc.htm (14.10.2019).

396 Sturm, Daniel Friedrich: *Wohin geht die SPD?*, S. 33.

397 https://www.rbb-online.de/doku/k-l/kontraste---die-reporter/der-deal-mit-den-dealern.html (1.11.2019).

398 https://www.facebook.com/watch/?v=1193299760862651 (4.9.2019).

399 https://www.rbb-online.de/kontraste/archiv/kontraste-vom-25-07-2019/Wie-Rot-Rot-Gruen-in-Berlin-Drogendealer-schont.html (4.9.2019).

400 https://www.rbb24.de/panorama/thema/2019/berlin-auf-droge/beitraege/eigenbedarf-harte-drogen-straffrei-gruenen-politikerin-pieroth.html (28.10.2019).

401 https://www.welt.de/politik/deutschland/article201425740/Gruene-in-Berlin-Wenn-wir-jetzt-die-Mieten-deckeln-wird-spaeter-das-Enteignen-leichter.html (10.10.2019).

402 https://www.sueddeutsche.de/wirtschaft/wohnen-berlin-rot-rot-gruen-in-berlin-verfehlt-wohnungsziele-dpa.urn-newsml-dpa-com-20090101-190131-99-794995 (22.10.2019).

403 https://www.morgenpost.de/berlin/article213858169/Berliner-Senat-will-Tegel-Volksentscheid-nicht-umsetzen.html (10.10.2019).

404 https://www.stuttgarter-zeitung.de/inhalt.ministerpraesident-kretschmann-wir-sind-der-gegenpol-zur-afd.3e28e770-dea0-4b94-bc7b-c11a61ed0c94.html (1.11.2019).

405 https://www.welt.de/debatte/kommentare/article13741723/Graswurzeldemokrat-Staatsfreund-Buergerfreund.html (13.10.2019).

406 https://www.spiegel.de/spiegel/print/d-13520144.html (13.10.2019).

407 Kretschmann, Winfried: *Worauf wir uns verlassen wollen*, S. 98.

408 http://winfried-kretschmann.de/story/winfried-kretschmann/ (13.10.2019).

409 Kretschmann, Winfried: *Worauf wir uns verlassen wollen*, S. 49.

410 https://www.focus.de/politik/deutschland/trittin-empoert-ueber-kretschmann-zerbrechen-die-gruenen-an-der-maghreb-frage_id_9287187.html (14.10.2019).

411 https://www.spiegel.de/auto/aktuell/winfried-kretschmann-gruener-ministerpraesident-schuetzt-dieselfahrer-a-1278122.html (9.10.2019).

412 https://www.welt.de/politik/deutschland/article165846543/Schwachsinnstermine-Kretschmann-teilt-gegen-Gruenen-Beschluss-aus.html (13.10.2019).

413 https://www.welt.de/politik/deutschland/plus191449987/Robert-Habeck-Notfalls-muss-die-Enteignung-folgen.html (13.10.2019).

414 https://rp-online.de/politik/deutschland/debatte-um-enteignungen-winfried-kretschmann-geht-auf-distanz-zu-robert-habeck_aid-37992779 (13.10.2019).

415 https://www.welt.de/debatte/kommentare/article13741723/Graswurzeldemokrat-Staatsfreund-Buergerfreund.html (13.10.2019).

416 https://www.bild.de/politik/inland/politik-inland/kretschmann-zum-tempolimit-was-dem-ami-die-waffe-ist-dem-deutschen-das-rasen-65222814.bild.html (13.10.2019).

417 https://www.boell.de/sites/default/files/assets/boell.de/images/download_de/publikationen/1980_001_Grundsatzprogramm_Die_Gruenen.pdf, S. 39 (24.8.2019).

418 https://blog.sz-photo.de/aktuelles/sz-photo-ikonen-das-foto-der-kommune-1-1967-von-thomas-hesterberg/ (14.10.2019).

419 https://www.zeit.de/2013/43/paedophilie-gruene (15.10.2019).

420 https://www.spiegel.de/politik/deutschland/gruene-paedophilie-debatte-franz-walter-stellt-abschlussbericht-vor-a-1002381.html (14.10.2019).

421 https://www.zeit.de/1981/17/dany-vermittelt-felling/komplettansicht (14.10.2019).

422 »Warum wir ›nur mit Mädchen‹ zusammenleben«, in: *taz*, 21.3.1980.

423 Walter, Franz et al.: *Die Pädophiliedebatte bei den Grünen im programmatischen und gesellschaftlichen Kontext. Erste und vorläufige Befunde zum Forschungsprojekt*, Göttingen 2013, S. 89, http://www.demokratie-goettingen.de/content/uploads/2013/12/Paedophiliedebatte-Gruene-Zwischenbericht.pdf (14.10.2019).

424 https://www.welt.de/politik/deutschland/article118234356/Der-alltaegliche-Missbrauch-in-einer-gruenen-Kommune.html (14.10.2019).

425 Raschke, Joachim: *Die Grünen*, S. 900.

426 https://taz.de/Streit-ueber-Paedophilie-Bericht/!5406201/ (14.10.2019).

427 http://www.demokratie-goettingen.de/content/uploads/2013/12/Paedophiliedebatte-Gruene-Zwischenbericht.pdf, S. 106 f. (15.10.2019).

428 https://taz.de/Paedophilie-Affaere-und-die-Gruenen/!5059075/ (15.10.2019).

429 Zit. nach »Emma«: https://www.emma.de/artikel/daniel-cohn-bendit-ich-hatte-lust-264015 (14.10.2019).

430 Walter, Franz/Kieche, Stephan/Hensel, Alexander: *Die Grünen und die Pädosexualität: Ein bundesdeutsche Geschichte*, Göttingen 2014, S. 9.

431 Ebd.

432 https://cms.gruene.de/uploads/documents/Broschuere_Aufarbeitung_und_
Verantwortung_Online_190515_074146.pdf, S. 27 (14.10.2019).

433 https://www.faz.net/aktuell/politik/die-gegenwart/paedophilie-distanzierungstango-
in-der-paedofrage-12514795.html (14.10.2019).

434 https://taz.de/Paedo-Aktivisten-im-linken-Mileu/!5143954/ (14.10.2019).

435 https://www.faz.net/aktuell/politik/die-gegenwart/paedophilie-distanzierungstango-
in-der-paedofrage-12514795.html (15.10.2019).

436 https://www.1000dokumente.de/pdf/dok_0024_gru_de.pdf (14.10.2019).

437 https://www.faz.net/aktuell/politik/die-gegenwart/paedophilie-distanzierungstango-
in-der-paedofrage-12514795.html (14.10.2019).

438 https://www.spiegel.de/politik/deutschland/gruene-paedophilie-debatte-franz-
walter-stellt-abschlussbericht-vor-a-1002381.html (14.10.2019).

439 https://cms.gruene.de/uploads/documents/Broschuere_Aufarbeitung_und_
Verantwortung_Online_190515_074146.pdf, S. 8 (14.10.2019).

440 https://www.welt.de/politik/deutschland/article118234356/Der-alltaegliche-
Missbrauch-in-einer-gruenen-Kommune.html (16.10.2019).

441 https://www.welt.de/politik/deutschland/article156185383/Morddrohungen-gegen-
Gruene-Jugend-wegen-Fahnen-Boykotts.html (10.9.2019).

442 https://www.welt.de/print-welt/article227194/La-Grande-Nation.html (13.9.2019).

443 https://www.spiegel.de/spiegel/print/d-13491885.html (30.10.2019).

444 Cohn-Bendit, Daniel/Schmid, Thomas: *Heimat Babylon. Das Wagnis der
multikulturellen Demokratie*, Hamburg 1992, S. 15.

445 http://www.bamf.de/SharedDocs/Anlagen/DE/Publikationen/Broschueren/
broschuere-statistik-2005.pdf?__blob=publicationFile (13.10.2019).

446 Cohn-Bendit, Daniel/Schmid, Thomas: *Heimat Babylon*, S. 9.

447 https://www.zeit.de/1992/44/bonner-toene (12.9.2019).

448 https://www.bib.bund.de/DE/Fakten/Fakt/M21-Registrierte-Asylantraege-ab-1990.
html (9.9.2019).

449 https://www.welt.de/finanzen/immobilien/article172460804/Wohnungsmarkt-Die-
Fluechtlingskrise-hat-alles-veraendert.html (13.9.2019).

450 https://www.zeit.de/wirtschaft/2019-09/fluechtlinge-syrer-hartz-iv (1.10.2019).

451 https://www.welt.de/politik/article197909283/Fakten-zur-Kriminalitaet-Weniger-
Faelle-mehr-Brutalitaet.html (1.10.2019).

452 https://www.bka.de/SharedDocs/Downloads/DE/Publikationen/
JahresberichteUndLagebilder/Partnerschaftsgewalt/Partnerschaftsgewalt_2018.
html;jsessionid=1ECE2E8919F6B77EA9D71F12C513DF8D.live2291?nn=63476
(1.12.2019).

453 https://www.faz.net/aktuell/politik/inland/allensbach-umfrage-ueber-
meinungsfreiheit-und-kritische-themen-16200724.html (2.8.2019).

454 https://www.pressreader.com/germany/schwaebische-zeitung-friedrichshaf
en/20150122/281646778535635 (2.8.2019).

455 https://www.facebook.com/watch/?v=10153217124500592 (2.8.2019).

456 https://www.welt.de/politik/deutschland/article177112954/Gruene-So-naehert-sich-
Goering-Eckardt-dem-Heimatbegriff-an.html (4.8.2019).

457 https://www.deutschlandfunk.de/ausgeloest-von-katrin-goering-eckardt-gruene-
debattieren.1773.de.html?dram:article_id=397435 (3.9.2019).

458 https://www.welt.de/politik/deutschland/plus175925447/Gruene-Katrin-Goering-
Eckardt-sagt-wie-sie-sich-Integration-vorstellt.html (4.8.2019).

459 https://www.welt.de/politik/deutschland/plus203946884/Katrin-Goering-Eckardt-
kritisiert-hasenfuessige-GroKo-gegenueber-China.html (1.12.2019).

460 Bade, Klaus J./Bommes, Michael/Münz, Rainer (Hrsg,): *Migrationsreport 2004.
Fakten, Analysen, Perspektiven*, Frankfurt a. M. 2004, S. 32.

461 https://cms.gruene.de/uploads/documents/20190328_Zwischenbericht_Gruenes_
Grundsatzprogramm.pdf (8.9.2019).

462 Ebd.

463 https://www.welt.de/politik/deutschland/article179140486/Europawahl-2019-
Gruene-nominieren-Ska-Keller.html (29.9.2019).

464 Palmer, Boris: *Wir können nicht allen helfen. Ein Grüner über Integration und die
Grenzen der Belastbarkeit*, München 2017, S. 32.

465 https://www.welt.de/politik/deutschland/article165652174/Boris-Palmer-knoepft-
sich-Gruene-auf-Parteitag-vor.html (2.8.2019).

466 Palmer, Boris: *Wir können nicht allen helfen*, S. 45.

467 https://digital.freitag.de/2818/der-kommunismus-ist-14/ (19.9.2019).

468 Habeck, Robert: *Patriotismus. Ein linkes Plädoyer,* Gütersloh 2008 (Kindle-Version)
S. 21.

469 Ebd., S. 21.

470 Ebd., S. 27.

471 Ebd., S. 54.

472 Ebd., S. 57.

473 https://www.oezdemir.de/cem/biografie/ (29.9.2019).

474 https://www.neuepresse.de/Hannover/Meine-Stadt/Hannover-neuer-
Oberbuergermeister-Wo-Onays-Herkunft-keine-Rolle-spielt (1.12.2019)

475 https://taz.de/Die-Gruenen-wollen-diverser-werden/!5623795/ (28.9.2019).

476 https://www.welt.de/politik/deutschland/plus202675954/Aminata-Toure-Gruene-
Als-Menschen-mit-Migrationsgeschichte-wenig-sichtbar.html (30.10.2019).

477 https://www.c2es.org/content/renewable-energy/ (1.10.2019).

478 https://ec.europa.eu/eurostat/statistics-explained/index.php/Renewable_energy_
statistics (1.10.2019).

479 https://www.iea.org/newsroom/news/2019/march/global-energy-demand-rose-by-23-in-2018-its-fastest-pace-in-the-last-decade.html (2.10.2019).

480 https://www.nytimes.com/2019/12/03/climate/carbon-dioxide-emissions.html (3.12.2019).

481 https://www.iea.org/statistics/prices/ (28.10.2019).

482 https://1-stromvergleich.com/strompreise-in-europa/ (28.10.2019).

483 https://www.youtube.com/watch?v=y7Ca72-WxuI (3.8.2019).

484 https://www.welt.de/wirtschaft/article199683848/Energiewende-Index-So-deutlich-hinkt-die-Regierung-den-Plaenen-hinterher.html (5.9.2019).

485 https://www.welt.de/wissenschaft/plus199039073/Klimaneutralitaet-Grundidee-der-Energiewende-absolut-unsinnig.html (5.9.2019).

486 https://www.welt.de/wissenschaft/plus199039073/Klimaneutralitaet-Grundidee-der-Energiewende-absolut-unsinnig.html (14.9.2019).

487 https://www.erneuerbare-energien.de/EE/Redaktion/DE/Downloads/eeg-in-zahlen-pdf.pdf%3F__blob%3DpublicationFile, S. 10 (27.10.2019).

488 https://www.ise.fraunhofer.de/de/presse-und-medien/news/2019/neuer-rekord-bei-nettosromerzeugung-fast-65-prozent-aus-erneuerbaren-energien.html (14.10.2019).

489 https://www.physi.uni-heidelberg.de/~dubbers/energiewende/text.pdf (14.10.2019).

490 https://www.fachagentur-windenergie.de/fileadmin/files/Veroeffentlichungen/Analysen/FA_Wind_Zubauanalyse_Wind-an-Land_Herbst_2019.pdf (1.12.2019).

491 https://www.bund-nrw.de/themen/tiere-pflanzen/vogelschlag-an-glas/ (7.9.2019).

492 http://www.sonnenseite.com/de/umwelt/15-millionen-voegel-sterben-pro-jahr-an-stromleitungen.html (7.9.2019).

493 https://www.welt.de/wirtschaft/plus200975550/Deutsches-Jahrhundertprojekt-Die-teuren-Geburtsfehler-der-Energiewende.html (30.9.2019).

494 https://www.welt.de/wirtschaft/article199683848/Energiewende-Index-So-deutlich-hinkt-die-Regierung-den-Plaenen-hinterher.html (5.9.2019).

495 https://www.energate-messenger.de/news/193398/deutschland-wird-zum-nettoimporteur (14.9.2019).

496 Kemfert, Claudia: *Kampf um Strom. Mythen, Macht und Monopole*, Freiburg 2013, S. 11.

497 Ebd., S. 19.

498 Stanslowski, Volker: *Natur und Staat. Zur politischen Theorie der deutschen Romantik*, Wiesbaden 1979, S. 21.

499 »Kann man die Grünen noch kritisieren?«, in: *Tagesspiegel*, 15.6.2019.

500 https://www.tagesspiegel.de/politik/spd-interimschef-schaefer-guembel-den-gruenen-ist-die-soziale-frage-schnurzegal/24454320.html (14.7.2019).

501 https://twitter.com/MiKellner/status/1139408804565536769 (14.7.2019).

502 https://www.tagesschau.de/kommentar/schaefer-guembel-kritik-101.html (14.7.2019).

503 https://www.tagesspiegel.de/politik/gruenen-chefin-ueber-fluechtlinge-und-afd-muessen-die-idomeni-fluechtlinge-nach-deutschland-holen/13343486.html (14.7.2019).

504 »Kann man die Grünen noch kritisieren?«, in: *Tagesspiegel*, 15.6.2019.

505 https://de.euronews.com/2019/08/31/gegenpol-zur-afd-bundnis-90-die-grunen-wollen-stimmen-verdoppeln (14.7.2019).

506 Habeck, Robert: *Wer wir sein könnten. Warum unsere Demokratie eine offene und vielfältige Sprache braucht*, Köln 2018, S. 104 f.

507 Palmer, Boris: *Erst die Fakten, dann die Moral*, München 2019, S. 16.

508 https://taz.de/Gruene-streiten-ueber-Feminismus/!5531303/ (24.8.2019).

509 https://taz.de/!5280833/ (21.7.2019).

510 https://www.youtube.com/watch?v=hpcOOrkv6K8 (21.7.2019).

511 Raschke, Joachim: *Die Grünen*, S. 82.

512 Difurth, Jutta: »... dann ist die Partei kaputt«, in: Schroeren, Michael (Hrsg.): *Die Grünen*, S. 223.

513 https://cms.gruene.de/uploads/documents/Grundsatzprogramm-2002.pdf, S. 132 (20.9.2019).

514 Jesse, Eckhard: »Die Bundestagswahl 2017 im Spiegel der repräsentativen Wahlstatistik«, in: *Zeitschrift für Parlamentsfragen*. Nr. 2/2018, Baden-Baden 2018, S. 228.

515 https://www.bundeswahlleiter.de/dam/jcr/390abd1b-20da-4317-b321-195b332c884b/btw17_wista_03-2018.pdf (1.10.2019).

516 Volmer, Ludger: *Die Grünen* S. 218.

517 https://www.bundestag.de/abgeordnete/biografien/mdb_zahlen_19/frauen_maenner-529508 (24.8.2019).

518 https://cms.gruene.de/uploads/documents/Satzung_Bundesverband.pdf, S. 9 (24.8.2019).

519 https://www.spiegel.de/spiegel/print/d-13512623.html (24.8.2019).

520 Vgl. Volmer, Ludger: *Die Grünen*, S. 227 ff.

521 https://cms.gruene.de/uploads/documents/Satzung_Bundesverband.pdf, S. 23 (24.8.2019).

522 https://antraege.gruene.de/44bdk/Aenderung_des_Frauenstatuts-56455 (20.11.2019).

523 https://cms.gruene.de/uploads/documents/20190328_Zwischenbericht-Gruenes-Grundsatzprogramm.pdf, S. 32 (23.8.2019).

524 https://cms.gruene.de/uploads/documents/20190328_Zwischenbericht-Gruenes-Grundsatzprogramm.pdf, S. 65 (23.8.2019).

525 https://www.zeit.de/news/2018-11/12/frauenanteil-im-bundestag-gruene-wollen-gesetzliche-quote-181112-99-774559 (23.8.2019).

526 https://www.stern.de/kultur/brauchen-wir-eine-frauenquote--politikerin-vs--
unternehmerin---diskuthek-8947064.html (23.10.2019).

527 Shell Deutschland Holding (Hrsg.): *Jugend 2019*, S. 319 f.

528 https://www.pnp.de/lokales/stadt_und_landkreis_passau/passau_land/2971049_
Dichter-Reiner-Kunze-Sprachgenderismus-ist-eine-aggressive-Ideologie.html
(15.8.2019).

529 Gotto, Klaus/Veen, Hans-Joachim: *Die Grünen*, S. 80.

530 https://edition.cnn.com/2019/09/27/health/washing-machine-bacteria-wellness/
index.html (27.9.2019).

531 Neubacher, Alexander: *Öko-Fimmel. Wie wir versuchen, die Welt zu retten – und was
wir damit anrichten*, München 2012, S. 82.

532 https://www.openagrar.de/receive/openagrar_mods_00027896 (29.8.2019).

533 https://www.smh.com.au/business/bill-gates-and-china-partner-on-worldfirst-
nuclear-technology-20171106-gzfrfo.html (25.9.2019).

534 https://www.washingtonpost.com/national/health-science/bill-gates-comes-to-
washington--selling-the-promise-of-nuclear-energy/2019/01/25/4bd9c030-1445-
11e9-b6ad-9cfd62dbb0a8_story.html (7.10.2019).

535 https://www.welt.de/wissenschaft/plus192679553/Atomkraft-China-und-USA-
entwickeln-neue-Reaktortypen.html (23.10.2019).

536 https://www.welt.de/wirtschaft/article163533796/EU-Agentur-weist-Kritik-am-
Fusionsreaktor-Iter-zurueck.html (16.8.2019).

537 https://dip21.bundestag.de/dip21/btd/18/076/1807656.pdf (1.10.2019).

538 https://www.reuters.com/article/us-nuclearpower-fusion-iter/iter-nuclear-fusion-
project-avoids-delays-as-u-s-doubles-budget-idUSKBN1H2286 (1.10.2019).

539 https://www.welt.de/debatte/kommentare/article192355735/Klimawandel-Es-gibt-
den-perfekten-Kernreaktor-Bauen-wir-ihn.html (25.9.2019).

540 Graw, Ansgar: *Trump verrückt die Welt*, S. 196 f.

541 https://www.welt.de/wirtschaft/plus201629028/China-baut-1000-Kilometer-lange-
Transrapid-Strecke-ohne-deutsche-Beteiligung.html (31.10.2019).

542 https://bizz-energy.com/nasa_entwickelt_gruenen_treibstoff_raketen (27.9.2019).

543 https://www.spiegel.de/politik/deutschland/hohe-kosten-linke-und-gruene-fordern-
stopp-der-bemannten-raumfahrt-a-636978.html (27.9.2019).

544 Wendt, Herbert: *Der Affe steht auf*, Hamburg 1971, S. 270.

545 https://www.newscientist.com/article/mg24332440-800-inside-chinas-attempt-to-
boost-crop-yields-with-electric-fields (27.8.2019).

546 https://www.gruene.de/artikel/gruene-gentechnik-neu-bewerten (27.8.2019).

547 https://www.gruene-bundestag.de/themen/gentechnik (20.9.2019).

548 https://www.nextbigfuture.com/2019/08/terraforming-mars-in-50-years-with-large-
orbital-mirrors-bacteria-and-factories.html (27.9.2019).

549 https://www.theguardian.com/environment/2007/jan/27/usnews.frontpagenews
(28.9.2019).

LITERATURVERZEICHNIS

Dieses Verzeichnis beschränkt sich auf verwendete Quellenwerke und Literatur in Form von Büchern. Artikel und Aufsätze aus Zeitungen und Zeitschriften oder Dokumente wie Wahl- oder Grundsatzprogramme werden aus Platzgründen nicht an dieser Stelle aufgelistet, sondern in aller Regel mitsamt den entsprechenden URLs in den Anmerkungen im laufenden Text. Wenn der Autor aus Gesprächen mit Politikern oder anderen Zeitzeugen zitiert, liegen ihm schriftliche Notizen oder Audioaufzeichnungen vor.

Bade, Klaus J./Bommes, Michael/Münz, Rainer (Hrsg,): *Migrationsreport 2004. Fakten, Analysen, Perspektiven*, Frankfurt a. M. 2004

Beleites, Michael: *Dicke Luft: Zwischen Ruß und Revolte. Die unabhängige Umweltbewegung in der DDR*, Leipzig 2016

Bickerich, Wolfram (Hrsg.): *SPD und Grüne*, Hamburg 1985

Borgwardt, Peter: *Abschied von den Grünen*, Düsseldorf 1988

Brandt, Willy: *Erinnerungen*, Frankfurt a. M. 1989

Cohn-Bendit, Daniel/Schmid, Thomas: *Heimat Babylon. Das Wagnis der multikulturellen Demokratie*, Hamburg 1992

De Murillo, José Sánchez: *Luise Rinser. Ein Leben in Widersprüchen*, Frankfurt a. M. 2011

Ditfurth, Jutta: *Das waren die Grünen*, Berlin 2000

Djuric, Mihailo: *Nietzsche und die Metaphysik*, Berlin 1985

Ebermann, Thomas/Trampert, Rainer: *Die Zukunft der Grünen. Ein realistisches Konzept für eine radikale Partei*, Hamburg 1984

Ehrlicher, Paul R.: *The Population Bomb*, New York City 1968

Fischer, Joschka: *Die rot-grünen Jahre. Deutsche Außenpolitik –
vom Kosovo bis zum 11. September*, Köln 2007

Fischer, Joschka: *Risiko Deutschland*, Köln 1994

Gesang, Bernward (Hrsg.): *Kann Demokratie Nachhaltigkeit?*,
Wiesbaden 2014

Gieseke, Jens/Bahr, Andrea: *Die Staatssicherheit und die Grünen*, Berlin
2016

Goethe, Johann Wolfgang von: *Farbenlehre*, ausgewählt und erläutert von
Rupprecht Matthaei, Ravensburg 1971

Göpfert, Claus-Jürgen: *Die Hoffnung war mal grün. Aufstieg einer Partei.
Das Frankfurter Modell*, Frankfurt a. M. 2016 (Kindle-Version)

Gotto, Klaus/Veen, Hans-Joachim: *Die Grünen. Partei wider Willen*,
Mainz 1984

Graw, Ansgar: »›Linksruck‹? Deutschlands Parteien in der
Weltwirtschaftskrise«, in: Kronenberg, Volker/Mayer, Tilman (Hrsg.):
Volksparteien. Erfolgsmodell für die Zukunft?, Freiburg i. Br. 2009

Graw, Ansgar: *Gerhard Schröder. Der Weg nach oben*, Düsseldorf 1998

Graw, Ansgar: *Trump verrückt die Welt. Wie der US-Präsident sein Land
und die Geopolitik verändert*, Stuttgart 2017

Grengg, Maria: *Die Flucht zum grünen Herrgott*, Berlin 1930

Gruhl, Herbert: *Ein Planet wird geplündert. Die Schreckensbilanz unserer
Politik*, Frankfurt a. M. 1975

Gruhl, Herbert: *Himmelfahrt ins Nichts. Der geplünderte Planet vor
dem Ende*, München 1992

Güllner, Manfred: *Die Grünen – Höhenflug oder Absturz?*, Berlin 2014

Habeck, Robert: *Patriotismus. Ein linkes Plädoyer*, Gütersloh 2008
(Kindle-Version)

Habeck, Robert: *Wer wir sein könnten. Warum unsere Demokratie eine offene und vielfältige Sprache braucht*, Köln 2018

Hofreiter, Anton: *Fleischfabrik Deutschland. Wie die Massentierhaltung unsere Lebensgrundlagen zerstört und was wir dagegen tun können*, München 2016

Jesse, Eckhard: »Die Bundestagswahl 2017 im Spiegel der repräsentativen Wahlstatistik«, in: *Zeitschrift für Parlamentsfragen*. Nr. 2/2018, Baden-Baden 2018

Jütte, Robert: *Lust ohne Last. Geschichte der Empfängnisverhütung von der Antike bis zur Gegenwart*, München 2003

Kaufmann, Sina Kamala/Timmermann, Michael/Botzki, Annemarie (Hrsg.): *Wann wenn nicht wir. Ein Extinction Rebellion Handbuch*, Frankfurt a. M. 2019

Keller, Gottfried: *Der grüne Heinrich*, München, o. J.

Kemfert, Claudia: *Kampf um Strom. Mythen, Macht und Monopole*, Freiburg 2013

Klein, Markus/Falter, Jürgen W.: *Der lange Weg der Grünen*, München 2003

Kleinert, Hubert: *Aufstieg und Fall der Grünen. Analyse einer alternativen Partei*, Bonn 1992

Kleinert, Hubert: *Vom Protest zur Regierungspartei. Die Geschichte der Grünen*, Frankfurt a. M. 1992

Klingholz, Reiner: *Sklaven des Wachstums. Die Geschichte einer Befreiung*, Frankfurt a. M. 2014

Kluge, Thomas (Hrsg.): *Grüne Politik. Der Stand einer Auseinandersetzung*, Frankfurt a. M. 1984

Knauber, Rainer: *Neinsagerland. Wege zu einem Konsens für Fortschritt*, Berlin 2011

Koenen, Gerd: *Das rote Jahrzehnt. Unsere kleine deutsche Kulturrevolution 1967–1977*, Frankfurt a. M. 2007

Kretschmann, Winfried: *Worauf wir uns verlassen wollen. Für eine neue Idee des Konservativen*, Frankfurt a. M. 2018

Kronenberg, Volker/Mayer, Tilman (Hrsg.): *Volksparteien. Erfolgsmodell für die Zukunft?*, Freiburg i. Br. 2009

Lafontaine, Oskar: *Das Herz schlägt links*, München 1999

Langer, Claudia und der Jugendrat der Generationen-Stiftung (Hrsg.): *Ihr habt keinen Plan – darum machen wir einen. 10 Bedingungen für die Rettung unserer Zukunft*, München 2019

Langner, Manfred (Hrsg.): *Die Grünen auf dem Prüfstand. Analyse einer Partei*, Bergisch Gladbach 1987

Lübbe, Hermann: *Politischer Moralismus. Der Triumph der Gesinnung über die Urteilskraft*, Berlin 1987

Ludwig, Karl-Heinz: *Eine kurze Geschichte des Klimas. Von der Entstehung der Erde bis heute*, München 2006

Lukács, Georg: *Gottfried Keller*, (Ost-)Berlin 1947

Mann, Michael E.: *The Hockey Stick and the Climate Wars*, New York City 2012

Maron, Monika: *Flugasche*, Roman. Frankfurt a. M. 1986

Martin Rupps: *Helmut Schmidt. Eine politische Biographie*, Stuttgart 2002

Meadows, Donella H. et al.: *The Limits to Growth. A Report to the Club of Rome's Project on the Predicament of Mankind*, New York City 1972

Mende, Silke: *»Nicht rechts, nicht links, sondern vorn.« Eine Geschichte der Gründungsgrünen*, München 2011

Merseburger, Peter: *Willy Brandt. 1913–1992. Visionär und Realist*, Stuttgart 2002

Meyer, Marco: *Einstellungen zur Kernenergie im internationalen Vergleich*, Bamberg 2018

Motschmann, Elisabeth (Hg.): *Female Diplomacy. Frauen in der Außenpolitik*, Freiburg i. Br. 2018

Neubacher, Alexander: *Öko-Fimmel. Wie wir versuchen, die Welt zu retten – und was wir damit anrichten*, München 2012

Neubauer, Luisa/Repenning, Alexander: *Vom Ende der Klimakrise*, Stuttgart 2019

Nouripour, Omid: *Was tun gegen Dschihadisten? Wie wir den Terror besiegen können*, München 2017

Palmer, Boris: *Erst die Fakten, dann die Moral*, München 2019

Palmer, Boris: *Wir können nicht allen helfen. Ein Grüner über Integration und die Grenzen der Belastbarkeit*, München 2017

Raschke, Joachim: *Die Grünen. Wie sie wurden, was sie sind*, Köln 1993

Reshöft, Claudia: *Robert Habeck – Eine exklusive Biografie*, München 2020

Rinser, Luise: *Nordkoreanisches Reisetagebuch*, Frankfurt a. M. 1981

Rosling, Hans: *Factfulness – Ten reasons we're wrong about the world and why things are better than you think*, London 2018

Sayer, Andrew: *Warum wir uns die Reichen nicht leisten können*, München 2017

Schmidt, Giselher: *Die Grünen*, Krefeld 1986

Schroeren, Michael (Hrsg.): *Die Grünen. Zehn bewegte Jahre*, Wien 1990

Shell Deutschland Holding (Hrsg.): Jugend 2019. *Eine Generation meldet sich zu Wort*, Weinheim/Basel 2019

Sommer, Moritz/Rucht, Dieter/Haunss, Sebastian/Zajak, Sabrina: *Fridays for Future. Profil, Entstehung und Perspektiven der Protestbewegung in Deutschland*, Berlin 2019

Stanslowski, Volker: *Natur und Staat. Zur politischen Theorie der deutschen Romantik*, Wiesbaden 1979

Stehr, Nico/von Storch, Hans: *Klima, Wetter, Mensch*, München 1999

Sturm, Daniel: *Wohin geht die SPD?*, München 2009

Terjung, Knut (Hrsg.): *Der Onkel. Herbert Wehner in Gesprächen und Interviews*, Hamburg 1986

Tiefenbach, Paul: *Die Grünen. Verstaatlichung einer Partei*, Köln 1998

Ulrich, Bernd: *Alles wird anders. Das Zeitalter der Ökologie*, Köln 2019

Unfried, Peter: *Das große Missverständnis*, in: Kursbuch, 197, März 2019

van Hüllen, Rudolf: *Ideologie und Machtkampf bei den Grünen*, Bonn 1990

Volmer, Ludger: *Die Grünen. Von der Protestbewegung zur etablierten Partei. Eine Bilanz*, München 2009

Wajcman, Judy/Dodd, Nigel: *The Sociology of Speed: Digital, Organizational, and Social Temporalities*, Oxford 2016

Wallace-Wells, David: *The Uninhabitable Earth. Life after Warming*, New York City 2019 (Kindle-Version)

Walter, Franz/Kieche, Stephan/Hensel, Alexander: *Die Grünen und die Pädosexualität: Eine bundesdeutsche Geschichte*, Göttingen 2014

Warnke, Götz: Die grüne Ideologie. *Heile-Welt-Mythen, Gesellschafts-utopien und Naturromantik als Ausdruck einer angstbestimmten Politik*, Frankfurt a. M. 1998

Wendt, Herbert: *Der Affe steht auf*, Hamburg 1971

Wolfrum, Edgar: *Rot-Grün an der Macht. Deutschland 1998–2005*, München 2013

Zitelmann, Rainer: *Wohin treibt unsere Republik?*, Frankfurt a. M., Berlin 1994

PERSONENREGISTER

Volmer, Ludger 21, 29, 84, 134 f., 198,
247, 270, 274, 278, 282, 287
von Beust, Ole 90
von Braun, Wernher 194
von Eichendorff, Joseph 13
von Hayek, Friedrich August 126, 173
von Notz, Konstantin 74
von Storch, Hans 44, 49
von Weizsäcker, Carl-Christian 121
von Weizsäcker, Richard 155
Voßkuhle, Andreas 221
Voss, Nikolaus 26

W

Wallace-Wells, David 42, 60, 188
Wallmann, Walter 32, 63
Walter-Borjans, Norbert 20, 130
Walter, Franz 219, 222
Warhol, Andy 85
Weber, Josef 154
Wehner, Herbert 128
Weimer, Wolfram 82
Weiß, Konrad 226
Wetzel, Daniel 236, 239
Will, Anne 69, 91, 187
Wolf, Margareta 175
Wolfson, David 250
Wowereit, Klaus 210

X

Xi Jinping 118

Z

Zieschank, Roland 171
Zitelmann, Rainer 64